知识改变命运
教育奠基未来

——中国教育脱贫攻坚的成就与经验

中国教育科学研究院课题组　编写

教育科学出版社
·北京·

出版人 李 东
责任编辑 王晶晶 薛 莉 张玉荣
版式设计 郝晓红
责任校对 马明辉
责任印制 叶小峰

图书在版编目（CIP）数据

知识改变命运 教育奠基未来：中国教育脱贫攻坚
的成就与经验／中国教育科学研究院课题组编写. — 北
京：教育科学出版社，2021.6
ISBN 978-7-5191-2640-7

Ⅰ.①知… Ⅱ.①中… Ⅲ.①教育—扶贫—成就
—中国 Ⅳ.①F126

中国版本图书馆 CIP 数据核字（2021）第 117088 号

知识改变命运 教育奠基未来——中国教育脱贫攻坚的成就与经验
ZHISHI GAIBIAN MINGYUN JIAOYU DIANJI WEILAI——ZHONGGUO JIAOYU TUOPIN GONGJIAN DE
CHENGJIU YU JINGYAN

出版发行	教育科学出版社			
社　　址	北京·朝阳区安慧北里安园甲 9 号	邮　编	100101	
总编室电话	010-64981290	编辑部电话	010-64989363，64989421	
出版部电话	010-64989487	市场部电话	010-64989009	
传　　真	010-64891796	网　址	http://www.esph.com.cn	
经　　销	各地新华书店			
制　　作	北京金奥都图文制作中心			
印　　刷	保定市中画美凯印刷有限公司			
开　　本	787 毫米×1092 毫米　1/16	版　次	2021 年 6 月第 1 版	
印　　张	20	印　次	2021 年 6 月第 1 次印刷	
字　　数	324 千	定　价	82.00 元	

图书出现印装质量问题，本社负责调换。

教育脱贫攻坚战取得伟大成就

教育部党组书记、部长　陈宝生

（代　序）

党的十八大以来，教育系统深入学习贯彻习近平总书记关于教育和扶贫工作的重要论述，上下同心、尽锐出战，取得几个方面突出成果，值得我们全体教育人振奋和珍惜。

一是取得最具政治意义的成果。习近平总书记提出的以"七个坚持"为主要内容的中国特色反贫困理论，在决战决胜教育脱贫攻坚战中显示出巨大威力。教育系统各参战单位自觉用中国特色反贫困理论武装头脑、指导实践、推动工作，确保教育脱贫攻坚战不偏离中央总体部署，不偏离帮扶对象的期待和实际。这是我们最鲜明的特征，也是最具政治意义的成果。

二是取得最具历史意义的成果。完成义务教育控辍保学历史任务，长期以来困扰我们的控辍保学问题得到历史性解决，画上了圆满句号。20多万建档立卡辍学学生实现动态清零，创造了中国教育史和世界教育史上的奇迹，这是教育系统创造的历史伟绩，是具有非凡历史意义、可以载入史册的成果。

三是取得最具战略意义的成果。如期完成"发展教育脱贫一批"历史任务，涉及教育的阶段性目标和任务全面实现，没有辜负党中央的重托，没有辜负人民群众的期望。农村地区教育面貌发生根本性变化，这为全面推进乡村振兴打下了坚实人力人才资源基础，提供了战略支撑。特别是高等教育资源向贫困地区倾斜、将职业教育作为教育扶贫重点、全面改变基础教育面貌三件大事意义深远，对今后乡村振兴意义重大。

四是取得最具创新意义的成果。把教育的优势与群众期待、当地实际相结合，探索出教育支持地方发展、教育实现自身发展的有效路径，形成一批成功经验。其中，我们高度重视各项政策措施的系统配套和落实，形成一整套符合教育脱贫攻坚实际的政策体系和"工具包"，把精力放在狠抓落实上，确保教育脱贫攻坚战不断取得阶段性成果，直至取得最后胜利。这些经验和路径对坚持和发展中国特色社会主义教育事业、对全面实施乡村振兴战略提供了有力支撑，要继续贯彻下去。

五是取得最具教育意义的成果。我们的队伍经受了考验，一大批干部、教师、学生深入贫困地区一线开展形式多样的帮扶工作，扶贫者自身也受到了教育。可以说，通过扶贫工作，教育工作者的精神境界、实践能力方面都得到了提升，拉近了和人民群众的感情，我们的干部队伍成长起来了，广大学生也成长起来了，这非常难能可贵。

（摘自陈宝生同志在 2021 年 3 月 22 日教育部脱贫攻坚工作领导小组会议上的讲话，标题系编写者所加）

目 录
CONTENTS

前　言
教育脱贫攻坚彰显我国教育制度优越性

　　2020 年，在以习近平同志为核心的党中央的坚强领导下，我国脱贫攻坚战取得了全面胜利，现行标准下 9899 万农村贫困人口全部脱贫，832 个贫困县全部摘帽，12.8 万个贫困村全部出列，区域性整体贫困得到解决，完成了消除绝对贫困的艰巨任务，创造了又一个彪炳史册的人间奇迹！教育战线坚决贯彻落实党中央的决策部署，始终坚持教育脱贫攻坚不动摇，加强组织领导，压实工作责任，集中资源，强力出战，挂牌督战，全面实现"义务教育有保障"目标，发展教育脱贫一批成效显著，如期完成定点联系滇西脱贫攻坚目标，中央单位定点扶贫工作取得显著成效，圆满完成了中央确定的各项任务，为整体脱贫攻坚的目标实现做出了重要贡献。

一、教育脱贫攻坚是以人民为中心发展教育的集中体现

　　教育脱贫攻坚体现中国共产党发展人民教育事业的初心使命。1949年 9 月 29 日通过的《中国人民政治协商会议共同纲领》明确提出，我国的文化教育应是"民族的、科学的、大众的文化教育"，充分体现了教育以人民为中心的立场。新中国成立之初迅速掀起的扫盲运动，为广大贫苦农民打开了知识文化的大门，为农民通过知识和技术改变农村落后

面貌、建设社会主义新农村提供了重要的知识基础。在新中国70余年的发展历程中，党的教育事业始终秉持为人民谋幸福的初心使命，一以贯之坚持以人民为中心的价值取向，主动服务经济社会发展和人民物质文化生活改善。教育脱贫攻坚尽管在不同历史时期呈现出不同形式和方式，但从来没有缺席和停顿。

教育扶贫脱贫历来是教育事业改革发展的重要领域。新中国成立以来，特别是改革开放以来，农村教育始终是我国教育改革发展的重点，我们聚焦"三农"进行了一系列教育改革探索。其中，"科教统筹""农科教结合"改革试点遍布全国，通过教育培训提高农民文化素质、促进农村经济发展，形成了科教兴农的蓬勃发展格局。可以说，从改革开放后在国家级贫困县实施的救济式扶贫，到20世纪90年代开始的开发式扶贫，再到新时代深度贫困地区的脱贫攻坚，教育在扶贫脱贫中的重要地位日益凸显，发挥着越来越重要的作用。在脱贫攻坚总体部署中，中央把"发展教育"作为"五个一批"重大举措，赋予教育"阻断贫困代际传递"的重要使命，强调精准扶贫要与"扶志""扶智"相结合，确立了教育脱贫攻坚在决胜全面建成小康社会新征程中举足轻重的地位。

教育发展是脱贫的重要指标，是人民美好生活的精神源泉。习近平总书记强调，教育是创造美好生活的根本途径。在"两不愁三保障"的脱贫攻坚目标中，"义务教育有保障"成为重要指标。同基本医疗和住房安全满足人民群众生活基本需要相比，义务教育则更多地承载着点亮家庭希望和梦想的重大责任。发展和保障义务教育是阻断贫困代际传递的根本，是"拔穷根"的关键。贫困地区控辍保学和提升义务教育质量双管齐下，使得贫困家庭适龄儿童受到良好的义务教育，解决了贫困家庭的负担和后顾之忧，在很大程度上激发了他们期盼美好生活、创造美好生活的强烈意愿和奋斗意志。

二、教育脱贫攻坚是教育服务中华民族伟大复兴的必然要求

教育是脱贫攻坚的直接动力。教育通过提高劳动者素质、推动科技传承和创新，促进生产力实现从量变到质变的提升。高校是科技和人才的关键结合点，是产业和技术创新的重要孵化器，是脱贫攻坚的一支重要生力军。众多高校积极投身到教育扶贫脱贫中来，与贫困地区结对帮扶，充分利用人才和科技优势，帮助贫困地区推广技术、发展产业、销售产品、发展教育、改善医疗，广大有志教师、科研人员和大学生深入贫困地区一线，把教学科研成果和最美的青春书写到脱贫攻坚的大地上。职业教育通过培养劳动技能型人才，大力推广科技知识和生产技能，提高劳动生产率，为当地特色产业发展和升级提供重要人力支撑。职业教育普遍施行产教融合培养模式，将人才培养和科技服务融入产业经营，根据市场需求定向培养人才，为毕业生提供大量对口就业岗位，特别是职业教育东西协作行动计划，由东部地区院校兜底式招收西部地区建档立卡贫困家庭子女接受优质职业教育，毕业后根据本人意愿优先推荐在东部就业，实现就业脱贫。

教育是"拔穷根"的根本支撑。全面脱贫是一个长期的动态变化过程，不可能"毕其功于一役"，更不可能一劳永逸。因此，脱贫攻坚任务基本完成后，要巩固脱贫成果，防止各种原因导致的返贫和新发生贫困，还要研究接续减贫政策。教育通过培养和提高贫困人口的主动性、创造性和科学文化素养，提高贫困人口的整体生存、生产、生活能力，增强贫困地区发展的内生动力。教育直接作用于生产力的主导要素——人，并对生产工具、生产资料、生产手段等要素产生重要影响。通过教育能够达到"扶志"与"扶智"相结合的效果。探索以实现教育现代化为目标的教育长效减贫策略，实现教育和经济的持续健康发展，是当务之急。

教育是人全面发展的核心要素。伴随着脱贫攻坚任务的完成，我国将全面建成小康社会，进而基本实现社会主义现代化。教育现代化根本上是人的现代化。因此，在脱贫攻坚进程中，从一开始就要树立人的全面发展的理念，在推进实现经济总体脱贫的同时，高度重视贫困地区的精神文明建设。学校、教师和学生在贫困地区精神文明建设及文化创建中发挥着重要作用，学校要成为当地精神文明建设的重要阵地，教师要成为培育和践行社会主义核心价值观的骨干，学生要成为做到"五个认同"的标兵，贫困地区的教育在保证完成基本教育任务的基础上，应当注重以文化人、开启心智、促进人的全面发展，推动当地形成良好的社会风尚。也就是说，教育既促进生产力发展，提升人民的物质生活水平，又促进先进文化的发展，充实人民的精神生活，提高人民的思想文化素养，为实现现代化的目标奠定社会和文化基础。

三、教育脱贫攻坚是优先发展教育的伟大实践

教育脱贫攻坚是优先发展教育的思想深化。改革开放后，我国的工作中心转移到经济建设上来，在百业待兴的艰难时刻，邓小平同志以敏锐的政治洞察力和战略眼光，把教育摆在优先发展的战略位置。他深刻地指出："我们要千方百计，在别的方面忍耐一些，甚至于牺牲一点速度，把教育问题解决好。"坚持教育优先发展逐步成为全党全社会的共识。有研究表明，我国经过改革开放40多年的发展，已成为世界第二大经济体，教育在其中起到了根本性的支撑作用，我国通过发展教育所形成的人力资源优势是很多国家所不能比拟的。实施教育脱贫攻坚战略，在贫困地区优先发展教育，采取一系列超常规的有力措施，把贫困地区的教育办成公平而优质的现代教育，这是对优先发展教育理念的再度深化。

教育脱贫攻坚是优先发展教育的行动扩展。在教育脱贫攻坚过程中，我们在总结以往经验的基础上，进一步丰富和拓展政策措施，确保贫困地区教育优先发展。这些政策包括但不限于以下若干方面：实行了一系列重点支持或对口支援计划，通过特岗计划、国培计划、师范生免费教育等政策，提升了贫困地区的师资水平；通过重点高校招收农村和贫困地区学生专项计划等招生倾斜政策，增加了贫困地区学生上大学的机会；通过内地民族班（内地高中班、内地中职班）、高校民族班、预科班等特殊教学形式为民族地区、贫困地区培养人才，实现了民族地区、贫困地区发展的人才接力；通过职业教育东西协作行动计划等，实施职业教育对口支援和精准扶贫；对口支援西部地区高等学校计划增强了贫困地区高校的自我发展能力，加快了培养急需专门人才的进程。教育部直属机关在 2019 年与对口联系的省份签订《打赢教育脱贫攻坚战合作备忘录》的基础上，于 2020 年 5 月再次提出对 52 个尚未摘帽的贫困县实行一对一或组团帮扶，切实推动贫困地区优先发展教育，实现增收脱贫。

教育脱贫攻坚是对优先发展教育理念的实践检验。贫困地区通过优先发展教育提升了地区发展的内生动力，积累了强劲的后发优势，为实现脱贫攻坚、巩固脱贫成效和持续建设小康社会提供了坚强支撑保障。有研究表明，近年我国各地的教育投入与农民收入呈正相关，越是在经济落后的地区，教育投入促进贫困人口收入增长的作用越明显，这也说明教育扶贫政策不仅具有公平性，更具有效率性。人口红利和教育贡献是促进经济增长的决定性因素，优先发展教育具有正确性和必要性。教育作为一种回报周期较长的人力资本投资，其经济效益的显现具有一定的滞后性，当下的教育投入能对今后的经济增长产生"储蓄"式积累效应，今天的教育投入更多地在明天的经济成效上显现。知识与技术的边际收益递增特性，使得贫困地区在通过发展教育促进经济增长方面具有很大潜力，贫困地区教育投入所获得的经济收益具有赶超势头。我国教育和经济发展的路径与成就必将证明，教育脱贫攻坚是对优先发展教育理念的实践检验。

教育脱贫攻坚从一个方面向世人充分展示了我们党领导下的脱贫攻坚之坚定决心和伟大力量，它是中国特色社会主义教育道路的必然选择，是中国特色社会主义教育制度巨大优势的集中体现。这一场波澜壮阔的伟大实践，必将进一步丰富和发展中国特色社会主义教育理论，推动我国教育事业不断向前迈进。

（崔保师，原文发表于 2020 年 10 月 8 日《中国教育报》，

此次收录作者进行了删改）

第一章
党的十八大以来我国教育
脱贫攻坚成就经验概览

　　打赢脱贫攻坚战，是党中央做出的重大决策部署，是我们党践行初心使命、坚持以人民为中心发展理念的伟大实践。党的十八大以来，习近平总书记亲自挂帅、亲自出征、亲自督战，带领全党全国各族人民，推动人类历史上规模空前、力度最大、惠及人口最多的脱贫攻坚战，困扰中华民族几千年的绝对贫困问题得到历史性解决，创造了世界减贫史上的"中国奇迹"。习近平总书记深刻指出："让贫困地区的孩子们接受良好教育，是扶贫开发的重要任务，也是阻断贫困代际传递的重要途径。"在这场波澜壮阔、举世瞩目的脱贫攻坚战中，教育系统坚持以习近平新时代中国特色社会主义思想为指导，深入贯彻落实习近平总书记关于扶贫工作的重要论述，坚持精准扶贫、精准脱贫基本方略，推进义务教育有保障、发展教育脱贫一批等教育脱贫攻坚工作，发挥教育的基础性、先导性和全局性作用，推动贫困地区教育面貌发生格局性变化，奠定了阻断贫困代际传递的坚实基础，为全面建成小康社会做出了历史性贡献。

一、准确把握习近平总书记关于扶贫工作的重要论述精神和教育脱贫攻坚目标任务

　　"思想是行动的先导，理论是实践的指南。"教育系统始终坚持把深入学习贯彻落实习近平总书记关于扶贫工作的重要论述作为首要必修课，用党的创新理论武装头脑、指导实践、推动工作；始终坚持把打赢教育脱贫攻坚战作为重大政治任务扛在肩上，凝聚教育系统最广泛的共识，形成最大合力驰而不息地推动各项工作；始终坚持把教育脱贫攻坚作为强化顶层设计的基本出发点，统筹谋划、部署推动脱贫攻坚工作，形成了统一指挥、统一部署、统一行动的高效运行机制，建立起教育脱贫攻坚推动落实、跟踪调度、督促评估、监督问效的一整套组织领导工作体系。通过每年召开滇西脱贫攻坚部际联系会、直属系统扶贫工作推进会等多种方式，学习贯彻习近平总书记重要讲话和指示批示精神，将脱贫攻坚作为教育系统党建的重要任务，在学习中深化认识、提高站位，在实践中检视初心、牢记使命，切实增强教育系统打赢教育脱贫攻坚战的政治自觉、思想自觉和行动自觉。

打赢脱贫攻坚战，意味着困扰中华民族几千年的绝对贫困问题将在 2020 年这一重要历史时刻终结，这也是全面建成小康社会和向第二个百年奋斗目标进军的历史交汇点的关键性任务。扶贫先扶智，治贫先治愚，让贫困地区的孩子们接受良好教育，是扶贫开发的重要任务和阻断贫困代际传递的根本之策，教育系统肩负着光荣而艰巨的使命，必须在攻坚克难和奋进前行中强化使命担当；严守住义务教育有保障底线目标，落实好发展教育脱贫一批关键任务，承担起滇西扶贫和定点扶贫牵头职责，是教育系统承担使命任务的综合体现和根本要求，守土要有责、守土务尽责、守土必负责，要在履职尽责的实际行动中强化责任担当；打赢脱贫攻坚战，是党中央向全党全社会做出的庄严承诺，如期完成、如数完成、如实完成教育脱贫攻坚任务，是教育系统增强"四个意识"、坚定"四个自信"、做到"两个维护"的试金石和具体实践，要在践行初心使命中增强政治担当。

按照党中央、国务院的统一部署，对照"两不愁三保障"脱贫基本要求和核心指标，紧盯打赢脱贫攻坚战主攻方向，教育系统明确和聚焦教育脱贫攻坚的总攻目标和核心任务。一是严守义务教育有保障底线目标，既不降低，也不拔高，把控辍保学作为重中之重，切实加强学位、师资、资助等全方位保障能力。二是深入落实发展教育脱贫一批任务，大力发展职业教育和技能培训，加大推普助力脱贫力度，切实发挥高等教育综合功能，不断提升贫困人口就业脱贫能力。三是深化改革创新，建立健全教育脱贫攻坚体制机制，形成高效有序、务实管用的制度体系和政策供给。四是加强统筹协调，强化部门和地方联动，扎实推进定点帮扶滇西片区扶贫工作。五是承担起牵头职责，深入做好河北省青龙县、威县定点扶贫和直属高校定点扶贫工作，切实发挥中央单位定点扶贫表率作用。六是积极推动、广泛动员，协调各方力量，积极参与和支持教育扶贫，构建行业扶贫、专项扶贫和社会扶贫的教育大扶贫格局。

二、教育脱贫攻坚取得决定性成就

（一）义务教育有保障目标全面实现

1. 控辍保学取得显著成效

坚持把控辍保学作为实现义务教育有保障底线目标的核心任务，建立控辍保学长效机制，截至 2020 年年底，全国义务教育阶段辍学学生由台账建立之初的约 60 万人降至 682 人，其中 20 多万名建档立卡贫困家庭辍学学生实现动态清零，长期存在的辍学问题得到历史性解决。[①] 2020 年贫困县九年义务教育巩固率达到 94.8%，较 2015 年提高了近 5 个百分点。

2. 建立健全控辍保学长效机制

为有效防止"数字控辍"和"虚假控辍"，做好返贫防控工作，教育部建立了三项制度。一是台账销号制度，根据劝返复学情况，实时、动态更新台账。二是月报复核制度。要求每个省份每个月的 15 日把控辍保学情况上报教育部，上报情况要与学籍信息系统相统一，要与扶贫部门掌握的辍学情况相统一，实现闭环管理，不能有漏洞。三是抽查复验制度。特别是针对一些数据变化非常快、幅度比较大的地区，及时派出有关专家、干部以及记者参加调研复核工作，入校、入户查验具体情况，防止瞒报、漏报、有水分等问题。[②]

（二）贫困地区学校面貌发生了格局性变化

1. 贫困地区办学条件得到根本性改善

贫困地区办学条件得到根本性改善，"贫困地区最好的建筑是学校"成为脱贫攻坚成果最生动的写照。2013 年以来，累计改善贫困地区义务教育薄弱学校 10.8 万所，760 个贫困县通过了县域义务教育基本均衡发展国家实地督导检查，全国 99.8% 的义务教育学校（含教学点）办学条件达到基本要求。[③] 全国中小学（含教学点）互联网接入率从 2012 年的 25% 上升到 100%，全国未联网学校实现动态清零，拥有多媒体教室的学校比例从 2012 年的 48% 上升到 95.3%。[④]

2. 乡村教师队伍建设水平整体提升

乡村教师队伍建设水平整体提升，为贫困地区打造了一支"留得住、教得好"

---

① 陈宝生. 乘势而上 狠抓落实 加快建设高质量教育体系：在 2021 年全国教育工作会议上的讲话 [EB/OL]. (2021-02-04) [2021-03-10]. http://www.moe.gov.cn/jyb_xwfb/moe_176/202102/t20210203_512420.html.

② 赵秀红，林焕新. 我国义务教育有保障目标基本实现 [N]. 中国教育报，2020-09-24 (1).

③ 樊未晨，叶雨婷. 教育扶贫斩"穷根"：全国教育系统脱贫攻坚综述 [EB/OL]. (2021-03-03) [2021-03-10]. http://www.moe.gov.cn/jyb_xwfb/s5147/202103/t20210303_516846.html?authkey=boxdr3.

④ 张烁，丁雅诵. 教育扶贫，托起美好未来 [N]. 人民日报，2021-03-22 (1).

的教师队伍。特岗计划实施以来累计招聘教师 95 万名，国培计划培训中西部乡村学校教师校长 1700 余万人次。连片特困地区乡村教师生活补助惠及 8 万多所乡村学校的 127 万名教师，19 万名教师被选派到边远贫困地区、边疆民族地区和革命老区支教。乡村教师队伍的整体素质大幅提升，本科以上学历的教师占 51.6%，中级以上职称的教师占 44.7%。[①]

（三）发展教育脱贫一批成效显著

1. 职业教育助力脱贫攻坚成效快速显现

党的十八大以来，累计有 800 多万名贫困家庭学生接受中高等职业教育，其中仅通过实施职业教育东西协作行动计划一项举措，就招收西部地区贫困家庭学生 100 多万人，切实发挥了职业教育培训"一人就业、全家脱贫"作用。[②] 西部地区职业院校的教育质量和整体办学水平明显提升，实训装备等基础办学条件大幅改善，教师实践教学水平和技术服务能力显著增强，学生实践操作能力进一步适应地方经济特点和产业发展需求。

2. 高等教育助力贫困学生纵向流动的通道更加宽广

党的十八大以来，累计有 514.05 万名建档立卡贫困学生接受高等教育，数以百万计的贫困家庭有了第一代大学生。特殊的支持政策为贫困地区学生创造了更为公平的受教育机会和就业机会，其中重点高校招收农村和贫困地区学生专项计划累计招收超过 70 万人。[③] 农村订单定向医学生免费培养工作为中西部农村培养了 6.3 万余名定向医学生，实现了为每个乡镇卫生院培养一名本科医学生的目标。"一村一名大学生计划"累计为贫困地区培养了 50 万名乡村干部、乡村致富带头人。

3. 完善的资助政策体系织就了结实的兜底保障网

以政府为主导，学校和社会积极参与，覆盖学前教育至研究生教育的学生资助

---

① 樊未晨，叶雨婷. 教育扶贫斩"穷根"：全国教育系统脱贫攻坚综述 ［EB/OL］. （2021-03-03） ［2021－03－10］. http：//www.moe.gov.cn/jyb_xwfb/s5147/202103/t20210303_516846.html? authkey=boxdr3.

② 梁丹，董鲁皖龙. 抒写教育脱贫攻坚的伟大史诗：全国教育系统决战决胜脱贫攻坚纪实 ［N］. 中国教育报，2021-02-26 (1).

③ 樊未晨，叶雨婷. 教育扶贫斩"穷根"：全国教育系统脱贫攻坚综述 ［EB/OL］. （2021-03-03） ［2021－03－10］. http：//www.moe.gov.cn/jyb_xwfb/s5147/202103/t20210303_516846.html? authkey=boxdr3.

政策体系更加完善，累计资助贫困学生 6.41 亿人次①，从制度上保障了不让一个学生因家庭经济困难而失学。农村义务教育学生营养改善计划（以下简称营养改善计划）覆盖 1634 个县的 13 多万所学校，受益学生超过 3700 万名。② 监测表明，2019 年，营养改善计划试点地区男、女生各年龄段平均身高比 2012 年分别提高 1.54 厘米和 1.69 厘米，平均体重分别增加 1.06 千克和 1.18 千克，高于全国农村学生平均增长速度。③

4. 推普助力脱贫攻坚的能力显著提升

国家通用语言文字普及攻坚工程深入实施，累计组织 350 余万人次农村教师、青壮年农牧民参加国家通用语言文字培训。"学前学会普通话"行动在凉山州率先启动实施、覆盖 29 万名学前儿童的基础上，已扩大到中西部 9 个省份。与社会力量联合开发的"语言扶贫"APP 累计用户达 88.4 万人。④ "扶贫先扶智、扶智先通语"的理念深入人心，贫困群众普通话交流交往、脱贫致富的意愿和能力明显增强，贫困地区孩子的精神面貌焕然一新。

（四）定点联系滇西脱贫攻坚目标任务全面完成

1. 教育系统倾情投入尽锐出战

定点联系滇西片区以来，教育系统怀着对滇西人民的深厚情感，先后派出 8 批 480 余人次挂职干部投身滇西脱贫攻坚第一线，资助滇西学生 310.6 万人次，资助金额 45.73 亿元。32 所直属高校在滇西开展扶贫工作，累计投入和引进帮扶资金 13.42 亿元，培训基层干部和技术人员 22.14 万名，购买和帮助销售贫困地区农产品，金额达 7.7 亿元。

2. 创建全国首个地方特色应用技术型本科院校

因扶贫而设的全国首个地方特色应用技术型本科院校——滇西应用技术大学在

① 杜玉波. 巩固教育脱贫攻坚成果要与乡村振兴有效衔接 [N]. 中国教育报，2021-03-02 (2).
② 教育部发展规划司. "数"看"十三五"：教育改革发展成就概述 [EB/OL]. (2020-12-01) [2021-03-10]. http：//www.eerdc.cn/html/zyxw/20201201/3834.html.
③ 吴霓. 发挥中国制度优势 不让一个孩子掉队：党的十八大以来"义务教育有保障"的政策举措及成效 [J]. 人民教育，2020 (12)：13-19.
④ 梁丹，董鲁皖龙. 抒写教育脱贫攻坚的伟大史诗：全国教育系统决战决胜脱贫攻坚纪实 [N]. 中国教育报，2021-02-26 (1).

大理设立，成为为州市特色经济产业发展培养技能人才的重要机构。滇西应用技术大学形成了总部加若干特色学院、应用技术研究院的办学架构，兼具特色学院加直属学院、合作办学学院 3 种办学类型。专业设置从 2016 年的 3 个增加到 23 个，涵盖工、理、教育、农、医、管理、艺术等 7 大学科门类。全日制在校学生从 2017 年的 448 人增加到 2020 年的 6611 人（含专科学生 1144 人）。在现代职业教育体系建设中，5 个成人高等教育专业以及茶艺师、中药炮制等 10 个初、中、高级职业培训工种获得审批。立足新时代新阶段，滇西应用技术大学主动对接地方经济社会发展和产业转型升级需要，明确应用技术型与职业技能型高等学校办学定位；以高起点、高标准、高水平办学为目标，充分引进部属高校优质教育资源，推动滇西人力资源开发、巩固脱贫攻坚成果、助力乡村振兴。

3. 汇集教育系统优势资源补齐短板

滇西 10 州市 56 个贫困县（市、区）义务教育学校办学条件全部达到"20 条底线"要求。26 个部际联系成员单位聚焦滇西素质型贫困问题，充分发挥行业优势，持续加大对滇西片区脱贫攻坚的倾斜支持力度，有力推动了滇西片区的脱贫攻坚进程，在滇西探索出了以人力资源开发为核心的素质型贫困地区脱贫攻坚有效模式。

（五）中央单位定点教育扶贫工作特色鲜明

1. 教育部定点扶贫河北省青龙县和威县工作成效显著

调动和整合多方力量凝聚起定点扶贫的合力。农校对接、职教扶贫、教育信息技术扶贫、"银龄园丁行动"捐资助学活动等成效持续显现，教育部直属机关党委拿出 800 万元专项党费用于援助威县开展面向农村转移劳动力、贫困人口等的培训[①]，"京津冀协同帮扶机制"向纵深推进，系列帮扶成果已推广到 47 个贫困县，形成了横向协作、纵向联动、立体作战的定点扶贫新局面。教育部每年均超额完成责任书任务，累计引进帮扶资金 1.88 亿元，培训人员 11 万人次，直接购买和帮助销售贫困县农产品，金额约 7.55 亿元。教育部定点扶贫助力两县于 2018 年退出国家级贫困县行列，脱贫攻坚成效考核居河北省前列。

---

① 焦以璇. 教育部直属机关专项党费助力脱贫攻坚 [EB/OL]. (2018-04-17) [2021-03-10]. http://edu.people.com.cn/gb/n1/2018/0417/c1053-29931318.html.

2. 直属高校定点扶贫目标任务高质量完成

直属高校倾情倾力推进定点扶贫工作，投入和引进帮扶资金 25.08 亿元，培训基层干部和技术人员 46.32 万名，购买和帮助销售贫困地区农产品，金额达 20.08 亿元。培训贫困地区教师 9.64 万人次，招收帮扶县学生 5780 名，帮助制定规划类项目 1352 项，落地实施科研项目 1949 项，帮助引入企业 663 家，引入企业实际投资额 151.6 亿元。[①] 实践形成了教育、智力、健康、科技、产业、消费、文化等 7 大类高校扶贫特色路径。组建了教育、农林、旅游、健康、消费、城乡规划、非遗（文创）、资源环境等 8 大高校"扶贫联盟"，形成了高校组团式合力攻坚的态势。高校师资、人才、科技等优势转化为地方发展的动能，助力贫困地区发展成效不断凸显。

（六）脱贫攻坚主战场成为立德树人大课堂

1. 高校成为脱贫攻坚的主力军

在投身脱贫攻坚伟大实践的过程中，教育系统广大干部师生走进乡村、贴近群众，接受了一场生动的国情教育。"小我融入大我，青春献给祖国"主题社会实践活动每年组织 200 余万名大学生深入贫困地区，开展扶贫开发、科技帮扶、志愿服务等。[②] "青年红色筑梦之旅"活动带动师生广泛参与，创新开展了一堂最具热度的国情大课、最有温度的思政大课。全国高校思政课"全面建成小康社会"专题专门安排"精准扶贫"教学内容。"统编三科教材西部巡讲活动"持续开展。优秀教师理论讲师团、大学生骨干理论宣讲团深入贫困地区宣讲习近平总书记关于扶贫工作的重要论述。在历年全国脱贫攻坚考核第三方评估团队中，高校师生成为绝对主力。驻扎在乡村和田间地头的院士专家工作站、试验站有 800 多个。加大高校科技成果在贫困地区转化力度，科技小院推广应用技术 5.6 亿亩，培训农民 20 多万人次。[③]

---

① 梁丹，董鲁皖龙. 抒写教育脱贫攻坚的伟大史诗：全国教育系统决战决胜脱贫攻坚纪实 [N]. 中国教育报，2021-02-26（1）.
② 梁丹，董鲁皖龙. 抒写教育脱贫攻坚的伟大史诗：全国教育系统决战决胜脱贫攻坚纪实 [N]. 中国教育报，2021-02-26（1）.
③ 张伟. 高校在产业扶贫中的路径与模式 [EB/OL].（2020-12-14）[2021-03-10]. http://www.cet.com.cn/wzsy/ycxw/2730577.shtml.

2. 社会实践大课堂凝聚青春力量

2017 年 8 月，习近平总书记给"青年红色筑梦之旅"的大学生回信，深切勉励青年学子把激昂的青春梦融入伟大的中国梦，扎根中国大地了解国情民情，在创新创业中增长智慧才干，在艰苦奋斗中锤炼意志品质，在亿万人民为实现中国梦而进行的伟大奋斗中实现人生价值。

（七）教育大扶贫格局基本形成

1. "三位一体"的教育大扶贫格局基本形成

教育脱贫攻坚得到了各级党政机关、人民团体、企事业单位、社会组织和各界人士的大力支持，东西部扶贫协作、对口支援、中央单位定点扶贫、携手奔小康、万企帮万村、军队扶贫都把发展教育作为脱贫攻坚的重要任务，加大人力物力财力投入，从捐款捐物、援建学校、资助学生逐步向支持教师队伍建设、扩大优质教育资源等深度拓展，专项扶贫、行业扶贫、社会扶贫"三位一体"的大扶贫格局基本形成。

2. 教育系统内部协作机制不断完善

教育系统内部协作攻坚、协同作战机制不断完善。职业教育东西协作行动计划援助资金 18.2 亿元，共在受援地建设专业点、实训基地 1000 余个，开展各类培训活动，接受培训的人次近 40 万。教育系统援藏援疆援青投入资金 1300 余亿元。106 所部属和东部高水平大学加大支援力度，支持中西部 85 所高校提升办学水平、发挥脱贫攻坚辐射带动作用，实现西部 12 个省份和新疆生产建设兵团全覆盖。边远贫困地区、边疆民族地区和革命老区人才支持计划教师专项计划累计派出 17 万名教师到 1272 个县支教帮扶，实现贫困县全覆盖。①

三、健全完善了教育脱贫攻坚领导体制和工作机制

打赢脱贫攻坚战，组织领导是保证。党的十八大以来，教育系统建立了中央统

---

① 教育部教师工作司. 支教一方，花开一片：实施系列支教计划，助力打赢脱贫攻坚战［EB/OL］.（2020-09-04）［2021-03-10］. http://www.moe.gov.cn/fbh/live/2020/52439/sfcl/202009/t20200904_485102. html.

筹、省负总责、市县抓落实的管理体制，构建了中国特色脱贫攻坚制度体系，着力在以下八个方面明确目标、增强责任、强化落实。

（一）创建各负其责、各司其职的责任体系

1. 全面加强党的领导

坚持教育部党组研究决策部署教育脱贫攻坚的领导体制，成立部脱贫攻坚工作领导小组，统筹推进教育行业扶贫、定点联系滇西、中央单位定点扶贫等工作。推动直属系统加强党建引领、强化使命担当、落实职责任务，以更大决心、更强力度抓好各项工作落实，呈现出从"有关单位"到"所有单位"、从"相关人员"到"全体干部"、从"被动出战"到"主动请战"的根本转变。

2. 层层压实部内攻坚责任

教育部落实教育脱贫攻坚主体责任，建立健全从部党组成员到各司局、直属单位、直属高校、部省合建高校，再到具体处室、岗位、人员，各负其责、协同配合、狠抓落实的责任体系。把教育脱贫攻坚纳入年度重点工作，作为部党组"奋进之笔"重要事项。与13个扶贫任务较重的省份的人民政府签订《打赢教育脱贫攻坚战合作备忘录》，明确部省责任，合力攻坚克难。与国务院扶贫办在甘肃省建设教育精准扶贫国家级示范区，形成贫困地区教育脱贫攻坚典型模式。在2020全面收官之年，组织动员直属系统尽锐出战，全面发起教育脱贫攻坚总攻战。所有部党组成员分别对口联系52个未摘帽贫困县，克服疫情影响，线上线下相结合，实现督促调研指导全覆盖，并明确26个部内主责牵头单位，举全部之力用一揽子政策支持"工具包"帮助贫困县补齐短板弱项。

3. 压实直属高校扶贫责任

教育部落实中央部署，2012年组织44所综合类和理工科为主的直属高校承担了44个国家扶贫开发工作重点县定点扶贫任务，11所直属高校承担滇西专项扶贫任务，2019年新增20所直属高校参与定点扶贫工作，2020年组织14所部省合建高校和西北师范大学与有关直属高校结对帮扶开展扶贫工作，90所高校全面投入脱贫攻坚战，成为中央单位定点扶贫的一支重要力量。教育部认真履行直属高校定点扶贫牵头职责，结合工作进展，适时制定指导意见，在推动高校做好扶贫"规定动作"和"自选动作"中始终压实责任。2017年以来，组织签订定点扶贫责任书、立下"军令状"，每季度检查工作进展，每年度开展成效考核，

较真碰硬检验责任落实。2020 年以来，聚焦收官要求，通过集中调度、分类督促、季度报改为双周报等方式，推动直属高校每两次党委常委会至少研究一次扶贫议题，分管校领导每周至少调度一次扶贫工作，进一步压实高校扶贫主体责任。

4. 落实定点联系滇西职责

教育部切实履行定点联系滇西调查研究、沟通协调、督促指导三大职责。与 26 个部委建立滇西部际联系制度，与云南省建立部省协商工作机制，集中会商与及时沟通相结合，帮助滇西协调解决脱贫攻坚重点难点问题。强化工作力量，组织 32 所直属高校、9 个直属单位在滇西承担扶贫任务，动员 10 个东部地区职业教育集团对口帮扶滇西 10 州市各 1 所中等职业学校，连续选派 8 批 480 余人次滇西挂职干部，建立部内 10 个司局定点联系滇西 10 州市工作机制。广泛动员社会力量面向滇西开展捐资助学、志愿服务系列活动。围绕建设滇西人力资源开发扶贫示范区，举办滇西领导干部经济管理研修班 27 期，培训 2700 余人；率先启动职业教育东西协作行动计划滇西实施方案，2017—2020 年共招收 15318 名建档立卡贫困户学生到东部 5 省市接受优质职业教育；实施滇西农村青年创业人才培养计划，用 5 年时间免费培养 1000 名农村青年产业人才，精准定位、精准招生、精准培养，希望教育帮助更多青年人实现创业；实施滇西边境山区中学英语教师出国研修项目和滇西边境山区中学教改出国留学项目，采取国内外研修相结合的方式，选派了 607 名中学英语教师和 149 名中学管理人员分别赴英国、加拿大、新加坡等国家学习，已实现滇西 56 个贫困县（市、区）全覆盖。

5. 统筹推进疫情防控和教育脱贫攻坚工作

面对突如其来的新冠肺炎疫情，教育部党组深入贯彻落实中央决策部署，成立教育部应对新冠肺炎疫情工作领导小组，加强形势研判，及时调整策略，统筹做好疫情防控和教育脱贫攻坚工作，努力将疫情影响降到最低。创新工作模式，把握工作进度，利用视频会议等方式，非现场式推进定点联系滇西、直属高校定点扶贫等工作。加强对 52 个未摘帽贫困县的指导。紧盯控辍保学工作，开展线上教学，实现了"停课不停学"、辍学未反弹。督促各地各校及时资助受疫情影响的家庭经济困难学生。推动直属高校面向湖北等受疫情影响严重的地区开展消费扶贫行动，购买茶叶、香菇、小龙虾等滞销农产品，累计购买额达 3727 万元。

（二）构建精准识别、精准脱贫的工作体系

1. 精准控辍、 分类保学

建立健全全国中小学生学籍信息管理系统、国家人口基础信息库、全国贫困人口信息库"三库"比对核查机制，建设"控辍保学工作台账管理平台"，实行疑似辍学问题复核销号制度，做到了"底数清"。推动地方政府建立教育、公安、民政等相关部门合作的联防联控机制，各地探索形成"双线、四级、六长"（政府、学校两条线，县、乡、村、组四级，县长、乡镇长、村委会主任、教育局局长、校长、家长六"长"）和"四步法"（宣传教育、责令改正、行政处罚、提起诉讼）等劝返复学模式，对每一名建档立卡家庭辍学子女都落实劝返责任人，逐一进行核查劝返，做到了"责任明"。针对适龄未上学的、学习困难或厌学的、受家庭思想观念影响以及因身体残疾等而失学辍学的学生，按照"一人一案"原则，通过单独编班、插班就读、普职融合、随班就读、特教学校就读、送教上门等手段，使失学辍学的学生都得到了妥善安置，做到了"措施准"。

2. 强化条件保障

2013 年以来，接续实施全面改善贫困地区义务教育薄弱学校基本办学条件（以下简称"全面改薄"）、义务教育薄弱环节改善与能力提升工作，教育部、国家发展改革委、财政部密切配合，各地聚力抓落实，从顶层设计、基本标准、规划引领、财政投入、推进机制和严格质量等六个方面，扎实有序推进各项工作。全国共新建和改扩建校舍 2.6 亿平方米、室外运动场 2.5 亿平方米，购置课桌椅3503 万套、图书 6.36 亿册，56 人以上大班额所占比例已降至 3.98%，66 人以上超大班额基本消除。教育信息化水平大幅提高，国家教育资源公共服务平台实现了与所有省级平台的互联互通，2020 年，全国每百名学生拥有计算机 14.03台，比 2013 年增长了 51.7%。截至 2020 年年底，全国中小学（含教学点）联网率达 100%，很多贫困地区学生也和城市学生一样享受着互联网教育的红利。2016—2018 年，网络测评"全面改薄"工作师生满意度连续三年均在 87% 以上（85% 以上为优秀）。

3. 强化师资保障

持续实施乡村教师特岗计划及"三区"人才支持计划等，选派优秀教师及教育管理人员到边远贫困地区、边疆民族地区和革命老区学校，在有效改善贫

困地区师资总量不足情况的同时，也带动了当地学校教学水平和育人管理能力的整体提升。援藏援疆万名教师支教计划两批选派近万名教师赴藏赴疆支教，选派教师人数创历史新高。持续实施中小学幼儿园教师国培计划，优先支持集中连片特困地区县、国家级贫困县、"三区三州"等深度贫困地区县，在很大程度上解决了乡村教师教学水平不高的问题。提高乡村教师待遇保障水平，特岗计划教师工资性补助标准由最初的年人均 1.5 万元提高到 2019 年的中部地区 3.52 万元、西部地区 3.82 万元，中西部 22 个省份全面落实了连片特困地区乡村教师生活补助政策，中小学教师职称评聘向乡村教师倾斜，累计建设 56 万套边远艰苦地区农村学校教师周转宿舍，持续开展县（区）域内义务教育学校校长教师交流轮岗，不断提高乡村教师的生活待遇保障水平。通过以上一系列政策措施的实施，乡村教师职业吸引力、荣誉感和幸福感显著提升，乡村教师"下不去、留不住、教不好"的局面得到扭转。此外，2018 年启动实施银龄讲学计划，面向社会公开招募优秀退休校长、教研员、特级教师、高级教师等到农村义务教育学校讲学，目前已累计招募近万名讲学教师；2020 年，北京师范大学实施"志远计划"，专门面向 52 个未摘帽贫困县所在省份高中毕业生，按照"省来县回"的原则，定向培养高素质师资，为加强乡村教师队伍建设开辟了新的路径。

4. 强化资助保障

资助项目从少到多，资助面从窄到宽，资助标准从低到高，实现了各个学段、公办和民办学校、家庭经济困难学生"三个全覆盖"。扩大资助范围，把家庭经济困难非寄宿生全部纳入义务教育阶段学生生活补助和本专科生国家助学金资助范围。提高资助标准，2014 年，将营养膳食补助标准从每人每天 3 元提高到 4 元，将国家助学贷款标准从生均不超过 6000 元提高到本专科生不超过 8000 元、研究生不超过 12000 元；2015 年，将中等职业学校和普通高中国家助学金标准由年生均 1500 元提高到 2000 元；2016 年，免除普通高中建档立卡家庭经济困难学生学杂费；2017 年，将地方高校博士研究生国家助学金标准由每人每年不低于 10000 元提高至每人每年不低于 13000 元，将中央高校博士研究生国家助学金标准由每人每年 12000 元提高至每人每年 15000 元；2018 年，印发《高等学校学生勤工助学管理办法（2018 年修订）》，将校内临时岗位勤工助学酬金标准由每小时不低于 8 元提高至每小时不低于 12 元；2019 年，将高等职业学校学生国家励志奖学金、国家助学金奖助人数提高 10%，本专科生国家助学金平均补助标准从每生每年 3000 元提高到每生每年 3300 元。提升资助管理水平，全国学生资助管理信息系统与国务院扶贫办、民政部、中国残联三部门信息系统全面对接、定期比对，实现了"数据多跑路，家长和学生少跑腿"，建立起了中央、省、市、县、校五级学生资助管理机构和队伍，有力地支持了困难学生认定和精准资助工作。深化资助内涵，不断加大宣传力度，助困、奖优和引导相结合，更加注重资助育人新功能，实现了从保障型资助向发展型资助的重大转变。

（三）完善上下联动、统一协调的政策体系

1. 聚焦统筹抓顶层

深入贯彻党中央、国务院的总体部署，落实《中共中央国务院关于打赢脱贫攻坚战的决定》《中共中央国务院关于打赢脱贫攻坚战三年行动的指导意见》精神，结合教育脱贫攻坚总体进展情况，适时出台和调整相关政策文件，切实保障了教育脱贫攻坚政策供给的连贯性、实效性。2013 年，国务院办公厅转发七部门《关于实施教育扶贫工程的意见》，该文件成为首个教育行业扶贫的指导性意见。2014 年，国务院办公厅印发《国家贫困地区儿童发展规划（2014—2020 年）》，首次对做好贫困地区农村儿童教育、健康、福利、安全等工作做出全面部署。2016 年，教育部会同国家发展改革委、财政部等六部门印发《教育脱贫攻坚"十三五"规划》，会同国务院扶贫办印发《职业教育东西协作行动计划（2016—2020 年）》，全面落实中央扶贫开发工作会议精神，部署推动教育脱贫攻坚五年工作。2018 年，教育部会同国务院扶贫办印发《深度贫困地区教育脱贫攻坚实施方案（2018—2020 年）》，把工作重心进一步向攻克深度贫困堡垒聚焦，会同国务院扶贫办、国家语委印发《推普脱贫攻坚行动计划（2018—2020 年）》，开辟教育助力脱贫攻坚的新战场。2019 年，教育部会同国务院扶贫办印发《关于解决建档立卡贫困家庭适龄子女义务教育有保障突出问题的工作方案》，为教育脱贫攻坚全面收官补短板、强弱项、打基础。2020 年，教育部印发《打赢教育脱贫攻坚收官战总攻方案》，集全教育系统之力决战决胜。

2. 聚焦重点抓精准

结合教育脱贫攻坚的重点任务、重点领域、重点区域等，制定有针对性的政策，提升政策供给的精准性、有效性。在义务教育控辍保学方面，国务院办公厅印

发《关于进一步加强控辍保学提高义务教育巩固水平的通知》，教育部等十部门印发《关于进一步加强控辍保学工作健全义务教育有保障长效机制的若干意见》，进一步压实控辍保学工作责任、细化工作举措，形成多部门合力控辍、聚力保学的有效机制。在改善办学条件方面，教育部会同国家发展改革委、财政部先后印发《关于全面改善贫困地区义务教育薄弱学校基本办学条件的意见》《关于切实做好义务教育薄弱环节改善与能力提升工作的意见》，加快补齐义务教育基本办学条件短板。教育部会同有关部门印发《构建利用信息化手段扩大优质教育资源覆盖面有效机制的实施方案》，发布《教育信息化 2.0 行动计划》，加快贫困地区教育信息化建设。在教师队伍建设方面，国务院办公厅印发《乡村教师支持计划（2015—2020年）》，教育部等六部门印发《关于加强新时代乡村教师队伍建设的意见》，努力造就一支热爱乡村、数量充足、素质优良、充满活力的乡村教师队伍。在投入保障方面，国务院印发《关于进一步完善城乡义务教育经费保障机制的通知》，国务院办公厅印发《关于进一步调整优化结构提高教育经费使用效益的意见》，坚持加大投入与管好用好经费并重，着力提高贫困地区义务教育保障水平。在加大对深度贫困地区支持力度方面，教育部会同财政部等部门先后印发《关于进一步加强财政投入管理深入推进"三区三州"教育脱贫攻坚的指导意见》《关于进一步加大深度贫困地区支持力度切实做好义务教育有保障工作的通知》，深入推进贫困人口多、贫困发生率高、脱贫难度较大的深度贫困地区教育脱贫攻坚。同时，在学生资助、学前教育、高中教育、民族教育、职业教育、招生倾斜、就业帮扶、推普脱贫等方面也出台了系列政策性文件。各地教育部门也全面制定了本地区的教育脱贫攻坚规划、计划、方案、意见等政策制度文件，共同形成了与国家部署相衔接、部门协作、地方协同的政策体系。

3. 聚焦落实抓成效

强化调度保落实，建立年初部署、年中推进、年底总结与日常跟踪进展相结合的常态化工作机制，特别是在决战决胜关键阶段，又进一步强化了周调度、双周报等举措，形成了长短结合、点面衔接、上下联动的教育脱贫攻坚政策落实体系。提升能力强化落实，连续举办多期打赢教育脱贫攻坚战培训、挂职干部岗前培训和能力提升培训、52 个未摘帽贫困县教育行政干部专题网络培训、教育信息化技术支撑人员专项培训等系列培训班，着力提升扶贫干部的政治素质、政策水平和工作能力。专项评估督落实，2018 年以来，教育部连续三次接受国务院扶贫开发领导小组组织的第三方评估，全面检验重点任务和政策的落实情况。在此基础上，围绕营养改善计划、"全面改薄"、重点高校招收农村和贫困地区学生专项计划、职业教育东西协作行动计划等重点工作，主动委托相关机构开展第三方评估，深入检验了重点领域的政策实施效果。进一步提升了检视问题、优化政策、狠抓落实的整体工作水平和人民群众获得感。正向激励促落实，坚持以奋进为引领，持续发挥奋进项目的激励促进作用，一大批教育脱贫攻坚成果在"司局长风采项目""处长奋进纪实档案""教育厅长突破项目""高校书记校长履职亮点项目"等中显现，以决战决胜的信念、攻坚克难的勇气和总攻收官的决心，书写"奋进之笔"、建设"奋进之部"、培育教育系统的"奋进文化"。

（四）健全保障资金、强化人力的投入体系

1. 加大财政资金投入

党的十八大以来，结合财税体制改革和脱贫攻坚义务教育有保障任务，调整多项中央财政教育转移支付政策，支持教育脱贫攻坚的财政投入政策体系不断完善，"真金白银"的投入有力地保障了"真刀真枪"的实干。中央累计安排地方教育转移支付资金 2.39 万亿元，其中 82% 用于中西部地区，并重点向农村义务教育、向深度贫困地区和建档立卡等家庭经济困难学生倾斜。完善城乡义务教育经费保障机制，建立起了城乡统一、重在农村的义务教育经费保障机制，统一城乡生均公用经费基准定额标准。中央财政对职业教育投入资金连年增加，2018—2020 年累计达到 682 亿元。通过中央财政的支持引导，带动地方政府同步加大对教育脱贫攻坚的投入，仅"全面改薄"一项，中央财政就安排补助资金 1699 亿元，带动地方投入 3700 多亿元。加大对深度贫困地区投入力度，在安排中央转移支付资金时，把"贫困因素"作为资金测算和分配的重要因素，2018—2020 年安排"三区三州"教育脱贫攻坚专项增量资金 70 亿元。各省份在分解下达资金时，重点向困难地区和薄弱环节倾斜，并对"三区三州"等深度贫困地区保持存量不减、增量扩大。

2. 加强脱贫攻坚干部队伍建设

强化组织保障、制度保障和工作保障，教育部制定出台 17 份脱贫攻坚干部队伍建设的相关制度文件，统筹纳入直属系统四支干部队伍建设。建立部党组直接掌握的优秀年轻干部队伍和直属高校领导人员援派挂职干部储备库，将组织选派与个

人报名相结合，坚持"硬选人、选硬人"，严把人选政治关、品行关、能力关、作风关、廉洁关，不断提高精准选派水平。坚持政治上高看一眼、使用上厚爱一分、待遇上更进一层、生活上多帮一些，注重正向激励，切实加强对脱贫攻坚干部的关心关爱和服务。党的十八大以来，累计选派援藏援疆援青干部人才 3 批 598 人次，选派滇西挂职干部 8 批 480 余人次、"西老革"地区挂职干部 4 批 58 人次、河北省青龙县和威县挂职干部 3 批 10 人次、"博士服务团"220 人次，75 所直属高校每年直接选派近 1000 人次参与一线脱贫攻坚任务。

3. 加大贫困地区人才支持力度

教育部组织实施的一系列教育系统培训计划和项目，始终坚持向贫困地区、革命老区、民族地区和边疆地区倾斜。累计开办 40 余个教育脱贫攻坚滇西扶贫、西藏和四省藏区教育局局长培训班，培训近 7000 人次。52 个未摘帽贫困县专题网络培训覆盖 524 名当地教育行政干部。75 所直属高校累计为贫困地区培训干部和专业技术人才 94.42 万人次。支持中西部和东北地区高校聘任长江学者 951 人，从东部和海外引进特聘教授、青年学者 49 人，入选的特聘教授和讲座教授占比达 44.7%，较 2012 年提高了 11.9%。优秀干部人才投身脱贫攻坚第一线，为教育系统决战决胜脱贫攻坚提供了坚强的组织保证和人才支持，也锻炼了一批敢打硬战、能打胜仗的高素质教育干部队伍。

4. 加大智力投入

强化科研支撑、成果转化。持续实施高等学校乡村振兴科技创新行动计划，依托高校国家和教育部重点实验室等重大科技创新平台，围绕生物育种、土壤改良、设施农业、智慧农业等领域，不断开展重大原始创新和关键技术突破，提供科技源头支撑。推动高校深入贫困地区布点建站，分两批设立了 39 家高等学校新农村发展研究院，选派科技特派员，开展农业科技创新成果推广，共建设各类试验站 300 余个、院士专家工作站 500 余个、农业推广示范基地和特色产业基地近 1400 个，示范推广新成果万余项。积极选派科技特派员深入脱贫攻坚一线，开展科技创新和推广。依托地方高校建立了 43 个教育部工程研究中心，发挥基础研究优势，服务地方特色产业发展。强化创新服务、创业促进。深入开展"青年红色筑梦之旅"活动，鼓励广大青年学生用创新创业成果助力脱贫攻坚，活动参与规模逐年增加、效果持续显现，共带动 330 多万名高校师生、58.1 万个创新创业团队深入贫困地区，实现经济效益约 204 亿元，特别是开展了电商直播带货活动，参与学生 60 万人次，销售金额超过 4.3 亿元。强化典型引领、示范带动。高校推动建设的农业科技试验示范基地有效形成了"产业技术+示范推广+人才+农户"的扶贫新路径，切实增强了贫困地区的"造血"机能。"太行山道路""湖州模式""曲周模式"等一大批具有典型示范作用的科技服务新模式，以及"科技小院""专家大院""科技大篷车""百名教授兴百村"等多种农业科技推广的新做法，源源不断地将高校创新成果和人才优势转化为推动扶贫产业发展的新动能。

（五）建立因地制宜、因人施策的帮扶体系

1. 强化具有高校品牌的特色帮扶

承担定点扶贫、专项扶贫任务以来，各高校与贫困县密切配合，结合实际，坚持定点帮扶、重点突破与联合作战、全面提升相结合，逐步探索形成了应贫困县所需、尽高校所能的特色扶贫路径。在教育扶贫方面，坚持硬件建设和软件建设提升同步，援建捐赠、师生支教、师资培训、资源共享、学生资助、结对关爱等成为所有高校的共同行动，帮助贫困地区有效缓解了基础薄弱、师资短缺、资源不足等突出困难，使得贫困县的教育教学质量有了较大提升，一些贫困县实现了重点高校录取人数"零"的突破。在产业扶贫方面，各高校发挥学科、科技、智力和人才优势，通过制定产业规划、引入专业力量、促进成果转化、拓展农业多种功能、发展农业新型业态、开展招商引资等一系列举措，有效实现了贫困地区农业产业的品种改良、品质提升、品牌升值，农村一二三产业融合发展的新格局加快形成，很多贫困县村集体产业从无到有、从弱到强，产业扶贫的带贫减贫效益持续提升。在健康扶贫方面，相关高校发挥医学学科专业及附属医院等独特资源优势，深入开展医生和设备支援、医护人员培训、巡回医疗、远程诊疗和卫生知识宣传教育等工作，在很大程度上缓解了贫困县医疗资源匮乏、医疗服务能力偏低、公共卫生意识薄弱等问题，提高了当地医疗服务能力和水平，一大批贫困县第一次有了三级医院。在消费扶贫方面，各高校全面动员校内外力量，通过打造教育系统"e 帮扶"平台、建立高校"订单式"农产品直供基地、后勤采购、工会购买、开设专馆专柜专区、"师生直播带货"等方式，进一步拓宽了贫困地区农产品流通和销售渠道，持续助力贫困群众增收。教育部在贫困地区农副产品网络销售平台上的购买额度始终处于中央单位的前列。教育系统消费扶贫的理念更加深入人心，氛围更加浓厚。

2. 发展职业教育赋能强技

面对贫困地区特别是深度贫困地区职业教育基础薄弱的突出问题，系统梳理"三区三州"212 个贫困县职业教育发展现状，有针对性地提出解决办法。对未设中职学校的 127 个贫困县，通过支持新建中职学校、就近异地就读、普教开设职教班等措施，尽快填补当地学校和招生的空白；对已设中职学校的 85 个贫困县，通过倾斜支持改善办学条件、校企合作、增强就业指导等措施，加快补齐发展短板、提升教育质量。面对贫困地区技术技能型人才短缺问题，依托国家和地方开放大学系统，持续实施"一村一名大学生计划"，截至 2020 年 9 月，已在中西部 967 个县布设县级教学点，占到全国总数的 64%，有力地促进了农村实用技术人才、致富带头人和乡村管理人才的培养。深入推进落实《农民工学历与能力提升行动计划——"求学圆梦行动"实施方案》，加强农民工学历继续教育与非学历培训，促进农民工提学历、长技能、好就业。2019 年，教育部等十四部门联合实施职业院校全面开展职业培训促进创业就业行动计划，当年共培训各类人员 2376.5 万人次。面对 52个未摘帽贫困县职业教育总攻收官任务，强化职业教育东西协作、滇西专项和省内结对三个帮扶机制，推动各地各校把 52 个未摘帽贫困县作为兜底招生的重点，确保建档立卡贫困家庭子女应招尽招，并在高等职业学校扩招专项中予以倾斜支持。推动 203 个国家级职业教育教学资源库向 52 个未摘帽贫困县全面开放。2020 年，面向 52 个未摘帽贫困县 1113 个贫困村专项实施"一村一名大学生计划"，累计招收 1802 人，并为 1600 人开展线上农村电子商务培训。

3. 加大推普脱贫攻坚工作力度

强化组织领导。2019 年，25 家国家语委委员单位成立推普助力脱贫攻坚部际协调小组。举办中国语言扶贫与人类减贫事业论坛，发布首个《语言扶贫宣言》。2020 年 10 月 13 日，召开新中国成立以来第四次、新世纪新时代以来第一次全国语言文字会议，对推普助力脱贫攻坚和政策衔接做出全面部署。召开推普脱贫攻坚中期推进会、片区推进会、落实战略合作框架工作推进会，将推普助力脱贫攻坚纳入省级人民政府履行教育职责评价体系，压实地方主体责任。创新推普方式。聚焦教师、基层干部、青壮年农牧民等重点人群，开展普通话能力提升示范培训，形成基层干部和教师带头讲普通话、农牧民主动讲普通话的良好氛围。开展 32 期语言文字规范标准培训班，共培训相关人员约 5000 人。2018 年在四川凉山率先开展"学前学会普通话"试点，截至 2020 年 7 月，已覆盖全州 3895 个幼儿园（幼教点）29

万余名学前儿童。组织编写《普通话 1000 句》《幼儿普通话 365 句》《普通话百词百句》等，制作微课程和动画视频，录制示范朗读音频，建设推广"语言扶贫"和全球中文学习平台国内版应用程序，上线职业技能类学习资源，开发公益游戏《普通话小镇》，丰富多样的学习资源有效增强了普通话的吸引力、提升了学习效果。形成工作合力。发挥国家语委委员单位和部内相关司局、直属单位的作用，共同参与和支持推普脱贫工作，组织东部省市对口支援"三区三州"推普助力脱贫攻坚。联合共青团中央开展推普助力脱贫攻坚全国大学生社会实践活动，2018—2020 年累计有 529 支高校实践团队 4851 名大学生深入贫困地区开展推普宣传培训活动。2019 年教育部、国务院扶贫办、国家语委、中国移动通信集团有限公司、科大讯飞股份有限公司签署《"推普脱贫攻坚"战略合作框架》，"政府+社会"合力推普脱贫攻坚。2020 年组织首批国家语言文字推广基地对口帮扶 52 个未摘帽贫困县推普工作，发动 1400 余名师生对 5200 多名少数民族教师、农村教师进行 4 个月的在线辅导培训。

4. 持续深化贫困地区和贫困学生就业创业工作

加强就业引导。长期以来，特岗计划、"大学生村官"、"三支一扶"计划、大学生志愿服务西部计划、选调生等一系列中央基层项目的持续实施，为鼓励引导毕业生到中西部地区、东北地区和艰苦边远地区就业创业提供了制度安排和政策保障。一批又一批的青年学子积极响应国家号召，到西部去、到边疆去、到贫困地区去，以实际行动践行时代赋予的使命。毕业生到县及以下基层就业、到中西部地区就业的比例分别从 2013 年的 20.3%、54.2%增长到 2020 年的 28.8%、59.2%。2014 年 5 月 3 日和 2020 年 7 月 7 日，习近平总书记分别给河北省保定学院西部支教毕业生群体代表和中国石油大学（北京）克拉玛依校区毕业生回信，勉励青年学子到基层和贫困地区建功立业，在实现中国梦的伟大实践中书写别样精彩的人生。全力帮助困难群体。在推进高校毕业生就业过程中，始终把贫困地区和贫困家庭毕业生就业作为重点。特别是 2020 年，面对疫情影响和总体就业形势严峻的情况，把帮扶建档立卡贫困毕业生就业作为重中之重，专门出台了升学培训、政策岗位、专场招聘、精准服务、对口帮扶等五项专项政策；单列计划、单独录取，面向贫困毕业生实施普通高校专升本专项计划；持续举办贫困毕业生就业专场招聘活动，提供岗位近 20 万个，向贫困生发送岗位信息 28 万多条；要求高校实行"一人一档""一人一策"，实施有针对性的专人帮扶；会同社会招聘机构利用大数据技术重点向

52 个未摘帽贫困县毕业生专门推荐岗位信息。教育部"24365 校园网络招聘服务平台"为 52 个未摘帽贫困县毕业生开辟"就业专区"。截止到 2020 年 9 月 1 日，52 个未摘帽贫困县高校毕业生就业率达 80.36%，建档立卡毕业生就业率达 83.81%。近五年，家庭经济困难毕业生就业率均高于全国平均水平 1—4 个百分点。

（六）形成广泛参与、合力攻坚的社会动员体系

1. 深化职业教育东西协作

实施《职业教育东西协作行动计划（2016—2020 年）》，落实东西职业院校协作全覆盖行动、东西协作中职招生兜底行动和职业院校全面参与东西劳务协作三大任务。按照中央确定的东西部扶贫协作关系、现行对口支援关系等，东西部共签署协作协议 104 份，签约率 100%。东部省市资助资金设备额达 18.2 亿元，施援方与受援方共建专业点 683 个、实训基地 338 个，受援方委托施援方管理学校 123 个，共建分校（教学点）63 个，共同组建职教集团（或联盟）99 个，开展劳动预备制培训、就业技能培训、岗位技能提升培训、创业培训等，累计培训近 40 万人。

2. 加强教育对口支援

做好教育援疆工作，19 个援疆省市累计投入援疆（含兵团）资金 1188 亿元，实施援疆项目 1 万余个。援疆省市 123 所职业学校全覆盖式对口支援南疆职业学校。全国 21 所新设置本科层次职业大学对口支援 10 所中职学校。做好教育援藏工作，17 个援藏省市形成了"政府主导、企业支持、社会参与"的支援模式，中央第五次西藏工作座谈会以来，落实援藏项目 2198 个、资金 109 亿元。17 个东中部职教集团、33 所民办本科学校对口支援西藏和四省藏区 17 个地州中职学校。做好教育援青工作，"十三五"以来援青 6 省市投入资金 4.07 亿元，中央企业援助教育资金 1330 万元，实施了一大批补短板的教育项目。教育部直属系统参与援疆、援藏、援青挂职等 16 个项目，教育部援疆人数位列中央国家机关之首，教育部援疆（藏）团队多次荣获援疆（藏）工作优秀团队称号。教育部直属机关用干部职工捐款设立"奋进手拉手"公益项目，投入 350 万元支持青海玉树、西藏林芝教育脱贫攻坚工作。

3. 推进高校对口支援

实施对口支援西部地区高等学校计划，106 所部属和东部高水平大学支援中西部 85 所高校，形成了全方位、多层次、立体式的帮扶格局。2016—2020 年，支援

高校共单独划拨 2082 名博士研究生、552 名硕士研究生招生计划，定向用于受援高校提升师资学历和教学水平。2017 年，启动实施慕课西部行计划，组织 10 余个在线课程平台开放优质课程资源，输送至新疆、西藏、青海、陕西、贵州等地区，促进东西部高校教学资源共享，提升教育教学质量。累计帮助西部地区建设混合式教学课程 11200 门，114.9 万余人次西部教师接受慕课培训，面向西部 12 个省份的高校提供了 11.5 万门慕课和小规模限制性在线课程（small private online course，SPOC），学习人次达 1.23 亿。创新支援形式，实施高校银龄教师支援西部计划，遴选 142 名银龄教师到中国石油大学（北京）克拉玛依校区、塔里木大学、滇西应用技术大学支教。

4. 创新组团式支教对口帮扶机制

依托国培计划中小学名师名校长领航工程，集合教育系统帮扶团队的优质资源，发挥好全国教师工作战线优质力量，建立"校长+教研组长+骨干教师"支教团队，组团式"一对一"帮扶凉山州、怒江州。协调高水平院校组团式支援西昌民族幼儿师范高等专科学校、丽江师范高等专科学校，提升师范人才培养质量。实施"千人援教顶岗"计划，组织甘肃省 8 所教育院校 1500 名师范生、兰州市 20 名中小学校长赴临夏州中小学开展援教顶岗和教育帮扶，帮助解决临夏州薄弱学校课程开不齐、开不足的问题。遴选支持四川工程职业技术学院、四川幼儿师范高等专科学校、西昌民族幼儿师范高等专科学校开展国家级职业教育教师教学创新团队课题研究。支教模式的创新，实现了单一顶岗支教向团队管理打包帮扶的转型升级，同步带动了当地学校管理队伍、骨干教师和教研团队能力素质的整体提升。

5. 广泛发动社会力量

协调公益组织、爱心企业、民办教育机构等社会力量和联合国教科文组织等国际机构助力教育脱贫攻坚。中国教育发展基金会、中国教师发展基金会累计投入款物 87.63 亿元，用于资助中西部地区家庭经济困难学生、教师，支持贫困地区改善基础办学条件、应急救灾等工作。中央企业累计投入教育帮扶资金 50 多亿元，援建学校 2000 多所，资助贫困学生 80 多万名。在教育信息化援建方面，相关央企和民企累计捐赠价值 2.3 亿元的设备、数字教育资源及安全服务。针对 52 个未摘帽贫困县教师队伍建设，直接投入帮扶资金 5287 万元，引进帮扶资金 9000 余万元。53 个民办教育机构参与教育脱贫攻坚。引导民办学校加大面向贫困学生的奖助学金支持力度，增加校内勤工助学岗位。教育部会同国家开发银行、中国农业发展银行等探索开发性金融助力教育脱贫攻坚的新模式，已在广西都安、四川凉山等地成功实施。部队持续援建 156 所"八一爱民学校"，在贫困村帮助建立 1544 所小学和幼儿园，组织贫困孩子参加"军事夏令营"，开展"1+1"捐资助学活动。革命老区"八一"助学扶贫工程资助建档立卡贫困家庭中职学生的金额累计达到 4000 万元。

（七）建立多渠道全方位的监督体系

1. 落实中央脱贫攻坚专项巡视及"回头看"问题整改工作

2018 年、2019 年中央第五巡视组对教育部党组脱贫攻坚进行专项巡视和专项巡视"回头看"。部党组切实承担巡视及"回头看"整改的主体责任，部党组书记是整改第一责任人，其他班子成员结合分工落实分管领域整改责任，各单位主要负责同志是本单位整改第一责任人。对照专项巡视反馈意见，逐项研究落实举措，制定实施整改方案，建立问题清单、任务清单和责任清单，将整改任务细化为 104 条整改举措。接续推进专项巡视"回头看"问题整改工作，把专项巡视发现的问题、"不忘初心、牢记使命"主题教育检视的问题，以及各地脱贫攻坚大排查、民主党派脱贫攻坚民主监督、直属高校定点扶贫成效考核等方面发现的问题，一体研究、一体部署、一体整改，将整改任务细化为 123 条整改举措。经过集中整改和持续推进，明确时间节点的整改举措均已按时完成，持续推进的整改举措完成了预期目标任务，教育系统上上下下如期打赢教育脱贫攻坚战的政治自觉、思想自觉和行动自觉明显增强，工作合力不断强化。

2. 做好教育脱贫攻坚巡视巡察监督

把教育脱贫攻坚作为教育巡视监督重点，修订完善巡视监督检查要点，纳入被巡视单位党组织落实主体责任情况、脱贫攻坚过程中干部队伍建设情况、脱贫攻坚专项资金的使用和监管情况等内容。针对教育脱贫攻坚监督检查重点，在巡前、巡中、巡后加强对巡视组的指导，着力提升巡视组精准发现问题、分析问题、报告问题的能力。紧盯巡视中发现的被巡视单位在脱贫攻坚方面存在的问题，抓住巡视整改主体责任不放，持续推进深化整改。印发教育部党组《关于直属高等学校党委开展巡察工作的指导意见》，要求直属高校党委将紧盯脱贫攻坚任务完成情况作为巡察重要任务，将落实教育脱贫攻坚责任情况纳入巡察观测要点。

3. 加强教育脱贫攻坚业务监督

发挥教育督导作用，国务院教育督导委员会办公室和主责业务司局建立跟踪调度制度，对地方义务教育有保障工作中出现执行中央政策进度缓慢的问题和其他问题及时反馈，督促认真落实整改，确保进度不落后、方向不走偏。以食品安全和资金安全为重点，开展营养改善计划专项督导；以基本办学条件"20 条底线"要求为重点，开展"全面改薄"专项督导。建立脱贫攻坚财政投入报告制度，综合采用调研检查、专家驻点、绩效管理、远程监控、业务培训等多种方式，加强重要教育扶贫专项资金监管。充分发挥审计监督的作用，在直属高校、直属单位主要领导人员经济责任审计中，将教育扶贫政策推进情况、任务目标实现情况以及相关资金管理使用情况作为审计关注的内容。对教育部国家重大政策措施落实情况跟踪审计发现的相关问题，督促有关司局、单位和地方切实整改。

4. 强化教育脱贫攻坚纪律监督

将脱贫攻坚纳入驻部纪检监察组与部党组定期会商全面从严治党工作机制的重要内容，将脱贫攻坚任务完成情况和巡视整改情况纳入驻部纪检监察组组长与教育部各司局和直属单位主要负责人廉政谈话范围。加强对直属高校纪委的指导、检查、监督，对定点扶贫工作成效评价等次靠后和落实定点扶贫责任书进展有差距的直属高校，电话约谈其纪委书记，发出提示函，督促强化政治监督。持续开展教育扶贫领域腐败和作风问题专项治理工作，紧盯扶贫工作中出现的腐败和作风问题，持续深入开展治理整顿，加强教育扶贫资金使用、项目审批等重点工作监管，进一步推进权力公开透明和程序化运行。紧盯失职渎职、利益输送、贪污侵占、截留私分、挪用套取、虚报冒领等问题，加强监督检查，做到持续保持惩治腐败的高压态势，坚决维护群众切身利益。开展专项督查或点穴式整改，对重点难点问题加强督促指导、协调推进，做到件件有着落、事事有回音。坚决反对扶贫领域的形式主义、官僚主义，严禁"指标式脱贫""突击式脱贫""材料式脱贫"等，摈弃各种繁文缛节，着力精简和优化督导、评估、检查工作，让扶贫干部能够把时间和精力集中到抓落实上来。

5. 配合落实教育脱贫攻坚外部监督

国务院扶贫开发领导小组每年组织脱贫攻坚督查巡查，民主党派中央开展脱贫攻坚民主监督，审计署开展扶贫资金重大政策措施落实审计，以及脱贫攻坚普查、全国人大专题询问、全国政协建言献策等，均把教育脱贫攻坚作为重点内容。各方面发现的问题全部整改到位，有力推动了教育脱贫攻坚工作。加强日常涉及脱贫攻坚信访举报处理工作，定期排查涉及教育脱贫攻坚的问题线索，优先研判处置，加大查处力度。

（八）实施严格的考核评估

1. 落实国家脱贫攻坚成效考核评估

2016 年以来，国家层面逐步形成了由省级党委政府脱贫攻坚成效、东西部扶贫协作、中央单位定点扶贫工作成效考核组成的，以省际交叉考核、第三方评估、扶贫资金绩效评价、媒体暗访为主要形式的考核评估体系。教育部每年通过选派精干力量、提供日常工作情况、牵头开展直属高校定点扶贫考核、协助核实有关情况等方式，全面深入参加国家脱贫攻坚成效考核评估，并认真做好督促、推动和落实问题整改工作。历年考核累计发现教育脱贫攻坚工作中的问题 89 项，均得到了全面解决，总体看，呈现出数量逐年下降、系统性、普遍性和突出性问题逐年减少的趋势。国务院扶贫办近年来组织的第三方评估中，教育部牵头的 18 项教育脱贫攻坚任务均被评为"较好"以上等次。教育部作为定点扶贫河北省青龙县、威县的中央单位，近两年均获得"好"的评价等次。实践证明，较真碰硬的考核评估，有力地提升了教育脱贫攻坚的成效、改进了工作作风、保障了脱贫质量。

2. 严格直属高校定点扶贫考核

自 2017 年国家开展中央单位定点扶贫考核工作以来，教育部认真履行牵头职责，严格执行学校自评、分类评价、综合评议等考核程序。坚持学校自评与互评、书面报告与现场交流、年终考核与日常表现、专家评议与第三方评估、查找问题与发现典型"五结合"，全面真实反映高校扶贫成效，为中央确定考核等次提供参考。依据中央确定的考核结果并综合各校日常工作表现，逐校反馈突出问题和整改要求，对考核结果为"一般"的重点督促调度，对考核结果为"好"的加大典型推广力度，切实发挥考核评价激励先进、鞭策后进、带动中间的作用。同时，围绕考核要求，对各个学校，特别是落实责任书进展缓慢的和新增定点扶贫任务的直属高校，加强日常督促、定期通报、专题调度，推动各校进一步压实责任、主动作为，提高整体工作成效，在考核中既看结果，也看过程，充分发挥好考核评价的综合作用。

3. 强化机关和干部队伍考核

将脱贫攻坚作为机关司局、直属高校、直属单位领导班子年度考核、选人用人工作专项检查的重要内容。坚持严管厚爱结合、激励约束并重，通过健全完善选拔培养、监督管理、考核激励的干部工作制度体系，把扶贫援派挂职干部选派工作和发现培养选拔优秀年轻干部工作结合起来，年度考核优秀名额向表现优秀的脱贫攻坚干部倾斜，激励干部人才履职尽责。将教育脱贫攻坚纳入"不忘初心、牢记使命"主题教育整改落实考核，纳入党的政治建设和"对标争先"建设计划等举措，把最严格的考核评估贯穿脱贫攻坚全过程。

四、凝练并形成中国特色社会主义的教育脱贫攻坚经验

在党中央领导下，我国教育脱贫攻坚取得了伟大胜利，形成了中国特色社会主义的决胜教育脱贫攻坚的一系列宝贵经验，具体见图1-1。

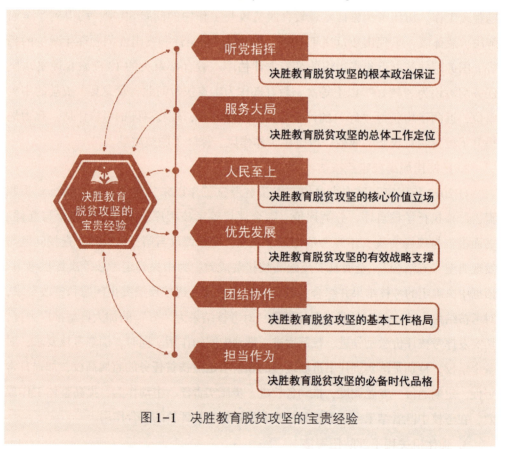

图 1-1　决胜教育脱贫攻坚的宝贵经验

（一）听党指挥是决胜教育脱贫攻坚的根本政治保证

听党指挥是中国特色社会主义事业发展的最高政治原则，是打赢人类历史上规模最大、力度最强的脱贫攻坚战的制胜法宝。教育部党组认真贯彻落实党中央的重大决策部署，增强政治责任感和历史使命感，全面压实责任，承担了教育行业扶贫、定点联系滇西边境片区、中央单位定点扶贫等三个方面的教育脱贫攻坚任务。[①]教育部建立以脱贫攻坚工作领导小组为依托的工作落实机制，统筹部署协调教育战线及各界力量，制订出台保障脱贫攻坚的调研计划，健全完善投入政策体系、精准帮扶机制和监督考核制度。教育战线按照教育部党组的统一部署，积极有效开展定点、对口帮扶，全面推进各项扶贫工作，充分运用特色资源提高贫困地区自我脱贫能力。

（二）服务大局是决胜教育脱贫攻坚的总体工作定位

教育是国之大计、党之大计，是扶贫开发的根本大计。习近平总书记在全国教育大会上强调教育要坚持把服务中华民族伟大复兴作为重要使命，多次阐述教育扶贫的重要性和不可替代性，强调凸显教育扶贫的基础性、先导性、全局性作用。在党中央统筹部署下，教育部全面贯彻落实"两不愁三保障"与"五个一批"（见图1-2）的脱贫攻坚战略任务，面向全局，融入全局，服务全局，并将此作为决胜脱贫攻坚工作的出发点、着眼点、落脚点。创新推行"智志双扶""精准脱贫""普职兼重"的扶贫思路，在贫困地区采取帮扶贫困家庭毕业生就业创业、推普脱贫等一系列超常规举措，提高贫困群众发展能力和社会适应性，有效实现了"依靠教育脱贫""教育阻断贫困代际传递""有学上转向上好学"。教育战线坚定服从脱贫攻坚战略大局，坚定不移地提高教育服务支撑能力，确保了脱贫攻坚的底线目标和任务的全面实现。

---

① 苏令. 教育部扎实推进教育脱贫攻坚工作 [N]. 中国教育报，2018-12-29（1）.

图1-2　发展教育脱贫一批的支撑作用

（三）人民至上是决胜教育脱贫攻坚的核心价值立场

坚持"以人民为中心"的发展思想，不断保障和改善民生、增进人民福祉，走共同富裕道路，是中国共产党的初心和使命。教育部党组从全体人民的根本利益出发，自觉站在人民立场上想问题、做决策，推动解决群众"急难愁盼"突出问题。① 教育脱贫攻坚的制度设计紧紧围绕人民福祉，因地制宜、因人施策、分类规划、分类指导，尽最大努力满足贫困地区人民群众对教育的需求。教育精准脱贫

---

① 教育部. 乘势而上 狠抓落实 加快建设高质量教育体系：2021 年全国教育工作会议召开 [EB/OL].（2021-01-08）[2021-03-10]. http：//www. moe. gov. cn/jyb_zzjg/huodong/202101/t20210108_509194. html.

将脱贫对象精准到每个人，确保不让一个孩子因家庭贫困而失学。[①] 教育脱贫攻坚充分尊重贫困群众的主体作用，坚持外部帮扶与自我内生能力结合，注重提升贫困群众的可持续发展能力。

（四）优先发展是决胜教育脱贫攻坚的有效战略支撑

优先发展教育事业是党和国家各项事业发展的重要先手棋。教育脱贫攻坚既是国家脱贫战略的重要目标，也是重要手段。党中央、国务院始终把教育摆在优先发展的战略位置，始终做到规划优先、投入优先、资源优先，制订实施了特岗计划、国培计划、师范生公费教育、"组团式"教育人才援藏、援藏援疆万名教师支教计划、职业教育东西协作行动计划等系列超常规措施（见图 1-3）。党的十八大以来，国家财政性教育经费占国内生产总值的比例连续保持在 4% 以上，优先向农村地区、边疆民族地区、革命老区、边远贫困地区教育发展倾斜，通过教育投入、教育资助和教育帮扶，重塑当地文化，促进贫困人口学习、掌握脱贫知识技能，改善、提升人口素质，开发人力资源等多种方式，改变贫困地区的经济文化与贫困人口的整体面貌，产生持久的扶贫效果，为贫困地区补齐了教育发展短板，为实现脱贫攻坚、持续推进乡村振兴提供了强有力的战略支撑。

图 1-3　决胜教育脱贫攻坚的超常规措施

---

① 教育部 . 健全资助体系 实施精准资助，不让一个孩子因家庭贫困而失学［EB/OL］.（2020-09-23）［2021-03-10］. https：//www.eol.cn/news/meeting/202009/t20200923_2015708.shtml.

（五）团结协作是决胜教育脱贫攻坚的基本工作格局

教育部依托中国特色社会主义教育制度的巨大优势、各级党委政府的强大执行力、人民群众的主体作用以及社会各界的支持，最大限度动员全社会力量，形成教育大扶贫格局。一是强化整合系统内部脱贫攻坚力量，通过整合部内司局（单位）、院校、企业、行业协会学会等力量，开创横向协作、纵向联动、立体作战的定点扶贫工作局面，通过党建扶贫、消费扶贫、智力扶贫、技术扶贫等多种形式助力贫困地区脱贫。二是建立教育系统外的政府部门间合力脱贫攻坚协调关系，教育部与国家发展改革委、财政部、国务院扶贫办等部门建立起部门间扶贫协调机制；与重点省份签订合作备忘录或控辍保学任务书，加强与地方教育脱贫攻坚的联控联保机制；实施职业教育东西协作行动计划，指导直属高校、部省合建高校组建8大"扶贫联盟"开展扶贫工作。三是引导社会各界力量广泛参与教育扶贫、承担教育扶贫责任，在新冠肺炎疫情期间，迅速汇集全国优质线上教育资源，协调三大网络运营商完善贫困地区通信基础设施，保证了贫困地区"停课不停学"。

（六）担当作为是决胜教育脱贫攻坚的必备时代品格

教育战线广大工作者和师生团结一致，以不屈不挠的毅力，汇聚磅礴力量履行职责，以牢记使命、勇于担当的精神打赢了脱贫攻坚保卫战。教育部党组成员带头抓扶贫，特别是2019年以来，部党组成员分工对口联系52个未摘帽贫困县扶贫工作，并以台账形式督促指导落实。7位部党组成员"一对一"对口联系到县。党的十八大以来部党组成员共开展100多次扶贫调研，精准有效指导对口贫困县全部脱贫出列。[①] 各级教育干部职工始终坚守岗位，贯彻落实中央各项扶贫政策，精准指导到户，成为脱贫攻坚战中最合格的前线哨兵。教育战线30多万名支教教师和挂职干部扎根扶贫一线，与贫困地区共同成长。近百万特岗教师同广大乡村教师一起坚守在最边远、最贫困、最艰苦的地区，推进乡村教育改革发展，传播社会主义核心价值观，推动乡村精神文明建设，塑造新时代的中国乡村文明风貌。广大青年学生通过"三支一扶"计划、"三下乡"社会实践活动、"青年红色筑梦之旅"活动

---

① 根据教育部发展规划司提供的内部资料整理所得。

等途径，奔赴脱贫攻坚战一线，肩负起新时代赋予的光荣使命，深切地体味到党的为民情怀和社会主义制度之好，达成了热爱社会主义祖国的思想共识。

五、奋力谱写教育国之大计党之大计壮丽篇章

党的十九届五中全会高度评价了决胜全面建成小康社会取得的决定性成就，全面描绘了"十四五"时期经济社会发展的宏伟蓝图，清晰地勾勒出面向 2035 年社会主义现代化建设的远景目标，做出"优先发展农业农村，全面推进乡村振兴"的战略部署。中央农村工作会议围绕"中华民族要复兴，乡村必振兴"做出重大政治论断，指明了加快农业农村现代化的基本方向，部署了全面推进乡村振兴的重点工作，为持续深入打赢打好脱贫攻坚战提供了行动遵循。

经过长期努力，教育脱贫攻坚获得了全面胜利、取得了伟大成就、形成了宝贵经验，丰富和发展了中国特色社会主义减贫治贫的理论体系和实践方略。然而，作为世界上最大的发展中国家，我国要从根本上消除贫困、逐步实现全体人民共同富裕依然任重道远，在思想上和行动上绝不能有任何松懈。面向未来，面对挑战，必须全面贯彻落实习近平总书记关于扶贫工作的重要论述，劲头不松，力度不减，担当有为，开拓创新，加快补齐教育短板，建设高质量教育体系，建成教育强国，全面助力"两个一百年"目标实现。

（一）坚持巩固拓展脱贫攻坚成果

教育脱贫攻坚战取得了历史性伟大成就，对全面建成小康社会发挥了重要作用、注入了强大动力。面向美丽乡村建设和全民富裕幸福的美好图景，需要充分认识到治贫减贫工作的系统性、复杂性、长期性要求，需要始终在思想上和行动上保持战略定力、增强发展活力，稳步实现全体人民脱贫致富过上小康生活的目标。为此，要提高政治站位，强化政治责任，坚决落实"摘帽不摘责任、摘帽不摘政策、摘帽不摘帮扶、摘帽不摘监管"要求部署，工作不留空当，政策不留空白，保证五年过渡期内的政策稳定性和工作执行力，确保小康社会建设的成色和质量，满足人民日益增长的美好生活需要。

（二）矢志不移全面推进乡村振兴

坚持把巩固拓展脱贫攻坚成果同乡村振兴有效衔接、同美丽乡村建设有机结合，这是当前和未来一个时期的工作重点，需要长期推进并不断强化多元力量投入和措施保障健全完善。为此，要统筹"三农"工作重心转移实现靶向发力，与时俱进做好帮扶政策的优化调整和精准落实，因地制宜完善创新帮扶机制和工作路径，科学合理把握教育帮扶工作节奏、投入力度、支持时限，促进"集中资源支持模式的脱贫攻坚"向"全面内生发展模式的乡村振兴"转型，为乡村全面振兴注入不竭动力。

（三）持续深化教育领域综合改革

持续深化教育领域综合改革是推动教育事业发展的最大动力，是全面建设高质量教育体系的必然选择，是满足人民在教育方面日益增长的需要的实践路径。站在脱贫攻坚全面胜利新起点，聚焦教育强国建设目标，需要坚持城市带动乡村、东部支持西部的发展思路和发展方式，推动形成城乡教育互补、协调、融合、均衡发展的格局，为各级各类教育补短板、强弱项、扬优势，实现全国教育一盘棋、高质量、现代化发展，为阻断贫困代际传递奠定坚实基础。

（四）讲好教育扶贫开发中国故事

在全国脱贫攻坚总结表彰大会上，习近平总书记指出："我们立足我国国情，把握减贫规律，出台一系列超常规政策举措，构建了一整套行之有效的政策体系、工作体系、制度体系，走出了一条中国特色减贫道路，形成了中国特色反贫困理论。"着眼于人类社会的贫困治理，我们要系统总结凝练中国特色社会主义教育扶贫开发事业的创新成果和时代精神，集中展现教育脱贫攻坚的生动实践和巨大成绩，总结教育脱贫攻坚的中国经验，为全世界通过发展教育治理贫困贡献中国智慧和中国方案。

（五）运用脱贫攻坚精神立德树人

习近平总书记强调："脱贫攻坚伟大斗争，锻造形成了'上下同心、尽锐出战、精准务实、开拓创新、攻坚克难、不负人民'的脱贫攻坚精神。脱贫攻坚精神，是中国共产党性质宗旨、中国人民意志品质、中华民族精神的生动写照，是爱国主义、集体主义、社会主义思想的集中体现，是中国精神、中国价值、中国力量的充分彰显，赓续传承了伟大民族精神和时代精神。"我们要全面系统、深刻生动地把脱贫攻坚精神植入思政课课程、写入思政课教材、融入思政课课堂、带入思政课实践。让脱贫攻坚创造的伟大成就、培育的伟大精神、书写的伟大史诗切实服务于立德树人伟大事业，丰富立德树人"德"之内涵，创新立德树人"树"之路径，号召引导广大师生关心关爱扶贫事业，积极投身扶贫工作，在脱贫攻坚伟大实践中做出贡献、接受教育、获得成长，形成正确的理想信念、价值理念、道德观念。

全面建设社会主义现代化国家新征程已经开启！教育在其中具有的基础性、先导性、全局性地位和作用更加显著、更为独特。让我们紧密团结在以习近平同志为核心的党中央周围，高举中国特色社会主义伟大旗帜，锐意进取，攻坚克难，为加快教育现代化、建设教育强国和实现美好生活不懈奋斗！

第二章
不让一个孩子因贫失学辍学
——义务教育有保障

义务教育是国家必须予以保障的公益性事业。各级人民政府及其有关部门应当保障适龄儿童、少年接受义务教育的权利，不让一个家庭经济困难的孩子因贫失学辍学。"义务教育有保障"是习近平总书记提出的扶贫工作"三保障"中的第一个"保障"，是拔掉穷根、阻断贫困代际传递的重要途径，是教育扶贫的核心任务，直接关系到脱贫攻坚战的质量。教育部始终把义务教育有保障作为教育扶贫工作的首要任务，将控辍保学纳入"奋进之笔"重点工作，出台实施了有关提升农村义务教育质量、经费投入、关注特殊群体、健全长效机制等的系列政策、项目，确保了2020年基本实现义务教育有保障工作目标、打赢教育脱贫攻坚战。

一、准确把握义务教育有保障的目标任务

义务教育有保障在教育脱贫体系中起到基础性、先导性和全局性作用。确保每一名适龄儿童、少年不因贫失学辍学也是各级人民政府必须严格履行的职责。做好义务教育有保障工作是实现"两不愁三保障"的核心任务，做好控辍保学工作是落实义务教育有保障的重要途径。

（一）让贫困家庭的孩子不失学辍学是义务教育有保障的核心目标

2011年，中共中央、国务院明确提出了扶贫工作的主要目标，即到2020年，稳定实现扶贫对象不愁吃、不愁穿，保障其义务教育、基本医疗和住房。这标志着保障贫困适龄儿童接受义务教育的权利成为扶贫工作的核心内容之一。2019年，习近平总书记在解决"两不愁三保障"突出问题座谈会上指出，到2020年稳定实现农村贫困人口不愁吃、不愁穿，义务教育、基本医疗、住房安全有保障，是贫困人口脱贫的基本要求和核心指标。实现义务教育有保障主要是指除身体原因不具备学习条件外，贫困家庭义务教育阶段适龄儿童、少年不失学辍学，保障其有学上、上得起学。

（二）完善学生资助体系，实现贫困家庭孩子应助尽助

2011 年，中共中央、国务院在全面开展农村扶贫开发工作时，明确把逐步提高农村义务教育家庭经济困难寄宿生生活补助标准、推动农村中小学生营养改善工作纳入教育行业扶贫工作的核心任务。2016 年，国务院在部署"十三五"期间脱贫攻坚工作时指出，降低贫困家庭就学负担是教育扶贫的主要措施之一。建好贫困教育人口底数台账，定期开展贫困学生信息比对，精准掌握贫困地区、贫困学生受助需求，为精准落实资助政策、精准投放资助资金提供依据。做到学生资助与扶贫、民政、残联等部门的数据库有效对接，共享学生信息，尽快实现学生信息实时比对，精准定位每个贫困学生，确保每一名贫困家庭学生都能获得有效资助。

（三）实施营养改善计划，确保贫困地区孩子身体健康

营养改善计划是关系学生营养健康和生命安全的系统工程。保障贫困地区儿童营养，不仅能够改善贫困儿童的身体、体能状况，而且能够提高他们的学习能力和学习质量，是促进社会公平、防止贫困代际传递的重要途径。要进一步加强食品安全管理，规范食堂管理，尤其是小规模学校食堂必须达到餐饮服务许可的标准和要求；进一步做好食堂、餐厅建设，努力解决食堂员工缺乏、培训不足及工资待遇保障不力等问题，有效减轻教师工作负担；进一步做好营养改善计划资金安全管理，切实实行专账核算，确保专项资金用于学生。

（四）全面改善办学条件，办好贫困地区每一所义务教育学校

《中国农村扶贫开发纲要（2011—2020 年）》提出，到 2020 年，进一步提高义务教育水平是教育方面的主要任务之一。2013 年教育部等部委联合实施"全面改薄"工作时提出，经过 3—5 年的努力，使贫困地区农村义务教育学校教室、桌椅、图书、实验仪器、运动场等教学设施设备满足基本教学需要；学校宿舍、床位、厕所、食堂（伙房）、饮水等生活设施满足基本生活需要。2015 年，习近平总书记在中央扶贫开发工作会议上强调，实现贫困地区基本公共服务主要领域指标接近全国平均水平，国家教育经费要继续向贫困地区倾斜、向基础教育倾斜，帮助贫困地区改善办学条件。2016 年，国务院提出的教育扶贫的目标是，到

2020 年，贫困地区基础教育能力明显增强，职业教育体系更加完善，高等教育服务能力明显提升，教育总体质量显著提高，基本公共服务水平接近全国平均水平。

（五）加强师资队伍建设，全面提升贫困地区教师队伍质量

农村贫困地区教师岗位吸引力不够，教师队伍不够稳定，成为制约贫困地区办学质量提升的主要因素。2013 年教育部等部委联合实施"全面改薄"工作、2016 年国务院部署"十三五"期间脱贫攻坚工作时均指出，加强教师队伍建设，是提升贫困地区义务教育质量的重要措施。要多途径多方式加强贫困地区师资队伍建设，建立省级统筹乡村教师补充机制，推进县域内校长教师交流轮岗；把着力提升乡村教师队伍素质、落实好教师工资待遇政策等作为打赢深度贫困地区义务教育有保障攻坚战的精准措施之一，真正让优秀教师"下得去、留得住、教得好"。

（六）做好特殊群体就学保障，确保辍学学生应返尽返

2011 年中共中央、国务院提出，必须关心特殊教育，加大对各级各类残疾学生扶助力度。2016 年国务院把加强困境儿童保障作为做好义务教育有保障工作的重要任务，指出：对于家庭经济困难儿童，要落实教育资助政策和"两免一补"政策；对于残疾儿童，要建立随班就读支持保障体系；对于农业转移人口及其他常住人口随迁子女，要将其义务教育纳入各级政府教育发展规划和财政保障范畴。2020 年教育部等十部门要求：完善残疾儿童接受义务教育制度；认真做好随迁子女就学工作，户籍所在地应掌握其就学情况；做好四类儿童控辍保学工作，切实解决因学习困难、外出打工、早婚早育、信教而辍学的问题。

（七）聚焦深度贫困地区，努力缩小义务教育区域发展差距

2017 年中共中央、国务院要求中央和国家机关有关部门对"三区三州"和其他深度贫困地区做好教育扶贫等工作和兜底保障工作，打出政策组合拳。2018 年教育部、国务院扶贫办提出，以"三区三州"为重点，到 2020 年，实现建档立卡贫困人口教育基本公共服务全覆盖，保障各教育阶段建档立卡学生从入学到毕业的全

程全部资助，保障贫困家庭孩子都可以上学，不让一个学生因家庭经济困难而失学。2019 年教育部等部门进一步强调，深度贫困地区是义务教育有保障攻坚工作的薄弱和重点环节。以均衡发展为抓手，全面改善 52 个未摘帽贫困县义务教育办学条件，努力缩小区域发展差距，促进教育公平发展。

二、全面实现义务教育有保障

（一）控辍保学成效突出，巩固率逐年递增

义务教育有保障的目标全面实现。教育部对各地特别是贫困地区适龄儿童辍学情况实施动态监测，2075 个县制定了控辍保学方案，教育系统建立了约 60 万名辍学学生的台账，劝回一个，销号一个。2020 年 9 月 23 日，在国务院新闻办举行的新闻发布会上，教育部副部长郑富芝庄严宣布，义务教育有保障的目标基本实现。从辍学学生的减少情况看，截至 2020 年 11 月 30 日，全国义务教育阶段辍学学生由台账建立之初的约 60 万人降至 831 人，其中 20 多万名建档立卡贫困家庭辍学学生实现动态清零。从入学率情况看，2020 年全国小学净入学率 99.96%，初中毛入学率 102.5%，义务教育学生失学辍学现象大幅减少。

义务教育普及水平逐年递增。从开展教育脱贫工作以来，各级党委和人民政府高度重视义务教育有保障工作，出台了一系列政策举措，确保"每一位学生不因家庭贫困辍学，每一位学生不因学习困难辍学"。统计数据显示，2012—2020 年，我国九年义务教育巩固率呈逐年递增趋势（见图 2-1）。2020 年我国九年义务教育巩固率为 95.2%，比 2012 年提高 3.4 个百分点，顺利达到教育部等十部门联合印发的《关于进一步加强控辍保学工作健全义务教育有保障长效机制的若干意见》提出的"确保除身体原因不具备学习条件外，贫困家庭义务教育阶段适龄儿童少年不失学辍学，确保 2020 年全国九年义务教育巩固率达到 95%"的总体要求。

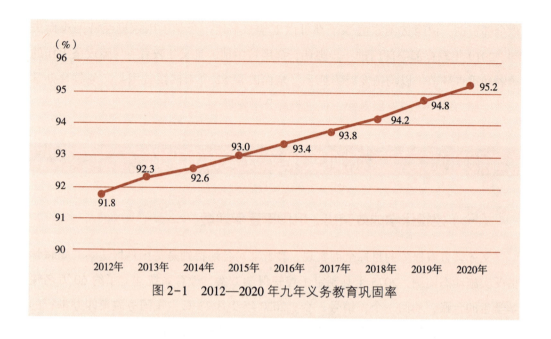

图 2-1　2012—2020 年九年义务教育巩固率

（二）学生资助体系更加完善，实现应助尽助

贫困家庭学生资助力度不断加大。党的十八大以来，我国学生资助制度不断健全、资助资金投入力度不断加大、资助工作内涵不断丰富，学生资助工作取得重大进展。2012—2019 年，全国共有 1.29 亿名义务教育阶段家庭经济困难学生享受生活费补助政策，资助金额 1428.75 亿元。面对经济下行压力，国家对学生的资助投入不仅没有减少，反而以较大幅度增长。2019 年，全国共有近 2026 万名义务教育阶段家庭经济困难学生享受生活费补助政策，生活补助经费达到 202.84 亿元，比2012 年的 175.34 亿元增加 27.50 亿元，增幅达到 15.68%（见图 2-2）。在所有财政资金中，中央财政资金约 105 亿元，地方财政资金约 98 亿元。①

学生资助范围不断扩大。2019 年 4 月，财政部、教育部决定从 2019 年秋季学期起，将义务教育阶段建档立卡学生、非建档立卡的家庭经济困难残疾学生、农村低保家庭学生与农村特困救助供养学生四类家庭经济困难非寄宿生纳入生活补助范围，补助标准为非寄宿生小学每生每年 500 元，初中每生每年 625 元。建档立卡学生资助基本实现全覆盖，贫困地区学生资助政策有效落实。2019 年，全国共资助义务

---

① 根据历年《中国学生资助发展报告》整理。

教育建档立卡学生 931.59 万人，资助金额达到 91.41 亿元；全国累计资助"三区三州"地区义务教育学生 239.50 万人（寄宿生约 219.28 万人，非寄宿生 20.22 万人），占该地区义务教育阶段在校生总数的 55.09%，资助金额达到 34.58 亿元[①]；累计资助 52 个未摘帽贫困县义务教育学生 205.56 万人，资助金额达到 20.68 亿元[②]。

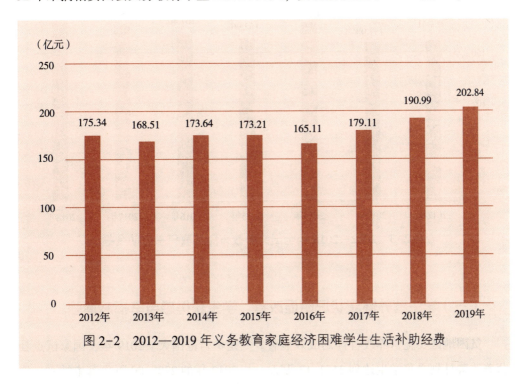

图 2-2 2012—2019 年义务教育家庭经济困难学生生活补助经费

全面实现"两免一补"。现阶段，我国在义务教育阶段全面实施城乡统一的"两免一补"政策，即：对城乡义务教育学生免除学杂费、免费提供教科书，对家庭经济困难寄宿学生补助生活费，补助标准为寄宿生小学每生每年 1000 元，初中每生每年 1250 元。2018 年全国用于免费教科书的资助金额达到 206.78 亿元，比 2012 年增加了 45.37 亿元，增幅达到 28.11%（见图 2-3）。

---

① 全国学生资助管理中心.中国学生资助发展报告（2019年）[EB/OL].（2020-06-08）[2021-03-08]. http://www.xszz.cee.edu.cn/index.php/shows/70/3929.html.
② 数据来自全国学生资助管理中心《学生资助助力教育脱贫攻坚工作总结》（2020年）。

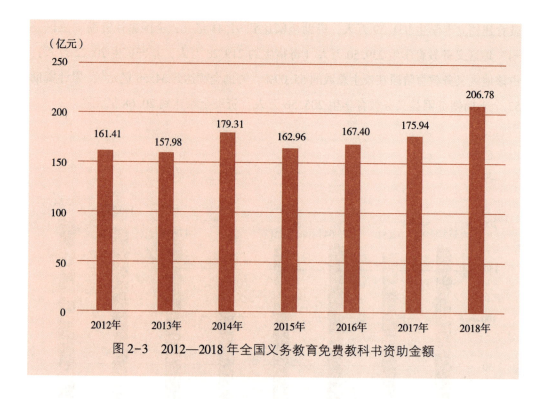

图 2-3 　2012—2018 年全国义务教育免费教科书资助金额

（三）学生营养健康状况明显改善，学生获得感与幸福感增强

　　贫困地区实施营养改善计划成效显著。一是覆盖范围大。2019 年，国家试点县营养改善计划受惠学生达到 2151.13 万人，与 2012 年的 2288.00 万人基本持平；地方试点县惠及学生 1909.69 万人，比 2012 年的 870.00 万人增加了 1039.69 万人，增幅达到 119.50%（见图 2-4）。二是投入资金增幅明显。2019 年，全国 727 个国家试点县级单位（含兵团 36 个团场）营养改善计划支出资金（含中央财政对地方试点县的奖补资金）约 168.14 亿元，比 2012 年的 150.53 亿元增加了 17.61 亿元，增幅达到 11.70%；29 个省份在 1035 个县开展了营养改善计划地方试点工作，地方财政支出资金近 129.60 亿元，比 2012 年增加了 95.06 亿元，增幅高达 275.22%（见图 2-5）。可见，随着地方试点县数量的增加，近年来地方财政投入增长趋势十分明显，受益学生规模明显扩大。

图 2-4 2012—2019 年营养改善计划惠及学生数

　　贫困地区学生营养健康状况得到明显改善，增强了学生的获得感和幸福感。监测表明，营养改善计划试点地区学生生长发育得到了有效保障，身体素质有了明显提升。中国疾病预防控制中心跟踪监测的结果表明，2019 年，营养改善计划试点地区男、女生各年龄段平均身高比 2012 年分别提高 1.54 厘米和 1.69 厘米，平均体重分别增加 1.06 千克和 1.18 千克，高于全国农村学生平均增长速度。据教育部统计，在营养改善计划试点地区，学生营养不良率从 2013 年的 19% 下降到 2017 年的 16%，营养不良问题得到了缓解。贫血率也从 2012 年的 17% 下降到 2017 年的 7.6%。学生生长发育得到了有效保障，身体素质得到了明显提升。①

① 教育部. 介绍农村义务教育学生营养改善计划实施进展情况 [EB/OL]. (2018-06-27) [2021-03-09]. http://www. moe. gov. cn/jyb _ xwfb/xw _ fbh/moe _ 2069/xwfbh _ 2018n/xwfb _ 20180627/201806/t20180627_341245. html.

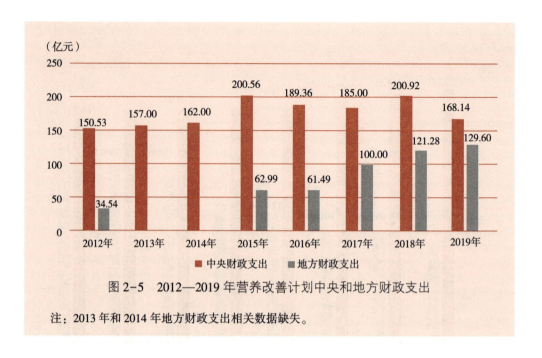

图 2-5　2012—2019 年营养改善计划中央和地方财政支出

注：2013 年和 2014 年地方财政支出相关数据缺失。

（四）学校教育教学设施设备配备日益充足

贫困地区义务教育学校办学条件基本达到底线要求。数据显示，从 2014 年到 2016 年 10 月，全国共新建、改扩建校舍面积 1.23 亿平方米、室外运动场地 1.12 亿平方米，购置学生课桌椅 2284 万套、图书 3.38 亿册，农村学校教学条件整体提升，学生自带桌椅、在 D 级危房上课等现象在绝大部分地区已消除。2017 年，中央财政在收入增速减缓、支出压力较大的情况下，仍然安排了 358 亿元专项资金，比 2016 年增加 20 亿元，带动地方投入 700 多亿元；全国 832 个贫困县有 10.3 万所义务教育学校办学条件达到底线要求，占行政区域内义务教育学校总数的 94.7%，基本实现引导和支持地方力争在年底完成贫困县"全面改薄"工作目标。截至 2019 年年底，全国 30.96 万所农村义务教育学校（含教学点）办学条件达到"20 条底线"要求，占义务教育学校总数的 99.8%；累计有 2767 个县实现义务教育基本均衡发展，占比达 95.32%；义务教育大班额比例降至 3.98%，超大班额比例降至 0.24%，提前一年达到基本消除大班额的工作目标。①

---

① 数据来自教育部基础教育司《聚焦控辍保学核心任务，推进实现义务教育有保障》（2020 年）。

贫困地区义务教育学校校舍建筑面积大幅增加。2013年到2019年，贫困地区新建、改扩建校舍面积2.21亿平方米，涉及全国30.96万所小学和教学点。这些小学和教学点的办学条件基本上达到了规定要求。从生均校舍建筑面积来看，2019年农村小学和初中生均校舍建筑面积分别为8.6平方米和15.0平方米，分别比2012年的6.3平方米和10.4平方米增加了2.3平方米和4.6平方米（见图2-6），增幅分别达到36.5%和44.2%，有效保障了农村学校校舍需求。①

图2-6　2012—2019年全国农村小学和初中生均校舍建筑面积

农村学校生均教学仪器设备值大幅增加，城乡差距明显缩小。2019年，全国农村小学和初中生均教学仪器设备值分别为1511元、2354元，分别比2012年增加了1090元、1518元，增幅分别达到258.91%、181.58%（见图2-7）。城乡学校差距也有明显缩小。小学阶段，2012年全国城市和农村小学生均教学仪器设备值分别为1013元、421元，城市为农村的2.41倍；2019年全国城市和农村小学生均教学仪器设备值分别为1941元、1511元，城市为农村的1.28倍，与2012年相比，城乡差距明显缩小。初中阶段，2012年全国城市和农村初中生均教学仪器设备值分别为1427元、836元，城市为农村的1.71倍；2019年全国城市和农村初中生均教学仪器设备值分别为3079元、2354元，城市为农村的1.31倍，与2012年相比，城乡差距也明显缩小。②

---

① 根据历年《全国教育事业发展简明统计分析》整理。
② 根据2012年、2019年《全国教育事业发展简明统计分析》的数据计算得出。

图 2-7 2012—2019 年全国农村小学和初中生均教学仪器设备值

（五）学校师生生活设施设备配备日渐完善

农村寄宿制学校住宿条件明显改善。从"全面改薄"工作实施情况看，2014—2016 年，全国共购置学生生活设施设备 1157 万台（件/套），大部分地区寄宿制学校基本实现一人一床位，有力改善了农村学生住宿、用餐、饮水、洗浴条件。2015 年，中央财政安排补助资金 7.5 亿元，专项用于支持四省藏区义务教育寄宿制学校及附属设施建设，集中兴建一批标准化寄宿制学校，有效解决了这类地区学生居住分散、上下学交通不便等突出问题。从寄宿生生均宿舍建筑面积来看，2019 年农村小学和初中寄宿生生均宿舍建筑面积达到 4.2 平方米和 5.4 平方米，分别比 2013 年的 3.2 平方米和 4.6 平方米增加了 1.0 平方米和 0.8 平方米，增幅分别达到 31.3% 和 17.4%（见图 2-8）。①

---

① 根据 2012 年、2019 年《全国教育事业发展简明统计分析》的数据计算得出。

图 2-8 2013—2019 年全国农村小学和初中寄宿生生均宿舍建筑面积

教师周转宿舍建设力度加大，教师后顾之忧得到缓解。据统计，2012 年，我国农村小学和初中教师周转宿舍面积分别为 561.62 万平方米和 653.04 万平方米，到 2019 年，农村小学和初中教师周转宿舍面积分别达到 2142.22 万平方米和 1886.24 万平方米，分别比 2012 年增加了 1580.60 万平方米和 1233.20 万平方米，增幅达到 281.44% 和 188.84%。① 可见，教师周转宿舍无论是增加面积还是增幅都很显著，有效解决了教师住房问题。

乡村学校安全用水工作和卫生厕所建设成效明显，师生健康得到有效保障。一是饮水安全问题得到基本解决。据统计，到 2015 年年底，全国共解决了 5.2 亿名农村居民和 4700 多万名农村学校师生的饮水安全问题。2019 年，教育部发布了《中小学膜处理饮水设备技术要求和配备规范》，为进一步完善农村中小学安全饮水设施配备提供了技术保障。二是明确农村中小学卫生厕所改造目标和时间要求。国家发展改革委和教育部联合提出，从 2019 年起，以中西部地区县域内农村学校为重点，以地方投入为主，统筹使用现有各类资金，发挥中央预算内投资引导作用，全面开展中小学改厕工作，力争通过 2 年左右的努力，实现全国中小学厕所基本达到安全、卫生、环保等底线要求。

---

① 根据 2012 年、2019 年《中国教育统计年鉴》数据整理，其中"农村"包括镇区和乡村。

（六）师资队伍建设成效显著，教育质量提升有保障

乡村教师待遇明显改善，教师这一职业的吸引力明显增强。乡村教师支持计划的实施，补齐了贫困地区乡村教师队伍建设的短板，有效拓宽了乡村教师来源，使乡村学校生师比持续下降，农村教师的素质明显提高。2017 年中央财政安排奖补资金 38.5 亿元，比上年增长 29%，实现了集中连片特困地区乡村教师生活补助全覆盖，部分补助 1000 元以上地区出现城镇教师争相到乡村学校任教的局面，有力促进了城乡教师资源均衡。实施特岗计划，持续补充农村师资力量。党的十八大以来，特岗计划招聘规模逐渐扩大，从 2012 年的 6.9 万名增长到 2019 年的 10 万名。而且由于受新冠肺炎疫情等因素影响，2020 年特岗计划招聘规模达到 10.5 万名，覆盖了中西部省份的 1000 多个县和 3 万多所农村学校（含村小、教学点），中央财政累计投入资金 615 亿元，服务期满特岗教师留任率在 85% 以上。加大了对"三区三州"等深度贫困地区农村中小学校教师队伍建设支持力度。仅 2019 年，"三区三州"贫困县招聘特岗教师 1.3 万人，52 个未摘帽贫困县招聘特岗教师 8516 人[①]，较往年均有明显提高。这些措施有效缓解了农村教师短缺、优秀教师不足的状况，优化了农村教师队伍结构。

农村义务教育阶段教师学历不断提升，城乡差距进一步缩小。2012 年，全国城市和农村[②]小学中拥有大专及以上学历的专任教师的比例分别为 94.28% 和 81.72%，农村比城市低了 12.56 个百分点；全国城市和农村初中中拥有本科及以上学历的专任教师的比例分别为 84.16% 和 66.48%，农村比城市低了 17.68 个百分点。到 2019 年，全国城市和农村小学中拥有大专及以上学历的专任教师的比例分别为 99.11% 和 96.29%，农村比城市低了 2.82 个百分点；全国城市和农村初中中拥有本科及以上学历的专任教师的比例分别为 93.08% 和 84.03%，农村比城市低了 9.05 个百分点。[③] 由此可见，与 2012 年相比，农村的小学和初中师资队伍中拥有高一级学历的专任教师所占比例与城市的差距在缩小。

贫困地区教师短缺问题得到有效缓解。深入实施农村义务教育阶段学校教师

---

① 数据来自教育部教师工作司《教育脱贫攻坚工作总结报告》（2020 年）。
② 这里的农村为大农村概念，包括镇区和乡村。
③ 根据 2012 年、2019 年《全国教育事业发展简明统计分析》的数据计算得出。

特岗计划，银龄讲学计划，边远贫困地区、边疆民族地区和革命老区人才支持计划教师专项计划，援藏援疆万名教师支教计划，为贫困地区输送优质师资力量，提升教师素质，缓解教师短缺问题。教育部开发了教师工作"5+1+2+N"政策工具包。其中，"5"为农村义务教育阶段学校教师特岗计划，乡村教师生活补助，银龄讲学计划，边远贫困地区、边疆民族地区和革命老区人才支持计划教师专项计划，援藏援疆万名教师支教计划。"1"为国培计划。2018年以来累计为中西部贫困地区选派近9万名支教教师。特岗计划实施15年来，累计招聘95万名特岗教师，覆盖中西部省份1000多个县、3万多所农村学校。目前，援藏援疆万名教师支教计划第二批5000多名支教教师已全部到岗。教育部发布了2020—2021学年面向边远贫困地区、边疆民族地区和革命老区选派教师计划，要求各项目省优先保证未摘帽贫困县的招募需求，完成好选派任务。扩大银龄讲学计划试点范围，2020—2021学年面向社会招募4000余名优秀的退休教师，重点向"三区三州"等深度贫困地区、52个未摘帽贫困县倾斜。[①] "2"为针对凉山州、怒江州两个地区的对口帮扶计划，协调教育部中学校长培训中心、小学校长培训中心、幼儿园园长培训中心等单位，实施对凉山州及怒江州泸水市、福贡县教师服务能力的提升计划，开展组团式的教师支援，到贫困地区开展教育教学管理和科研工作，整体带动当地教师队伍发展。"N"为社会力量支持教师队伍建设，汇集社会力量，有针对性地开展帮扶、精准发力，努力形成社会参与教育脱贫攻坚的格局。

（七）特殊群体儿童义务教育受教育权利得到有效保障

全国义务教育阶段随迁子女在公办学校就读的比例始终稳定在80%左右（见图2-9）。随着各级政府着力落实进城务工人员随迁子女"两为主""两纳入"等教育政策，全国义务教育阶段随迁子女规模较为稳定，在公办学校就读的比例始终在八成左右。

---

① 数据来自教育部教师工作司《教育脱贫攻坚工作总结报告》（2020年）。

图 2-9　2013—2019 年全国小学和初中学段随迁子女在公办学校就读的比例

残疾儿童受教育权利保障程度日益提高。随着特殊教育提升计划的持续实施，各级政府加大了发展特殊教育的力度，特殊教育学校数量增长明显。2019 年全国特殊教育学校达到 2192 所，比 2012 年增加了 339 所，增幅达到 18.29%。义务教育阶段接受特殊教育的学生规模增幅较大。2019 年，全国义务教育阶段接受特殊教育的学生约为 77.9 万人，比 2012 年增加了约 41 万人，增幅达到 111.11%（见图 2-10）。①

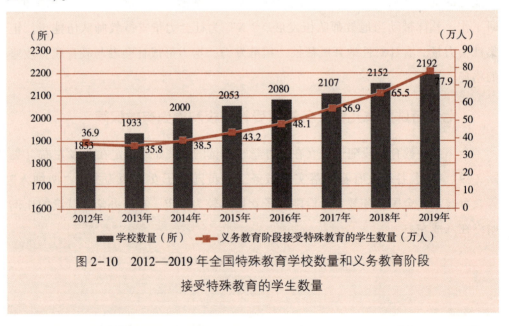

图 2-10　2012—2019 年全国特殊教育学校数量和义务教育阶段
接受特殊教育的学生数量

---

① 根据历年《中国教育统计年鉴》数据整理。

（八）信息基础设施不断完善，优质数字教育资源日趋丰富

截至 2020 年第三季度末，贫困地区信息基础设施不断完善，网络教学环境明显改善，信息化教学应用逐步普及，优质数字教育资源日趋丰富、覆盖面不断扩大。一是学校互联网基本实现全覆盖，全国中小学（含教学点）互联网接入率从 2012 年的 25% 上升到 99.7%，52 个未摘帽贫困县的中小学（含教学点）互联网接入率达到 99.7%。二是多媒体教室覆盖率显著提升，拥有多媒体教室的学校比例从 2012 年的 48% 上升到 95.3%，配备多媒体教学设备的普通教室达到415.4 万间，52 个未摘帽贫困县拥有多媒体教室的学校比例达到 90.3%。三是数字教育资源日益丰富，国家数字教育资源公共服务体系基本形成，接入各级平台177 个，包括国家级平台 1 个、省级平台 30 个、地市级平台 62 个、区县级平台84 个，数字教育资源覆盖了小学、初中、高中学段的 85 个学科、873 个教材版本，总数近 5000 万条。四是开发汇聚优质的数字教育资源。2012 年，教育部启动实施"教学点数字教育资源全覆盖"项目，全国 6.4 万个教学点实现了设备配备、资源配送和教学应用"三到位"。教育部持续向教学点推送适合的数字教育资源，提高了教学点音乐、美术、英语等国家规定学科的开课率，惠及偏远地区的 400 多万孩子。[①] 持续面向农村中小学（含教学点）开发适用的数字教育资源，包括一至三年级语文、数学、英语等 8 个学科，四至六年级英语、科学、美术等 4 个学科的国家规定课程数字资源，通过国家平台免费供学校下载使用，并组织开展教学应用。

（九）区域发展差距显著缩小，教育均衡目标基本实现

基本实现义务教育均衡发展，逐步迈向优质均衡发展。2019 年，全国累计有2767 个县实现了义务教育基本均衡发展，占比达到 95.32%。县域内小学和初中校际均衡水平持续提升，城乡发展差距进一步缩小。2019 年，教育部对前 6 年通过国家认定的 2708 个县的义务教育基本均衡发展情况进行了年度监测。监测结果显示，

---

① 数据来自教育部科学技术与信息化司《关于党的十八大以来教育脱贫攻坚有关工作情况的进展报告》（2020 年）。

2708 个县的义务教育均衡发展水平总体上稳中向好。[1] 2018 年小学、初中综合差异系数分别为 0.43、0.32，明显低于均衡评估认定的 0.65、0.55 的国家标准要求，显示出小学和初中校际均衡水平的提升。同时义务教育学校办学条件、教师队伍等方面又有新的进步。

区域间义务教育阶段学校办学条件差距逐步缩小（见表 2-1）。中西部地区教育水平与东部发达地区的差距进一步缩小，教育现代化取得重要进展。就拥有高于规定学历的教师所占的比例而言，2012 年东部地区小学为 87.58%，分别是中部地区小学（82.65%）和西部地区小学（84.11%）的 1.06 倍、1.04 倍，2019 年这两个比值均降为 1.01；2012 年东部地区初中为 78.29%，分别是中部地区初中（65.27%）和西部地区初中（70.28%）的 1.20 倍、1.11 倍，2019 年这两个比值分别降为 1.12、1.07。由此可见，2012—2019 年，东部地区与中西部地区义务教育阶段学校拥有高于规定学历的教师所占的比例之间的差距均有明显缩小。在生均校舍建筑面积上，2012 年东部地区小学达到 6.43 平方米，分别是中部地区小学（5.72 平方米）和西部地区小学（6.11 平方米）的 1.12 倍、1.05 倍，2019 年这两个比值分别降为 0.99、0.90；2012 年东部地区初中达到 11.13 平方米，分别是中部地区初中（9.88 平方米）和西部地区初中（8.81 平方米）的 1.13 倍、1.26 倍，2019 年这两个比值均降为 1.11。在生均教学仪器设备值方面，2012 年东部地区小学达到 921 元，分别是中部地区小学（350 元）和西部地区小学（447 元）的 2.63 倍、2.06 倍，2019 年这两个比值分别降为 1.60、1.16；2012 年东部地区初中达到 1504 元，分别是中部地区初中（718 元）和西部地区初中（771 元）的 2.09 倍、1.95 倍，2019 年这两个比值分别降为 1.66、1.40。在每百名学生所拥有的计算机台数方面，2012 年东部地区小学达到 10.15 台，分别是中部地区小学（4.07 台）和西部地区小学（4.90 台）的 2.49 倍、2.07 倍，2019 年这两个比值分别降为 1.49、1.25；2012 年东部地区初中达到 14.72 台，分别是中部地区初中（8.10 台）和西部地区初中（8.02 台）的 1.82 倍、1.84 倍，2019 年这两个比值分别降为 1.60、1.44。由此可见，2012—2019 年，我国区域间义务教育阶段学校办学条件差距明显缩小。

---

[1]　教育部 . 2019 年全国义务教育均衡发展督导评估工作报告 [EB/OL]. （2020-05-19）[2021-03-09]. http：//www.moe.gov.cn/fbh/live/2020/51997/sfcl/202005/t20200519_456057.html.

表 2-1 2012 年、2019 年东中西部地区办学条件比较①

		拥有高于规定学历的教师的比例（%）					生均校舍建筑面积（平方米）				
		东部	中部	西部	东部/中部	东部/西部	东部	中部	西部	东部/中部	东部/西部
2012 年	小学	87.58	82.65	84.11	1.06	1.04	6.43	5.72	6.11	1.12	1.05
	初中	78.29	65.27	70.28	1.20	1.11	11.13	9.88	8.81	1.13	1.26
2019 年	小学	98.00	96.80	96.70	1.01	1.01	7.47	7.53	8.30	0.99	0.90
	初中	92.10	82.60	86.20	1.12	1.07	15.04	13.49	13.49	1.11	1.11

		生均教学仪器设备值（元）					每百名学生所拥有的计算机台数（台）				
		东部	中部	西部	东部/中部	东部/西部	东部	中部	西部	东部/中部	东部/西部
2012 年	小学	921	350	447	2.63	2.06	10.15	4.07	4.90	2.49	2.07
	初中	1504	718	771	2.09	1.95	14.72	8.10	8.02	1.82	1.84
2019 年	小学	1982	1236	1708	1.60	1.16	15.98	10.69	12.78	1.49	1.25
	初中	3340	2010	2388	1.66	1.40	23.57	14.75	16.38	1.60	1.44

三、多措并举确保实现义务教育有保障

党的十八大以来，各级党委和政府紧紧围绕教育扶贫工作重点，把教育扶贫作为脱贫攻坚的基础工作，加强领导、完善机制、强化措施、精准施策，努力实现义务教育有保障。

（一）强化政府责任，增强组织保障能力

强化控辍保学政治责任。2011 年，中共中央、国务院印发的《中国农村扶贫开发纲要（2011—2020 年）》明确提出，到 2020 年，稳定实现扶贫对象不愁吃、不愁穿，保障其义务教育、基本医疗和住房。2015 年发布的《中共中央国务院关于打赢脱贫攻坚战的决定》提出让贫困家庭子女都能接受公平有质量的教育，阻断贫困代际传递。2016 年，教育部等六部门印发了《教育脱贫攻坚"十三五"规划》，提出对建档立卡义务教育阶段适龄人口，确保都能接受公平有质量的义务教育。同年，国务院发布《关于统筹推进县域内城乡义务教育一体化改革发展的若干

---

① 根据 2012 年、2019 年《全国教育事业发展简明统计分析》的数据计算得出。

意见》，要求解决义务教育学生辍学问题，确保到 2020 年实现九年义务教育巩固率达到 95% 的目标。

明确各方控辍保学责任。2017 年，国务院办公厅发布《关于进一步加强控辍保学提高义务教育巩固水平的通知》，明确政府、社会、家庭、学校各方在控辍保学中的责任，确保控辍保学工作落到实处。该文件提出省级人民政府要全面负责区域内义务教育控辍保学工作，完善政策措施，健全控辍保学目标责任制，突出重点地区，加强分类指导，督促各县（市、区）做好义务教育各项工作，实现控辍保学目标；县级人民政府要履行控辍保学主体责任，组织和督促适龄儿童少年入学，帮助他们解决接受义务教育的困难，采取措施防止辍学。教育部各司局将教育脱贫攻坚与抒写教育"奋进之笔"紧密结合，21 名司局长、22 名处长把教育脱贫攻坚任务写进"司局长风采项目""处长奋进纪实档案"，压实各单位主体责任。

抓整改促提升。教育部各司局把脱贫攻坚列入年度工作要点，建立整改台账，细化各项整改措施。比如，成立由人事司司长作为第一责任人的工作小组，层层传导压力、层层压实责任，如期完成脱贫攻坚专项巡视整改和巡视"回头看"整改等各项任务，进一步完善脱贫攻坚工作体制机制。开展脱贫攻坚专项巡视以来，教育部严格对照巡视组的反馈意见和《教育部脱贫攻坚专项巡视整改工作方案》，须限期整改的任务已全部完成，需持续推进的任务也在稳步推进。

着力推动资金精准投入。教育部积极与财政部沟通，在分配中央财政教育专项资金时，加大对"三区三州"等深度贫困地区的相关因素的关注力度，继续将"贫困人口""贫困发生率"等作为中央对地方转移支付资金分配的重要因素，并持续安排"三区三州"教育扶贫专项资金。2018—2020 年新增"三区三州"教育脱贫攻坚专项资金 70 亿元，重点支持贫困地区和薄弱环节。推动各地落实《关于进一步加强财政投入管理深入推进"三区三州"教育脱贫攻坚的指导意见》，统筹安排中央相关补助资金和地方自有财力，加大支持力度。制定"三区三州"135 个深度贫困县教育扶贫"一县一策"方案，指导致贫因素不同的各县做好教育脱贫攻坚工作。

健全义务教育有保障长效机制。一是健全联控联保责任机制，切实加强组织领导，认真履行政府控辍保学法定职责，不断完善"一县一策"控辍保学工作方案，强化督导检查和考核问责，确保中央要求落到实处。二是健全定期专项行动机制，坚持控辍保学与招生入学工作同部署同落实，在每学期开学前后集中开展控辍保学专项行动，加大行政督促劝返复学力度，防止辍学人数新增和反弹。三是健全应助尽助救助机制，全面落实义务教育"两免一补"政策，对符合条件的劝返复学适龄儿童和少年落实社会救助政策，保障其顺利完成九年义务教育。四是健全依法控辍治理机制，加强法律法规的宣传教育，坚决禁止各种违法违规行为导致义务教育阶段的学生辍学，鼓励各地结合实际完善运用法律手段做好劝返适龄儿童和少年复学的工作举措。五是健全办学条件保障机制，统筹利用义务教育各类工程建设项目，大力改善农村特别是贫困地区义务教育办学条件，大力加强义务教育学校教师队伍建设，不断提高教育教学质量。

（二）分类精准施策，实施"控辍保学"专项行动

完善控辍保学联保联控机制。2019 年，教育部与 13 个省份签署《打赢教育脱贫攻坚战合作备忘录》，将控辍保学作为重要任务写入备忘录，与各省份签订贫困学生控辍保学任务书，明确控辍保学工作任务，逐步压实责任。同年，《关于解决建档立卡贫困家庭适龄子女义务教育有保障突出问题的工作方案》《禁止妨碍义务教育实施的若干规定》等文件出台，建立了控辍保学联保联控机制，进一步明确和落实工作标准、目标任务和支持政策。

精准管理辍学学生信息。精准识别建档立卡家庭、精准帮扶贫困家庭、精准资助贫困学生，这种"横到边、纵到底"的工作模式旨在确保不让一个学生因家庭经济困难而失学。动态掌握底数，全国中小学生学籍信息管理系统与国家人口基础信息库、全国贫困人口信息库"三库比对、相互核查"。"十三五"期间"控辍保学工作台账管理平台"建立，记录每个辍学学生的信息，并对 374 个控辍保学国家重点监测县进行重点监测。定期通报各省份控辍保学工作进展情况。各地也采取了多种举措对辍学学生进行摸排登记。青海省发动 3 万余名干部，深入居民家中、寺庙做好辍学学生摸排登记和劝返工作；甘肃省专门开发了控辍保学 APP，组织各学校每天清点在校人数，实现摸排常态化。

加强"四类群体"控辍保学工作。2020 年，教育部等十部门印发了《关于进一步加强控辍保学工作健全义务教育有保障长效机制的若干意见》，将切实解决因学习困难、外出打工、早婚早育、信教而辍学等问题作为控辍保学工作的重点。

加大返劝力度。各地探索形成"双线、四级、六长"（政府、学校两条线，县、乡、村、组四级，县长、乡镇长、村委会主任、教育局局长、校长、家长六"长"）和"四步法"（宣传教育、责令改正、行政处罚、提起诉讼）等劝返复学模式。对劝返复学的学生坚持因人施策，通过随班就读、集中编班、在中等职业学校接受教育、为残疾学生送教上门等多种方式，努力让被劝返的学生能安心就读。国务院教育督导委员会督促各地做好疑似失学儿童情况核查和劝返复学工作。

（三）强化督导检查，确保"控辍保学"有实效

2018 年发布的《关于做好疑似失学儿童情况核查和劝返复学工作的通知》，旨在督促各省份做好疑似失学儿童情况核查和劝返复学工作部署。教育部 2019 年组织赴四川、贵州等 4 个省份开展摸底调研，通过进校入户、明察暗访等形式，抽查核实工作台账数据和劝返复学情况。组织赴云南、甘肃等 5 个省份开展专项整治调研，指导督促地方进一步加大控辍保学工作力度，推进部门联控联保，做好核查劝返、复学安置、台账管理等工作。组织赴江苏、青海等 6 个省份开展省级人民政府履行教育职责专项督导，将履行控辍保学职责作为重点内容。给广西等 7 省份发函，指导制定解决"义务教育有保障"有关问题整改方案和具体举措。对大班额比例较高的 50 个县所在省份发督办函，督促"一县一案"制定消除大班额工作方案，明确整改措施和具体时限。印发《关于督促如期完成 2020 年教育改革发展重点交账任务的通知》，督促各省份加大整改力度，加快解决辍学、大班额、大通铺等影响义务教育保障水平的问题，确保如期完成交账任务。实施挂牌督战，督促 52 个未摘帽贫困县认真做好控辍保学及消除大班额等工作，啃下硬骨头。

（四）创新社会联动，强化协同保障能力

控辍保学不仅仅是教育系统的事，也是全社会的事。《中华人民共和国义务教育法》第五条规定："各级人民政府及其有关部门应当履行本法规定的各项职责，保障适龄儿童、少年接受义务教育的权利。适龄儿童、少年的父母或者其他法定监护人应当依法保证其按时入学接受并完成义务教育。"只有整合全社会力量并形成合力，控辍保学才能收到实效。

控辍保学是一项复杂的系统工程，民政部门对建档立卡贫困家庭等特殊困难群体及时提供必要的救助，人力资源和社会保障部门以及市场监管部门加大对违法招

用未成年人的单位或个人的查处力度，司法行政部门进行有关法治宣传教育，为未成年人及时提供法律援助等服务，妇联等群团组织履行综合协调的职能，协助做好控辍保学工作，部门联动解决控辍保学的难题。

为防止女童因家庭贫困辍学，阻断贫困代际传递，全国妇联深入实施春蕾计划，累计资助各学段女童 20 多万人次，资助金额约 2 亿元。[①] 此外，各级妇联积极配合教育部门做好控辍保学工作，面向贫困群众和家庭开展义务教育政策宣传、困难儿童帮扶，助推贫困地区孩子完成义务教育，动员包括女生在内的更多贫困家庭"两后生"（初、高中毕业后未能继续升学的劳动力）接受职业教育，使其有一技之长。

（五）全面改善办学条件，强化学位保障能力

改善办学条件，保障适龄儿童、少年有学上。2016 年，我国提出统筹推进城乡义务教育一体化发展，要求加快推进县域内城乡义务教育学校建设标准统一，加强两类学校建设，实施"全面改薄"工程、义务教育薄弱环节改善与能力提升工作、教育现代化推进工程等，不断改善学校基本办学条件，补齐农村教育短板，缩小城乡差距、校际差距，确保贫困家庭义务教育阶段适龄儿童、少年不因办学条件保障不到位而失学辍学。

实施"全面改薄"工程。教育部、财政部自 2010 年开始实施农村义务教育薄弱学校改造计划，从教学装备和校舍改造等方面支持对薄弱学校进行改造。2013 年年底，教育部、国家发展改革委、财政部联合印发了《关于全面改善贫困地区义务教育薄弱学校基本办学条件的意见》，提出实施"全面改薄"工程，推进义务教育学校标准化建设，不让贫困家庭孩子输在成长"起点"。以中西部农村贫困地区为主，兼顾东部部分困难地区；以集中连片特困地区为主，兼顾其他国家扶贫开发工作重点地区、民族地区、边境地区等贫困地区。按照勤俭办教育和"缺什么补什么"的原则，改善学校基本办学条件，满足学校教育教学和生活的基本需要。该文件所对应的"全面改薄"工程是我国义务教育学校建设史上中央财政投入最多的单项工程。截至 2018 年年底，全国共投入资金 5426 亿元（中央财政专项补助资金为

---

① 王鹏. 为打赢脱贫攻坚战贡献"半边天"力量：我国妇女脱贫攻坚成就综述 [N]. 光明日报，2020-09-16 (2).

1699 亿元，带动地方投入 3727 亿元）。① 2015 年，教育部印发《关于进一步做好全面改善贫困地区义务教育薄弱学校基本办学条件有关工作的通知》，进一步明确了改进薄弱环节的具体做法。

开展义务教育薄弱环节改善与能力提升工作。2019 年和 2020 年中央财政每年都安排 293.5 亿元用于支持各地开展"能力提升"工作。② 一是加强乡村小规模学校和乡村寄宿制学校建设。2018 年国务院办公厅印发《关于全面加强乡村小规模学校和乡镇寄宿制学校建设的指导意见》，指出要采取一系列政策措施，办好两类学校。二是加快农村学校信息化建设。2018 年教育部办公厅、工业和信息化部办公厅印发《关于开展学校联网攻坚行动的通知》，教育部会同工业和信息化部开展学校联网攻坚行动，重点掌握农村地区中小学（含教学点）纳入电信普遍服务试点支持等情况。教育部在基础设施建设、国家数字教育资源公共服务体系建设、优质教育资源开放共享、信息化教学常态化应用和教师信息技术应用能力提升等方面持续支持贫困地区教育信息化发展，引导教育发达地区与薄弱地区的学校通过网络开展结对帮扶，为促进教育公平和提升教育质量提供有力支撑。三是解决农村学校布局不科学问题。2019 年，教育部印发《关于打赢脱贫攻坚战进一步做好农村义务教育有关工作的通知》，强调加强精准控辍、解决学校布局不科学等问题，部署各地对农村学校布局调整情况进行全面自查，合理布局，防止因学校布局不合理导致学生上学困难甚至辍学。

加大对"三区三州"的倾斜力度。2018 年，教育部、国务院扶贫办印发《深度贫困地区教育脱贫攻坚实施方案（2018—2020 年）》，坚持精准扶贫、精准脱贫基本方略，以"三区三州"为重点，加大对"三区三州"倾斜支持力度，"全面改薄"工作优先支持"三区三州"，加强"三区三州"乡村小规模学校和乡镇寄宿制学校的建设和管理等。统筹推进深度贫困地区义务教育一体化改革发展，着力解决"三区三州"义务教育"乡村弱、城镇挤"问题；优化学校布局，强化义务教育投入。

① 教育部督导局．薄弱学校改造工作目标提前一年基本实现 农村义务教育学校办学条件得到显著改善［EB/OL］．（2019-02-26）［2021-03-10］．http：//www.moe.gov.cn/fbh/live/2019/50340/sfcl/201902/t20190226_371170.html.
② 李锐．财政部安排 293.5 亿元支持改善义务教育 实现农村义务教育学校网络教学环境全覆盖［N］．农民日报，2020-07-29（3）.

（六）优化师资建设，强化质量保障能力

完善新时代乡村教师队伍建设体制机制，聚焦短板弱项，加强师德师风建设，创新挖潜编制管理，畅通城乡学校教师一体配置渠道，创新教师教育模式，拓展教师职业成长通道，提高教师地位和待遇，推动乡村教师可持续发展，打造一支素质优良、甘于奉献、扎根乡村的乡村教师队伍，为贫困地区每个孩子享有公平而有质量的教育提供智力支持。教育部研制了教师工作"5+1+2+N"政策工具包，为贫困地区输送优质师资力量，提升教师素质，缓解教师短缺问题，打造一支示范引领、情系教育、奉献乡村的支教教师队伍，为教育脱贫攻坚提供强大的教育人才支撑和智力保障。创新教师支教帮扶模式，集合全国教师工作战线优质力量，依托国培计划中小学名师名校长领航工程，开展组团式一对一精准支教帮扶"三区三州"，向52个未摘帽贫困县倾斜，实现对口市州贫困县全覆盖，不断提高受援地教师队伍"造血"能力，为贫困地区打造"带不走"的教师队伍。

创新乡村教师补充机制。2015年，国务院办公厅发布了我国历史上第一个关于乡村教师建设的计划，即《乡村教师支持计划（2015—2020年）》，对乡村教师队伍建设做出了全面部署，期望通过提高乡村教师的水平，让农村地区学生获得有质量的教育。2012年以来，中西部共招聘51万名特岗教师。实施教育部直属师范大学师范生公费教育，每年输送约4万名高校毕业生到乡村中小学任教。实施边远贫困地区、边疆民族地区和革命老区人才支持计划教师专项计划及银龄讲学计划，鼓励优秀教师到贫困地区、民族地区、革命老区、边疆地区支教。

提高乡村教师待遇。提高特岗教师工资性补助标准，继续实施农村义务教育阶段教师特岗计划。2019年，在特岗教师工资性补助标准上中部地区提高到3.52万元，西部地区提高到3.82万元，以为贫困地区补充大量优质教师提供资金支持。此外，中央财政还对实施义务教育乡村教师生活补助政策的地方给予奖补，2013—2019年累计安排奖补资金198.2亿元，实现连片特困地区乡村教师生活补助政策全覆盖，每年惠及约127万名乡村教师。[①] 建立乡村教师荣誉制度，为从教30年以上的在岗和离退休教师颁发荣誉证书。

---

① 央视网. 我国持续加大财政投入 优先保障教师队伍建设 [EB/OL]. (2019-09-04) [2021-03-05]. http：//news.cctv.com/2019/09/04/ARTInZRCw3orSxq0AiKr8Kfw190904.shtml.

加强乡村教师培训。2010 年至今，国培计划的实施有力地推动了中小学教师特别是农村教师队伍整体素质的提高。2015 年后国培计划重点支持中西部乡村教师校长培训，为乡村教师校长打造了广阔的提升平台。2010—2019 年，共有 31 个省份约 1680 万人次的教师参与了国培计划，国培计划已覆盖全部深度贫困县以及贫困地区乡村教师。[①]

提升教育行政管理者、校长、一线教师的信息素养。2019 年至今，按照《教育信息化 2.0 行动计划》的部署，已举办 5 期教育信息化领导力培训和 3 期"三区三州"中小学校长教育信息化专题培训。教育部实施教育信息化专项培训，实现对 52 个未摘帽贫困县和"三区三州"的全覆盖。开展教育信息化领导力"送培到家"活动，先后在云南楚雄、新疆阿克苏、河北邢台、西藏拉萨、甘肃甘南等地举办了 10 期教育信息化专项培训，累计有 1240 余人次接受了培训；在云南楚雄、四川凉山、甘肃临夏、西藏拉萨等地组织开展 7 期中小学校长教育信息化专题培训，共培训 946 人。教育部学校规划建设发展中心主抓甘肃省西和县教育脱贫攻坚督促指导工作，以"未来校长之家"APP 为载体，免费为西和县校长、教师提供线上培训课程，目前已免费开放了 41 期课程，有 3600 多名教师在线接受了培训。教育部教育装备研究与发展中心采用"装备试点+培优"模式，助力教师专业发展，先后在云南省宁洱哈尼族彝族自治县 17 所中小学设立了 20 多个教育装备学科试点，并吸纳当地近百位"种子"教师长期参与教育装备课题实践研究，通过专家引领、教研支撑、培训保障、活动推动等形式，有效促进一线教师转变理念、学习方法、强化技能，不断提高教师运用教育装备与教育技术解决实际教学问题的能力，助力教师综合能力的提高。试点校所需图书资源与教学仪器设备全部由教育部教育装备研究与发展中心协调解决。

推出优质线上课堂。中国教育网络电视台推出的《同上一堂课》也在助力教育扶贫。该栏目汇聚优质示范教学资源，提供义务教育阶段语、数、英等重点学科课程内容辅导，同时为广大青少年呈现人文历史等方面的高品质视频。利用直播卫星，通过"户户通""村村通"网络，覆盖全国 31 个省份偏远贫困地区 1.4 亿直播

---

① 联合国教科文组织教师教育中心．"国培计划"蓝皮书（2010—2019）摘要［EB/OL］．（2020-09-04）［2021-03-06］．http：//www.moe.gov.cn/fbh/live/2020/52439/sfcl/202009/t20200904_485104.html.

卫星用户。

（七）完善资助体系，强化资助保障能力

减轻贫困家庭就学负担是教育扶贫的主要措施。2011 年，中共中央、国务院印发《中国农村扶贫开发纲要（2011—2020 年）》，明确把"逐步提高农村义务教育家庭经济困难寄宿生生活补助标准""推动农村中小学生营养改善工作"纳入教育领域扶贫工作的核心任务。2016 年发布的《"十三五"脱贫攻坚规划》将降低贫困家庭就学负担纳入教育扶贫的主要工作。完善困难学生资助救助政策是降低贫困家庭就学负担的重要手段，教育部紧盯"义务教育有保障"核心任务，切实做好家庭经济困难学生资助工作，加大对贫困地区特别是"三区三州"和未摘帽贫困县的支持力度，把支持教育脱贫攻坚战纳入教育部"攻坚行动"，常抓不懈。

完善城乡义务教育经费保障机制。在整合农村义务教育经费保障机制和城市义务教育奖补政策的基础上，建立起了城乡统一、重在农村的义务教育经费保障机制。从 2016 年春季学期开始，统一城乡义务教育学校生均公用经费基准定额；从 2017 年春季学期开始，统一城乡义务教育学生"两免一补"政策；从 2020 年春季学期起，统一全国义务教育生均公用经费基准定额，达到小学每生每年 650 元、初中每生每年 850 元。从 2019 年春季学期起，调整农村公办学校校舍安全保障长效机制分担比例，提高中央分担比例。2019 年，扩大"两免一补"政策实施范围，把四类家庭纳入补助范围。2019 年，财政部、教育部印发《关于下达 2019 年城乡义务教育补助经费预算的通知》，调整完善学生生活补助政策，规定从 2019 年秋季学期起将义务教育阶段建档立卡学生、非建档立卡的家庭经济困难残疾学生、农村低保家庭学生、农村特困救助供养学生等四类家庭经济困难非寄宿生纳入生活补助范围。2019 年多部门联合印发《学生资助资金管理办法》，进一步提高资金资助的精准度和使用效益。"十三五"时期，全国每年约 1.54 亿学生得以免除学杂费并获得免费教科书，约 2500 万家庭经济困难学生获得生活补助。

不断提高资助的精准水平。经过不断探索，目前已实现全国学生资助信息管理系统与国务院扶贫办、民政部和中国残联等三部门信息数据的在线对接共享，各学段在校就读建档立卡学生比对名单每周通过系统逐级下发至各地、各校，低保、特困救助供养、孤儿、残疾等四类特殊困难学生比对名单每月下发至各地、各校。各级学生资助管理部门和学校通过系统即可查询、导出建档立卡等五类特殊学生在本

地区及跨省份、市、县就读情况，学生和家长无须提供各种证明文件，实现了"数据多跑路，家长和学生少跑腿"，有力推进了对家庭经济困难学生的精准认定和精准资助，有效确保了建档立卡等特殊困难学生全部享受国家资助，为教育脱贫攻坚提供了技术支撑与保障。

实施营养改善计划。2011年国务院办公厅发布《关于实施农村义务教育学生营养改善计划的意见》，启动国家试点，稳步推进营养改善计划，不断提高农村学生营养健康水平。2012年5月，教育部等十五部门联合发布《农村义务教育学生营养改善计划实施细则》等5个配套文件，规范对营养改善计划实施工作的管理，强化食品安全和资金安全保障。中央财政为国家试点地区学生提供营养膳食补助，补助标准为每生每年600元，2014年11月起提高到每生每年800元。2011—2019年，中央财政累计安排营养膳食补助资金1472亿元。[①]

（八）聚焦深度贫困地区，强化托底保障能力

因地因人施策，特别聚焦"三区三州"，尤其是把贫困家庭子女、留守儿童、残疾儿童、女童、直过民族地区适龄儿童等特殊困难儿童作为重中之重，给予义务教育实施全过程帮扶和管理。

明确投入倾斜要求。按照国家对于脱贫攻坚的最新部署，及时对各地教育脱贫攻坚工作提出要求，教育部督促各地落实主体责任，采取有效措施推动教育脱贫攻坚。一是印发《关于进一步完善城乡义务教育经费保障机制的通知》，要求继续加大义务教育投入，优化整合资金，盘活存量，用好增量，重点向农村义务教育倾斜，向革命老区、民族地区、边疆地区、贫困地区倾斜。二是印发《关于进一步调整优化结构提高教育经费使用效益的意见》，要求财政教育经费着力向深度贫困地区和建档立卡等家庭经济困难学生倾斜。聚焦"三区三州"等深度贫困地区，以义务教育为重点，实施教育脱贫攻坚行动。三是印发《关于进一步加强财政投入管理深入推进"三区三州"教育脱贫攻坚的指导意见》，要求各地按照"坚持雪中送炭补短板""坚持聚焦目标不发散""坚持科学管理讲绩效"的原则，进一步实化细化2018—2020年"三区三州"教育脱贫攻坚实施方案，根据实施方案确定的工作任务，统筹安排中央相关补助资金和地方自有财力，加大对"三区三州"教育支持

---

① 郁静娴，李茂颖，苏滨.4000万农村娃吃上了营养餐［N］.人民日报，2020-09-18（19）.

力度，防止出现"等、靠、要"现象和"挤出效应"。四是印发《关于进一步加大深度贫困地区支持力度切实做好义务教育有保障工作的通知》，要求各地切实解决贫困地区义务教育保障面临的突出问题，重点加大力度推进"三区三州"以及"三区三州"外贫困人口多、贫困发生率高、脱贫难度较大的深度贫困地区教育脱贫攻坚。五是财政部办公厅、教育部办公厅印发《关于进一步做好 2019 年财政教育投入加快预算执行有关工作的通知》，督促指导各地进一步调整优化支出结构，加大教育脱贫攻坚支持力度。六是财政部办公厅、教育部办公厅印发《关于进一步加大支持力度持续做好义务教育有保障工作的通知》，进一步指导地方加大力度推进"三区三州"等深度贫困地区特别是挂牌督战地区教育脱贫攻坚有关工作，持续做好义务教育有保障工作，确保如期完成教育脱贫攻坚任务。

进一步关爱农村留守儿童。一是构建农村留守儿童社会关爱服务体系。2013年，教育部等五部门共同出台《关于加强义务教育阶段农村留守儿童关爱和教育工作的意见》，进一步支持做好留守儿童社会关爱工作，逐步构建社会关爱服务机制，促进留守儿童平安健康成长。二是推动建立农村留守儿童救助保护机制。2016 年，国务院印发《关于加强农村留守儿童关爱保护工作的意见》，组织开展留守儿童摸底排查，建立信息管理系统。2016 年全国共摸排农村义务教育阶段留守儿童 589 万人，为做好留守儿童关爱保护工作奠定了重要基础。三是进一步健全农村留守儿童和困境儿童关爱服务体系。2019 年，民政部、教育部、公安部、司法部等十部门联合发布《关于进一步健全农村留守儿童和困境儿童关爱服务体系的意见》，进一步提升未成年人救助保护机构和儿童福利机构服务能力，加强基层儿童工作队伍建设，鼓励和引导社会力量广泛参与。

完善残疾儿童接受义务教育制度。2011 年，中共中央、国务院印发的《中国农村扶贫开发纲要（2011—2020 年）》明确提出，"关心特殊教育，加大对各级各类残疾学生扶助力度"。2020 年教育部等十部门印发《关于进一步加强控辍保学工作健全义务教育有保障长效机制的若干意见》，要求完善残疾儿童接受义务教育制度，对具备学习条件的儿童，要采取多种方式做好就学安置，对不具备学习条件的儿童，经县级残疾人教育专家委员会评估认定，可以办理延缓入学或休学，并按规定纳入相关救助保障范围。

对口支援民族地区义务教育发展。2015 年 6 月，习近平总书记在贵州调研时提出了大扶贫格局。2016 年，教育部印发了《关于加强"十三五"期间教育对口支援西藏和四省藏区工作的意见》，强调实施好"组团式"教育人才援藏工作、加强学校之间的结对帮扶等九项重点任务，提出各省市、高校、直属单位要进一步发挥人才优势、管理优势和资源优势，精准发力以加大教育援藏工作力度。2017 年 12 月，教育部等四部门联合印发《援藏援疆万名教师支教计划实施方案》，2018 年首次向西藏、新疆、新疆生产建设兵团援派教师，目前已启动实施第二批援藏援疆万名教师支教计划和凉山教育帮扶行动。

保障易地扶贫搬迁群众适龄子女有学上、上好学。易地扶贫搬迁是中央确定的"五个一批"精准扶贫脱贫工程之一，是解决生存环境恶劣地区极度贫困问题的"知本""治本"之策。贵州省已完成 188 万人易地扶贫搬迁（其中建档立卡贫困人口 154 万人）任务，是全国搬迁规模最大、人数最多、任务最重且唯一彻底实行城镇化集中安置的省份。根据 2020 年春季学期组织的最新摸底调查，贵州省全省 842 个安置区的 188 万搬迁群众中，适龄儿童、少年中有就学需求的是 38.18 万人，其中学前三年儿童 7.53 万人、小学生 20.65 万人、初中生 10 万人。[①] 通过充分统筹利用安置点周边原有教育资源和大力度规划建设安置点配套学校，让搬迁群众适龄子女在家门口上学无忧，同等享受城镇教育资源，切实增强教育获得感、幸福感，提高教育满意度。搬迁群众子女受教育程度和生产生活方式的改变，将彻底阻断贫困的代际传递。

四、持续提升新时代贫困地区义务教育保障水平

当前，我国脱贫攻坚战已取得了全面胜利，义务教育有保障全面实现。未来，我们将继续坚持以习近平总书记扶贫开发重要战略思想为指导，继续贯彻党中央、国务院决策部署，全力以赴做好义务教育有保障各项巩固提升工作，为进一步建设高质量义务教育而努力奋斗。

（一）坚持目标导向，确保义务教育有保障工作水平不下滑

义务教育有保障是长期的工作目标，各级政府要做好打"持久战"的工作准

---

① 紫云苗族布依族自治县委宣传部. 贵州易地扶贫搬迁安置点配套教育设施全覆盖 助力搬迁群众阻断贫困代际传递［EB/OL］.（2020-08-20）［2021-03-09］. http：//www.guizhou.gov.cn/zwgk/zdlygk/shgysyjs/jyxx.html.

备，真正落实"摘帽不摘责任""摘帽不摘政策"等要求。以"四类"学生为重点做好控辍保学。针对因学习困难而辍学、因外出打工而辍学、因早婚早育而辍学、因信教而辍学的学生，做好控辍保学台账，实施动态管理。分类施策，对每一类辍学学生制订详细的、有针对性的帮扶计划，消除其返学的各种顾虑，确保劝返复学学生留得住、学得好、学得安心，坚决防止辍学反复反弹。健全联控联保责任机制和依法控辍治理机制。各级政府应继续健全政府及有关部门、学校、家庭多方联控联保责任制，继续完善"一县一案"控辍保学工作方案，构建义务教育持续有保障的长效机制；要通过不同途径，加强对《中华人民共和国义务教育法》《中华人民共和国未成年人保护法》《宗教事务条例》等法律法规的宣传教育，充分调动社会各界力量积极参与控辍保学工作，坚决禁止导致辍学现象的各种违法违规行为。认真排查并严厉查处社会培训机构以"国学班""读经班""私塾"等形式替代义务教育的非法办学行为，要结合实际，运用法律手段，切实提高依法控辍保学工作水平。

（二）持续优化队伍，推动贫困地区义务教育高质量发展

各级政府应充分认识到教师队伍建设对贫困地区义务教育质量提升的极端重要性，把全面加强教师队伍建设作为一项重大政治任务和根本性民生工程切实抓紧抓好，打造一支"有理想信念、有道德情操、有扎实学识、有仁爱之心"的教师队伍。完善乡村教师队伍建设体制机制，加强新时代乡村教师队伍建设。聚焦贫困地区义务教育师资建设的短板弱项，有针对性地提出创新举措，继续贯彻落实乡村教师补贴等政策，全面提升乡村教师岗位吸引力；开展中小学教师全员培训，推动信息技术与教师培训的有机融合，促进教师终身学习和专业发展，实现优秀乡村教师"下得去、教得好、发展快"。继续开展各类支教帮扶项目，加快提升贫困地区教育发展水平。及时掌握贫困地区义务教育发展遇到的新情况、新问题，做好项目的科学规划，提高帮扶精准度，构建科学的支教体系。继续提高支教项目吸引力，争取提高支教教师待遇补助标准，督促各项保障措施得到贯彻落实。

（三）迈向优质均衡，促进贫困地区义务教育走向现代化

当前，县域义务教育基本均衡发展已经进入决胜阶段，同时启动县域义务教育

优质均衡发展工作。目前贫困地区还有部分县级单位未实现基本均衡发展。各级政府要一鼓作气抓基本均衡攻坚克难。针对"三区三州"尚未实现基本均衡发展的县，做好教育发展实际情况摸底，参照基本均衡督导评估要求，对标对表，做好"查漏补缺"工作，实施教育资源投入倾斜政策，全面做好攻坚克难工作。扎实推进贫困地区义务教育优质均衡发展，进一步缩小城乡义务教育发展差距。秉持全面发展的教育理念，实现有教无类，五育并举，因材施教；加快办学条件提档升级，做到"校校达标""项项达标"；落实好优秀教师和校长城乡交流轮岗制度，确保城镇的薄弱学校、农村学校有更多的好教师；健全并落实城乡学校"四统一"标准，实现"两免一补"政策全覆盖，着力破除城乡二元结构壁垒；进一步完善和落实"省级统筹、以县为主"管理体制，加大对贫困地区的倾斜扶持力度，加快贫困地区义务教育从"有学上"到"上好学"的转变，推动义务教育现代化发展。

　　不让每一名学生因贫失学辍学目标全面实现，是我国教育事业发展中的重要里程碑。当前，我国已开启全面建设社会主义现代化国家新征程，向第二个百年奋斗目标进军。站在历史的重要节点，全国教育战线应继往开来，持续巩固教育脱贫成果，对接好乡村振兴战略，以建设更高质量教育体系为重点，打造更加优质均衡的义务教育，真抓实干，开拓进取，为实现教育现代化、建设教育强国、办好人民满意的教育做出积极贡献。

第三章

志智双扶，阻断贫困代际传递
——发展教育脱贫一批

　　夺取脱贫攻坚的全面胜利，是党中央、国务院做出的重大决策部署，是决胜全面建成小康社会必须打好的三大攻坚战之一，也是实现第一个百年奋斗目标的重点任务。习近平总书记在 2015 减贫与发展高层论坛上首次提出了"五个一批"脱贫措施，即发展生产脱贫一批、易地搬迁脱贫一批、生态补偿脱贫一批、发展教育脱贫一批、社会保障兜底一批。这是针对不同致贫原因开出的良方，旨在将"大水漫灌"式扶贫转变为"精准滴灌"式扶贫，兑现党对人民"全面建成小康社会过程中，不能让一个地区、一个少数民族和一个人掉队"的庄严承诺。

　　治贫先治愚，扶贫先扶智。在"五个一批"中，发展教育脱贫一批具有基础性、先导性和全局性的特征，对其他"四个一批"起着重要的支撑作用。贫困地区人口普遍文盲率较高、受教育程度偏低，在全国建档立卡贫困人口中，超过 50% 的人只有小学以下文化程度。在全国建档立卡贫困人口中，22.3% 的家庭表示因为缺少技能而摆脱不了贫困。[①] 而发展教育正是为了补齐贫困地区教育的短板，充分发挥教育和培训的杠杆作用，赋予贫困群众知识和技能，达到人人有学上、个个有技能的目标，继而阻断贫困代际传递，促进社会阶层流动，最终帮助贫困群众根本脱贫、永久脱贫。

　　发展教育脱贫一批是脱贫攻坚的根本之策。为了完成党和人民赋予教育战线的这一崇高使命，教育部积极主动作为，出台了系列重要文件、采取了诸多超常规政策措施，将脱贫攻坚同"不忘初心、牢记使命"主题教育结合起来，同写好教育"奋进之笔"结合起来，贡献了脱贫攻坚的教育力量，向党和人民交上了一份合格答卷。除保障义务教育外，还通过职业教育兜底、技能培训赋能、高等教育帮扶以及普通话推广等重要举措，构建了立体化的教育脱贫攻坚体系。

---

① 夏军，庞明广，杨洪涛，等 . 别让孩子陷入贫困代际传递：我国贫困地区教育问题观察［EB/OL］.（2015-12-02）［2020-04-02］. http：//www.xinhuanet.com/politics/2015-12/02/c_1117335619.htm.

一、职业教育增强贫困家庭子女脱贫"造血"能力

脱贫攻坚的实践充分证明，职业教育在精准扶贫中优势显著，是增强受教育者致富本领、帮其摆脱贫困代际传递的有效方式。作为与经济社会联系最为紧密的教育类型，职业教育将知识学习、技能训练和就业创业紧密结合起来，以教育促产业、以产业助脱贫，形成了"教育+产业+就业"的立体脱贫模式。与其他类型和层次的教育相比，职业教育尤其是中等职业教育在脱贫攻坚中具有成本低、时间短、见效快、触角深等优势，通过帮助贫困学子掌握一技之长，实现一人高质量就业带动全家脱贫。

（一）深入推进职业教育东西协作，带动西部贫困家庭脱贫致富

职业教育东西协作是在国家东西部扶贫协作这一大背景下实施的，是扶贫工作在教育领域的体现，是职业教育贡献给脱贫攻坚的重要手段。

1. 职业教育东西协作产生巨大社会效益

2016 年，教育部、国务院扶贫办联合印发《职业教育东西协作行动计划（2016—2020 年）》，决定围绕东西职业院校协作全覆盖行动、东西协作中职招生兜底行动和职业院校全面参与东西劳务协作三大行动，更好地发挥职业教育助力脱贫攻坚的重要作用，为产业脱贫提供人才支撑。该行动计划实施以来，多个省份签署落实协议 104 份，参与院校 800 余所，对接完成 26901 名中职学生的招生，中职学校招收建档立卡贫困家庭学生达到 31.48 万人。[1] 据不完全统计，截至目前，东部省市资助资金设备额达 18.2 亿元，施援方与受援方共建专业点 683 个、实训基地 338 个，受援方委托施援方管理学校 123 个，共建分校（教学点）63 个，共同组建职教集团（或联盟）99 个；开展各类培训，其中，5.9 万余人接受劳动预备制培训，14 万余人接受就业技能培训，16 万余人接受岗位技能提升培训，2.3 万余人接受创业培训，依托国家开放大学开展培训，共培训 1.4 万余人。[2]

---

[1] 高靓. 脱贫攻坚决胜时 职业教育再发力［N］. 中国教育报，2019-11-23（1）.
[2] 数据来自教育部职业教育与成人教育司《关于党的十八大以来职业教育与继续教育脱贫攻坚工作总结报告》（2020 年）。

2. 持续加大民族地区职业教育对口支援力度

在支援西藏方面，全面落实西藏教育"三包"（包吃、包住、包学习费用）政策，组织 17 个东中部职教集团按照"一对一"、33 所民办本科学校按照"二对一"原则对口支援西藏和四省藏区 17 个地州；在支援南疆方面，深入实施《南疆职业教育对口支援全覆盖方案》，支持新疆南疆四地州 15 年免费教育政策。2020 年 6 月，教育部职业教育与成人教育司又联合民族教育司组织 21 所新升本科职业院校对口支援民族地区中等职业学校。通过结对帮扶，西部职业学校在教育教学理念、专业建设、校企合作、师资队伍建设、实训基地建设、培训能力、创新创业教育、学校管理等方面都取得了较好成绩。

案例：上海市实施"组团式"帮扶，创设"一校为主，多校对一"的对口帮扶模式，在"政府引导、学校主导、行企参与、社会协同"的合作机制下为对口帮扶地区配置各类教育教学资源、师资资源、就业资源。同时，上海市还在全国建立了对口帮扶地区职业教育联盟，携手推进职业教育东西协作工作。其中，沪喀职教联盟成员单位包括 31 所职业院校、42 家行业企业、24 家政府职能部门；沪果职教联盟与日喀则市、果洛州相关职校成立民族工作组，集结上海和果洛两地 58 家单位为青海学生搭起成长成才的阶梯；沪遵职教联盟帮助 11 家上海市成员校与遵义地区 15 所中职学校实现全面结对帮扶；沪滇职教联盟吸引 20 家常务理事单位、238 家理事单位加入对口支援队伍。四大职教联盟作为全面推进职业教育东西协作行动计划的新载体，极大发挥了上海市优质职教资源的辐射、引领作用。

（二）免学费和助学金兜住了贫困家庭子女接受职业教育的底线

职业学校贫困群体相对集中。数据显示，全国中等职业学校农村户籍学生数占在校生总数的 82%，来自中西部地区的学生占在校生总数的近 70%。[①] 《2015 中国

---

① 林露. 2012 中职学生发展与就业报告：5 年毕业生超过大学生 [EB/OL]. (2013-02-28) [2019-04-02]. http://edu.people.com.cn/n/2013/0228/c1053-20626691.html.

高等职业教育质量年度报告》指出，2014 届高等职业院校 52% 的毕业生家庭背景为"农民与农民工"，91% 的毕业生为家庭第一代大学生。[1]

从 2009 年秋季学期起，我国开始对中等职业学校全日制在籍一、二、三年级在校生中农村家庭经济困难学生和涉农专业学生免除学费，再加上各级政府的补贴、社会支持、校内帮扶、勤工助学等综合措施，职业教育尤其是中等职业教育为诸多贫困家庭子女提供了基本免费的受教育机会，使他们享有人生出彩机会，从根源上阻断了贫困的代际传递。2019 年，全国共资助中职学生 1592.86 万人次，资助金额 305 亿元。"三区三州"地区共计资助中职学生 44.12 万人次，资助金额 13.24 亿元。[2]

在学生资助体系建设方面，中央财政鼓励各地加大对民族贫困地区建档立卡家庭学生等家庭经济困难学生的资助力度，教育部会同有关方面推动建立奖、助、贷、勤工助学的多元资助体系。其中，"十三五"以来，中职免学费、助学金分别覆盖超过 90% 和 40% 的学生，高职奖学金、助学金分别覆盖近 30% 和 25% 以上的学生。[3] 2019 年，通过提供国家助学金的形式共资助高职学生 280 万人，资助金额 86.13 亿元；共有 98.01 万人次高职学生参加勤工助学，资助金额 7.94 亿元；以学费减免形式资助高职学生 13.24 万人次，减免金额 3.81 亿元。全面实行中职教育国家助学金分档发放，由按照每生每年 2000 元的标准统一发放调整为各地结合实际，在 1000—3000 元范围内分档发放。[4] 设立中等职业教育国家奖学金。

案例：四川省委、省政府 2009 年在藏区启动实施"9+3"免费教育计划，2014 年扩大到大小凉山彝区，在九年义务教育的基础上，组织初中毕业生和未升学的高中毕业生到内地优质职业学校免费接受三年中等职业教育，并尽力帮助其实现就业。目前，该计划实施范围覆盖藏区和大小凉山彝区 45 个深度贫困县。11 年来，内地先后有 100 余所中职学校承担该任务，累计招

---

[1] 马慧娟. 91% 的 2014 届高职毕业生为家庭第一代大学生 [N]. 中国青年报，2015-08-10（11）.

[2] 数据来自全国学生资助管理中心《学生资助助力教育脱贫攻坚工作总结》（2020 年）。

[3] 教育部职业教育与成人教育司. 从"层次"到"类型" 职业教育进入高质量发展新阶段："十三五"期间职业教育发展有关情况介绍 [EB/OL].（2020-12-08）[2021-03-04]. http：//www.moe.gov.cn/fbh/live/2020/52735/sfcl/202012/t20201208_503998.html.

[4] 数据来自教育部职业教育与成人教育司《关于党的十八大以来职业教育与继续教育脱贫攻坚工作总结报告》（2020 年）。

收藏区学生近 6 万人和大小凉山彝区学生 4 万余人，已有 5 万多人顺利毕业，毕业生初次就业率均超过 98%。"9+3"免费教育计划惠及近 10 万个民族地区家庭，其中来自偏远、贫困的农牧民家庭的子女占 90%以上。

（三）精准招收建档立卡贫困家庭子女，定点消除贫困

教育部统筹推进贫困地区中职招生兜底行动，要求把高中阶段招生增量主要用于发展中等职业教育。"兜底行动"旨在使贫困家庭适龄青少年免费接受中等职业教育，实现"职教一人、就业一个、脱贫一家"的目标。2019 年招收的中职新生中，建档立卡贫困家庭学生比 2018 年增加了 7.47 万人，增长了 23.7%。高等职业院校近 5 年招收建档立卡贫困家庭学生等 7 类资助对象 234.79 万人，年均增长 19.06%，为脱贫攻坚做出了重要贡献。

自 2010 年秋季学期起，东中部 12 个省份 44 所职业院校每年招收西藏学生 3000 人；自 2011 年秋季学期起，9 个省份 33 所职业院校每年招收新疆学生 3300 人（含新疆生产建设兵团 300 人）。2019 年内地新疆中职班招生 3732 人，内地西藏中职班招生 2152 人。2020 年，教育部办公厅印发《关于做好 2020 年中等职业学校招生工作的通知》，要求各地把"三区三州"等贫困地区，尤其是 52 个未摘帽贫困县和 1113 个贫困村作为东西协作兜底招生的重点，确保建档立卡户适龄子女应招尽招。①

案例：近 8 年来，甘肃省共招收建档立卡等 7 类资助对象 216993 人，给建档立卡等 7 类资助对象发放奖助学金总额 9152956.39 万元，为建档立卡等 7 类资助对象提供勤工俭学岗位 9306 个。

（四）加强就业帮扶，提高贫困地区毕业生就业质量

为落实《中等职业学校职业指导工作规定》，各地教育行政部门、中等职业学

---

① 数据来自教育部职业教育与成人教育司《关于党的十八大以来职业教育与继续教育脱贫攻坚工作总结报告》（2020 年）。

校针对贫困地区毕业生强化就业指导和服务工作。据统计，2019 年，全国中等职业学校毕业生总数为 444 万余人，就业人数为 432 万余人，就业率约为 97%。其中，青海、湖南、陕西、广西等地贫困地区中等职业学校毕业生就业率达 98% 以上；四川、甘肃、云南、宁夏、新疆生产建设兵团、贵州等地贫困地区中等职业学校毕业生就业率达 96% 以上；西藏贫困地区中等职业学校毕业生就业率达 91% 以上，新疆贫困地区中等职业学校毕业生就业率达 87% 以上。[①] 同时，高等职业学校也继续加强自身职业指导工作，广泛开展学业辅导、职业指导教育、职业生涯咨询、创新创业教育等工作，鼓励选聘行业、企业优秀人员担任兼职的职业指导教师。

二、技术技能培训赋能助力贫困劳动力拔除穷根

技术技能培训是助力脱贫、防止返贫的有效手段。大力开展技术技能培训的初衷就在于使每个有劳动能力的贫困人口都能接受职业培训，获取谋生技能，实现"一技在身、吃穿不愁"，从而带动家庭脱贫致富，拔除穷根，防止返贫。

（一）育训并举，推动职业院校全面开展职业培训

中高等职业学校积极发挥已有的场地、设施设备、专业教师等优势，为贫困地区各类人群提供丰富多样的、适合地方产业发展需要的职业培训，灵活采用现场教学、远程教学等多种方式送教下乡、送教入户，把技术技能送到田间地头、牧场以及农副产品加工基地等，提高家庭劳动力技术技能水平，增强贫困家庭脱贫致富的能力，实现"一人有技能、全家能脱贫"。

2019 年，教育部办公厅等十四部门联合印发《职业院校全面开展职业培训促进就业创业行动计划》，坚持育训并举，推进职业院校培训工作。鼓励职业院校积极开发面向高校毕业生、退役军人、农民工、去产能分流职工、建档立卡贫困劳动力、残疾人等重点人群的就业创业培训项目；鼓励涉农职业院校深入开展技能扶贫，服务脱贫攻坚和乡村振兴，大力培育高素质农民和农村实用人才。

2020 年，首次面向 31 个省份开展全面调研，完成《2019 年度全国职业院校培训

---

① 数据来自教育部职业教育与成人教育司《关于党的十八大以来职业教育与继续教育脱贫攻坚工作总结报告》（2020 年）。

工作调查研究报告》，职业院校培训工作迈出新步伐。2019 年，全国共培训各类人员 2376.5 万人次，与全日制在校生人数（2358.9 万人）大体相当①，其中脱贫攻坚相关培训覆盖 212 万人次，覆盖了贫困劳动力、残疾人、失业再就业人员和农民工等重点群体。实践表明，职业学校已成为助推地方脱贫攻坚和乡村振兴的重要力量。

（二）积极协同其他部门精准开展各种技术技能培训

教育部积极与相关部门开展合作行动，旨在建立多方协同培训机制。比如会同国务院扶贫办印发《1113 个贫困村人才培养工作实施方案》，利用国家开放大学、企业等各类资源，开展学历继续教育和技能培训，培养一批农村实用人才和创新创业人才；教育部办公厅联合农业农村部办公厅印发《关于做好高职扩招培养高素质农民有关工作的通知》，重点培养现职农村"两委"班子成员、新型农业经营主体、乡村社会服务组织带头人、农业技术人员、乡村致富带头人、退役军人、返乡农民工等，优先招录具有培训证书、职业技能等级证书、职业资格证书、职称的农民和包括农业广播电视学校学员在内的中职毕业生；联合中华全国总工会印发《农民工学历与能力提升行动计划——"求学圆梦行动"实施方案》，动员引导教育系统和工会系统等形成合力，加强农民工学历继续教育与非学历培训。据不完全统计，截至 2019 年年底，全国共有 566 所高校、1644 所教育培训机构等参与该行动计划，学历继续教育覆盖 29 万人次，非学历培训覆盖 238 万人次。②

案例：湖南省统筹构建"2345"职业教育精准扶贫体系，通过实施"农村中职攻坚计划"和"职教重点项目"两个项目，打造三个平台，采取"精准招生、精准资助、精准培养、精准帮扶就业"四项举措，推进"支部下乡、技能下乡、项目下乡、渠道下乡、社会服务下乡"五个"下乡"，充分发挥了职业教育在脱贫攻坚中的重要作用，并助力职业教育在服务脱贫攻坚过程中实现自身高质量发展，走出了一条双赢之路。

---

① 数据来自中国教育科学研究院职业与继续教育研究所《2019 年度全国职业院校培训工作调查研究报告》。
② 数据来自教育部职业教育与成人教育司《关于党的十八大以来职业教育与继续教育脱贫攻坚工作总结报告》（2020 年）。

（三）扶志扶智扶技，助力贫困地区经济产业发展

各地职业院校以全面提升农村贫困劳动力职业技能为目标，把实施贫困劳动力培训作为重点工程，充分发挥人才、科技、信息优势，积极对接帮扶地区的县（区）和村，协助制定产业发展规划，提供专业咨询、技术指导、顶层设计和深度开发等服务，帮助贫困家庭成员掌握一技之长，实现技能提升，为地方经济社会发展和脱贫攻坚有序推动提供强有力的智力支持。通过面向国家级贫困县和贫困村加大学历教育服务供给、提升服务质量，开展农村职业培训，提升农民职业技术技能等措施，为脱贫攻坚及乡村振兴培养更多本地化实用人才。截至目前，全国已有1513个县级教学点，其中，中西部地区达到967个，占比达到64%。目前已培养了50万名乡村干部、乡村致富带头人等。①

黑龙江省8个市（地）开展新型职业农民培育工作，启动建设涉农重点专业点40个，建立10个新型职业农民培训基地、50个新型职业农民培训点，培养新型职业农民2万余人。河北省坚持需求导向和"实际、实用、实效"原则，立足产业发展，顺应务农农民增产增收、脱贫致富和对技术技能的需求，通过"村校合作、乡校合作、校企合作、校会合作"招生模式，与专业村、乡镇、龙头企业、合作社合作招生，面向年龄在18—55周岁的农村务农人员进行农业技术技能培训；大力开展新型职业农民培养工作，几年来共培养新型职业农民近3万人。

案例：为了切实发挥职业教育促进脱贫致富的重要作用，贵州省印发《创新职教培训扶贫"1户1人"三年行动计划（2015—2017年）》，积极联合教育、扶贫、人社、农业等部门，实现全省120万农村建档立卡贫困户"一户一人一技能"全覆盖。同时，贵州省着力创新进村入户培训、工学结合订单培养，施行"培训—实践—再培训—再实践+创业辅导"、"研学产销"一体化、农业技能"师傅带徒弟"等培训模式。各大职业院校还针对贫困家庭开展精准培训，比如实施"持家女""家政女""锦绣女"培育工程，着力提升贫困妇女就业创业能力；围绕全省贫困村产业发

---

① 数据来自教育部职业教育与成人教育司《关于党的十八大以来职业教育与继续教育脱贫攻坚工作总结报告》（2020年）。

展，实施致富带头人培训工程；围绕工业强省和城镇化带动战略用工需求，实施农民工技能提升计划"春潮行动"；围绕贵州省"十大扶贫产业"，实施贫困人口农技培训。

（四）将用技能赋能战场从脱贫攻坚转到乡村振兴上来

当前，我国脱贫攻坚战已经取得全面胜利，社会底部的主战场将从脱贫攻坚转向乡村振兴，与此同时，"发展教育脱贫一批"工作的重点也将随之转变。在"十四五"期间职业教育"东部提质培优、中部提质扩容、西部扩容提质"的总体布局下，各地职业院校要主动将服务乡村振兴作为高质量发展的重要内容，充分发挥专业、师资以及设备等资源优势，大力开展涉农培训，积极将服务乡村振兴的技能培训纳入学校考核评价的重要指标，力图将中央精神落到实处。

三、高等教育帮扶助力脱贫成效明显

高等教育帮扶在提高中西部高等教育水平、倾斜性供给大学招生指标、促进贫困学子就学就业以及助力乡村脱贫振兴等方面都发挥着至关重要的作用。高等院校综合资源优势的充分发挥有力地推动了教育脱贫攻坚进程。

（一）让更多贫困学子有机会享受优质高等教育

1. 中西部高等教育发展水平明显提升

在中西部高校基础能力建设工程的支持下，中西部高校的教学条件得到明显改善，教学质量也得到显著提高。对口支援西部地区高等学校计划实现了西部 12个省份和新疆生产建设兵团全覆盖。通过对口支援计划，单独划拨博士、硕士研究生招生计划，并向教师数量较多、博士比例偏低的高校倾斜，以加强对受支援高校现有师资队伍的培养。2016—2020 年累计单独划拨定向单招博士指标 2082个、硕士指标 552 个，极大优化了受支援高校师资学历结构，对提升受支援高校教师队伍水平具有显著意义。[①] 支援高校把对口支援精准到学院、学科和课程，

---

① 数据来自教育部高等教育司《教育脱贫攻坚工作总结报告》（2020 年）。

大到学校发展规划，小到一门课程，形成了全方位、多层次、立体化的帮扶格局。

2. 贫困家庭子女进入重点高校人数大幅增加

近几年来，重点高校招收农村和贫困地区学生专项计划取得积极成效，实施区域覆盖了所有集中连片特殊困难县、国家级扶贫开发重点县等边远、贫困、民族等地区，招生人数由 2012 年的 1 万人增至 2020 年的 11.7 万人，累计超过 70 万人。由此，更多贫困家庭子女获得了进入重点高校接受高等教育的机会，有效激发了农村和贫困地区学生的学习动力。据中国科学院组织的第三方评估显示，这一专项计划得到了社会的广泛认可，地方满意度达 100%，学生满意度达 90%，高校满意度达 80%。

另外，教育部还积极支持贫困地区少数民族优秀人才培养。党的十八大以来，全国共招收培养"少数民族高层次骨干人才"硕士研究生 31000 余人、博士研究生 8000 余人，累计招收定向西藏新疆公共管理人才硕士研究生 467 人，全国享受少数民族照顾政策录取的硕士研究生 23000 余人，为支持民族地区坚决打赢脱贫攻坚战选拔培养了一大批骨干人才。①

3. 学生学业资助工作持续优化

资助体系实现全面覆盖。《深度贫困地区教育脱贫攻坚实施方案（2018—2020年）》要求"实现建档立卡贫困人口教育基本公共服务全覆盖"，旨在保障各教育阶段建档立卡学生从入学到毕业全程都得到资助。目前，我国逐步形成了贯穿学前教育至研究生教育的学生资助政策体系，其中在高等教育阶段，实施国家奖助学金、助学贷款、学费减免、补偿代偿、勤工助学和绿色通道等多元混合的资助体系。

资助资金保持大幅增长。以 2019 年为例，全国累计资助建档立卡学生 1569.99万人，其中资助本专科建档立卡学生 199.13 万人，资助金额 84.86 亿元；资助建档立卡研究生 8.28 万人，资助金额 9.76 亿元。全国累计资助"三区三州"地区学前教育、义务教育、中等职业教育、普通高中教育和普通高等教育阶段学生（幼儿）627.26 万人次，其中资助高等教育阶段学生 32.26 万人，资助金额 9.91 亿元。全国累计资助 52 个未摘帽贫困县学前教育、义务教育、中等职业教育、普通高中

① 数据来自教育部高校学生司《十八大以来教育脱贫攻坚工作总结》（2020 年）。

教育和普通高等教育学生（幼儿）325.46 万人次，其中资助高等教育阶段学生 14.9 万人，资助金额 4.56 亿元。[①]

资助政策得到持续更新。2015 年，国家助学贷款还款期限延长、财政贴息范围扩大；2017 年，将预科生和科研院所、党校、行政学院、会计学院等各类培养单位的研究生，全面纳入高等教育阶段学生资助政策体系覆盖范围，并提高博士研究生国家助学金资助标准；2018 年，修订《高等学校学生勤工助学管理办法》，将酬金标准由每小时不低于 8 元提高至每小时不低于 12 元；2019 年，印发《关于调整职业院校奖助学金政策的通知》，进一步扩大高职院校奖助学金覆盖面，提高补助标准；2020 年，印发《关于调整完善国家助学贷款有关政策的通知》，将助学贷款还本宽限期从 3 年延长至 5 年，将助学贷款期限从学制加 13 年、最长不超过 20 年调整为学制加 15 年、最长不超过 22 年。

4. 就业帮扶工作取得重大进展

2020 年 2 月，教育部与九大社会招聘机构联合推出了"24365 校园网络招聘服务"，为高校毕业生提供每天 24 小时全年 365 天的网上校园招聘服务。该平台为 52 个未摘帽贫困县毕业生开辟"就业专区"，精准推送岗位信息，截至 2020 年 8 月 31 日，累计提供岗位 8.9 万个，以短信形式向 52 个未摘帽贫困县的毕业生累计推送招聘信息 28 万余条。

此外，各高校还按照"一人一档""一人一策"的要求对贫困家庭毕业生进行重点帮扶，组织专场招聘活动。根据近三年就业统计数据，每年超过 50 万名建档立卡贫困家庭的毕业生实现了更充分、更高质量的就业，离校就业率均高于当年全国总体水平。截至 2020 年 9 月 1 日，2020 届全国高校建档立卡贫困家庭毕业生（53 万人）和 52 个未摘帽贫困县建档立卡贫困家庭毕业生（4.5 万人）就业率均高于全国总体水平。[②]

（二）多措并举充分挖掘高等教育优势资源

1. 办好贫困学子家门口的大学，提高中西部高等教育质量

实施中西部高校基础能力建设工程。2013 年 2 月，国家发展改革委、教育部启

---

① 数据来自全国学生资助管理中心《学生资助助力教育脱贫攻坚工作总结》（2020 年）。
② 数据来自教育部高校学生司《十八大以来教育脱贫攻坚工作总结》（2020 年）。

动实施了中西部高校基础能力建设工程。这一工程是一项"雪中送炭"的工程，旨在补齐中西部高等教育短板，提升高校在经济社会发展中的支撑能力，是促进区域协调发展的有效举措。作为中西部高等教育振兴计划的重要组成部分，该工程主要以强化实践教学环节为切入点，以加强本科教学所需的基础教学实验室、专业教学实验室、综合实验训练中心、图书馆等办学基础设施和信息化建设等为基本任务。2012—2015 年启动实施了一期工程，支持建设学校 100 所，中央统筹 100 亿元左右，各地设立专项资金支持。2016 年，决定继续滚动实施该项目二期工程。经过几年努力，累计支持中西部 22 个省份和新疆生产建设兵团 171 所高校，一大批新教学楼、实验实训中心拔地而起，学校面貌焕然一新。①

实施对口支援西部地区高等学校计划。2001 年，教育部启动了对口支援西部地区高等学校计划，已由起步时期的 13 所教育部直属高校支援 13 所西部高校，发展到目前 106 所部属和东部高水平高校参加支援、85 所中西部高校接受支援，实现了西部 12 个省份和新疆生产建设兵团全覆盖。②

实施慕课西部行计划和在线开放课程新长征计划。借助慕课西部行计划，相关教育部门组织 10 余个在线课程平台，将慕课等优质课程资源输送至新疆、西藏、青海、陕西、贵州等地区，以促进东西部高校教学资源共享，提升教育教学质量。新冠肺炎疫情期间，在教师资源紧缺的新疆和西藏等西部地区的高校推广直播互动教学、SPOC 教学、慕课校内应用等多种线上教学方式，面向西部 12 个省份的 473 所高校提供 3.6 万门 SPOC，学习人次达 202.5 万。③ 2018 年又启动在线开放课程新长征计划，组织新长征计划江西站（江西理工大学）、宁夏站（宁夏大学）、新疆站（喀什大学）、甘肃站（河西学院）、贵州站（遵义师范学院）等在线开放课程建设推广活动，百人讲师团为数千位教师提供了培训，帮助西部高校提升其课程建设水平与改善其"造血"功能。目前，已累计帮助西部地区建设混合式教学课程 11200 门，西部地区教师接受慕课培训的人次达到 114.9 万多，面向西部地区 12 个

① 中国教育在线. 高等教育司攻坚时刻：在教育扶贫主战场不缺位 有作为 [EB/OL]. [2020-12-22]. https：//www.eol.cn/e_html/2020/jytp/gjs/.
② 数据来自教育部高等教育司《教育脱贫攻坚工作总结报告》（2020 年）。
③ 中国教育在线. 高等教育司攻坚时刻：在教育扶贫主战场不缺位 有作为 [EB/OL]. [2020-12-22]. https：//www.eol.cn/e_html/2020/jytp/gjs/.

省份的高校提供了 11.5 万门慕课和 SPOC，学习人次达 1.23 亿。[①]

2. 大学招生指标供给倾斜化，使贫困家庭子女能上学、上好学

为畅通农村贫困学子纵向流动渠道，2012 年起，教育部与国家发展改革委、财政部、人力资源社会保障部、国务院扶贫办联合印发文件，开始实施重点高校招收农村和贫困地区学生专项计划（通称国家专项计划）。2014 年起，又增设了高校专项计划和地方专项计划。国家专项计划由教育部牵头组织实施，实施区域为集中连片特殊困难县、国家级扶贫开发重点县以及新疆南疆四地州。地方专项计划由各省份组织实施，招生学校为省级重点高校，招生规模、报考条件和招生办法由各省份确定。高校专项计划由有关高校组织实施，主要面向边远、贫困、民族等地区农村，实施区域和报考条件由有关省份确定。三个专项计划互为补充，形成了较为完整的惠及农村和贫困地区学子的招生政策体系。

3. 学生资助方式由大水漫灌变为精准滴灌，不让一个学生因贫失学辍学

精准认定家庭经济困难学生是做好学生资助工作的重要前提。为加强和规范高校家庭经济困难学生认定工作，2016 年年底，教育部办公厅印发了《关于进一步加强和规范高校家庭经济困难学生认定工作的通知》，提出了四点具体要求。其一，各地要根据本地经济社会发展水平、城市居民最低生活保障标准以及财力状况等因素，确定本地家庭经济困难学生的认定指导标准。各高校再根据各地指导标准，结合学校所在城市物价水平、高校收费水平、学生家庭经济情况等因素，确定家庭经济困难学生的认定标准和资助档次。其二，各高校要建立健全四级资助认定工作机制。学校学生资助工作领导小组领导、监督家庭经济困难学生认定工作，学校学生资助管理机构负责组织、审核和管理全校的认定工作，院（系）认定工作组具体负责组织、审核本院（系）的认定工作，年级（专业）认定评议小组负责民主评议工作。其三，分配资金和名额，不能搞简单的划比例、"一刀切"。各地在分配资金和名额时，要对民族院校，以农、林、水、地、矿、油、核等国家需要的特殊学科专业为主的高校、家庭经济困难学生多的高校予以适当倾斜。其四，各高校应采用大数据分析、个别访谈等方式，深入、直观地了解学生家庭经济状况，及时发现那些困难但未受助、不困难却受助的学生，及时纠正认定结果存在的偏差。在资助过程各个环节中，要注意保护受助学生尊严。

---

① 数据来自教育部高等教育司《教育脱贫攻坚工作总结报告》（2020 年）。

2018 年，教育部等六部门印发《关于做好家庭经济困难学生认定工作的指导意见》，第一次从制度上全面规范了各教育阶段家庭经济困难学生认定的基本原则、组织机构及职责、认定依据和工作程序等。2019 年，财政部等五部门又联合颁布了《学生资助资金管理办法》，针对高等教育（含本专科生和研究生教育）、中等职业教育、普通高中教育提出了相应的资助范围和标准，并对资金分担与安排、资金管理和监督、资金管理实施细则等方面予以了规范，以推进学生资助工作规范管理建设常态化。

为精准排查出每一名建档立卡贫困家庭学生等特殊困难学生，全国学生资助管理中心还专门开发了全国学生资助管理信息系统，包含学前教育、义务教育、高中教育、中职教育、本专科教育、研究生教育六个子系统，六个子系统相继上线运行。目前，该系统与国务院扶贫办、民政部、中国残联三部门信息系统实现在线对接和数据定期比对，将建档立卡贫困家庭学生、低保家庭学生、特困救助供养学生、孤儿、残疾学生等特殊困难学生排查出来，并将比对生成的五类特殊困难学生名单通过信息系统送至各地各校，有力地支撑学校开展困难学生认定和精准资助工作。各地还依托乡镇中心校和村（居）委会，建立联动排查工作机制，将系统线上比对与线下走访摸排有效结合，精准识别出每一名建档立卡贫困家庭学生，努力实现建档立卡贫困家庭学生资助"一个不漏"。

4. 开展就业帮扶，助力高校毕业生自力更生摘"穷帽"

积极引导毕业生到贫困地区就业和服务。为服务脱贫攻坚和乡村振兴战略，中共中央办公厅、国务院办公厅印发了《关于进一步引导和鼓励高校毕业生到基层工作的意见》，并会同有关部门实施特岗计划、大学生村官、"三支一扶"计划、西部计划等基层服务项目，鼓励高校毕业生投身扶贫开发和农业现代化建设，引导他们结合自身优势和特长到中西部地区、东北地区和艰苦边远地区以及基层机关事业单位工作，到现代种业、农产品加工流通业、乡村旅游业、农村电子商务、社会公共服务等领域就业创业。据统计，我国高校毕业生到县及以下基层就业、到中西部地区就业的比例分别从 2013 年的 20.3%、54.2%，增长到 2020 年的 28.8%、59.2%。[①] 2020 年特岗计划总量达到了 10.5 万人，"三支一扶"计划规模扩大到 3.2

① 数据来自教育部高校学生司《十八大以来教育脱贫攻坚工作总结》（2020 年）。

万人，为打赢脱贫攻坚战，服务乡村振兴，源源不断地输送高素质人才。① 此外，教育部还会同农业农村部继续实施农技人员"特岗计划"，加快农业科技成果转化与推广应用，为现代农业发展提供强有力的科技支撑。

提升对就业困难毕业生群体的就业服务水平。各地各高校把促进高校毕业生就业摆上重要议事日程，协同相关部门合力开展面向 52 个未摘帽贫困县和"三区三州"深度贫困地区、建档立卡贫困家庭、身体残疾、少数民族等毕业生的就业工作。在组织管理上，实行分类帮扶和"一人一策"动态管理，优先推荐岗位，将困难群体毕业生信息发送到相关高校就业中心，建立专门台账，提供"一对一"就业指导和帮扶，确保做到就业一个销账一个；在招聘方式上，组织各种网上招聘活动，加快建设"互联网+就业"智慧平台，丰富和完善线上业务办理相关功能，根据毕业生求职意愿和用人单位需求，实现人岗信息智能匹配、精准推送，提升网上就业服务能力；在就业渠道上，促进毕业生多渠道就业，增加毕业生升学深造机会，敦促各省份按照《教育部办公厅关于做好 2020 年普通高等学校专升本考试招生工作的通知》要求，落实好建档立卡贫困家庭毕业生专升本专项计划，向本地建档立卡贫困家庭高职（专科）毕业生倾斜，对建档立卡贫困家庭的高职（专科）毕业生单独进行录取。

增强贫困家庭毕业生就业帮扶的精准度和实效性。2020 年印发的《关于做好52 个未摘帽贫困县建档立卡贫困家庭高校毕业生就业精准帮扶工作的通知》聚焦未就业的贫困家庭毕业生，要求千方百计促进 52 个未摘帽贫困县建档立卡贫困家庭 2020 届高校毕业生就业，全力推动五项促就业重点任务落地落实，以让有就业意愿的贫困家庭毕业生尽早实现就业。这五项促就业举措分别是升学培训促就业、政策岗位促就业、专场招聘促就业、精准服务促就业和对口支援促就业。

5. 促进高校科技创新，增强贫困片区的"造血"能力

印发《高等学校乡村振兴科技创新行动计划（2018—2022 年）》，提出要实施高校服务乡村振兴七大行动：科学研究支撑行动、技术创新攻关行动、能力建设提升行动、人才培养提质行动、成果推广转化行动、脱贫攻坚助力行动以及国际合作

---

① 教育部. 对十三届全国人大三次会议第 8230 号建议的答复 [EB/OL]. (2020 - 10 - 23) [2021 - 03 - 05]. http：//www. moe. gov. cn/jyb_xxgk/xxgk_jyta/jyta_gaojiaosi/202011/t20201125_501550. html.

提升行动，继而使高校成为乡村振兴战略科技创新和成果供给的重要力量，有力带动贫困地区脱贫致富。

建设高校新农村发展研究院。2012 年以来，教育部、科技部联合高校分两批建设了 39 家隶属于高校的新农村发展研究院，积极探索农、科、教相结合的综合服务模式。各高校新农村发展研究院吸引广大科技人员积极投身"三农"工作战场，推动农业科技成果转化，优化农业技术推广服务，加强农业农村人才培养，促进了贫困地区特色产业发展升级。据不完全统计，39 家新农村发展研究院共建设了各类试验站 300 余个，院士、专家工作站 500 余个，各类农业推广示范基地和特色产业基地近 1400 个，覆盖粮油、经济林果、蔬菜、畜牧等行业领域，示范推广新成果万余项。①

创新科技服务模式。目前，各高校大力推进校地、校所、校企之间的深度合作，探索建立了"太行山道路""湖州模式""曲周模式"等具有典型示范作用的科技服务模式，以"专家大院""科技小院""科技大篷车""百名教授兴百村"等多种农业科技推广的新做法，将高校创新成果和人才优势转化为推动农业农村发展的产业动能，成效显著。2019 年，教育部科学技术与信息化司专门面向河北省、云南省发布了《关于组织建设教育部工程研究中心助力脱贫攻坚工作的通知》，针对河北省青龙县、威县和云南省楚雄州等贫困地区脱贫攻坚工作启动工程研究中心申报工作，支持工程研究中心立足当地产业特色和资源优势，加快技术攻关，加强与企业的协同，加速科技成果转化，为贫困地区群众增收拓宽了道路。

组织"青年红色筑梦之旅"活动。2017 年，教育部启动"青年红色筑梦之旅"活动，组织理工、农林、医学、师范、法律、人文社科等各专业大学生以及企业家、投资人、社会工作者等，走进革命老区、贫困地区、城乡社区开展帮扶工作。2018 年，从延安到古田、从井冈山到西柏坡、从小岗村到闽宁镇，"青年红色筑梦之旅"活动已成星火燎原之势，累计有 70 万名莘莘学子、14 万支队伍将活动的旗帜插在广袤的中华大地上；以"小满粮仓""彩云本草""我知盘中餐"等为代表的优秀创业项目，实现直接经济效益近 40 亿元。2019 年，累计有 100 万名大学生、22 万名教师、23.8 万个创新创业项目对接农户 74.8 万户、企业 24204 家，签订合

---

① 数据来自教育部科学技术与信息化司《关于党的十八大以来教育脱贫攻坚有关工作情况的进展报告》（2020 年）。

作协议 16800 余份，产生经济效益约 64 亿元。① 2020 年，共有 20.3 万个创新创业团队的 132 万名学生、14.9 万名教师参加了"青年红色筑梦之旅"活动，对接农户 46.2 万户、企业 1.3 万家，签订合作协议 1.9 万份，产生直接经济效益近 100 亿元。②

　　案例："'蓝火计划'博士生工作团"是教育部科技发展中心"蓝火计划"的重要组成部分，主要面向在校高年级博士研究生，由高校组织学生自愿报名并经学校相关部门核准推荐，赴企业进行科技服务。从 2016 年开始，根据地方脱贫攻坚需要及企业技术需求，教育部科技发展中心有针对性地组织高校高层次人才在暑期赴贫困地区基层一线开展科技服务工作。其中 2016 年在云南大理、2017—2019 年在广西百色分别组织了博士生赴基层一线企事业单位开展科技服务工作。从 2019 年开始，为落实教育部定点联系滇西地区工作部署，教育部科技发展中心主动组织"'蓝火计划'博士生工作团"云南滇西科技帮扶分团，连续两年面向滇西地区的大理及楚雄两地开展科技扶贫活动，取得良好成效。

（三）持续发挥高等教育资源辐射效应

　　面向未来，高等学校应该把提高服务能力作为首要任务，充分发挥自身人力资源优势和智力支撑作用，不断提高对贫困地区经济社会发展的贡献率。③

1. 继续扩大贫困家庭子女接受优质高等教育的机会

　　应持续扩大面向贫困地区的优质高等教育资源，坚持有针对性地帮扶贫困家庭子女接受更高层次和更高质量的教育，继而阻断贫困代际传递，推动社会阶层流动。首先，谋深谋细新时代中西部高等教育发展思路和目标，调整优化中西部高等教育区域战略布局，营造有利于中西部高等教育发展的良好生态，加快推进高等教育强国建设。其次，继续实施高校招生倾斜政策，组织各地各校继续实施好重点高

---

① 中国教育在线. 高等教育司攻坚时刻：在教育扶贫主战场不缺位 有作为 [EB/OL]. [2020-12-22]. https://www.eol.cn/e_html/2020/jytp/gjs/.

② 数据来自教育部高等教育司《教育脱贫攻坚工作总结报告》（2020 年）。

③ 王嘉毅，封清云，张金. 教育与精准扶贫精准脱贫 [J]. 教育研究，2016（7）：12-21.

校招收农村和贫困地区学生专项计划，建立保障农村和贫困地区学生上重点高校的长效机制。最后，大力发展"互联网+""智能+"教育，支持中西部高校提升信息化基础设施建设水平和优质课程资源建设能力，充分利用现代信息技术扩大优质高等教育资源，更好、更快地提升贫困学子家门口大学的办学水平。

2. 坚持发挥学生资助在脱贫攻坚中的重要作用

学生资助是一项需要常抓不懈的工作，未来要在两方面进一步做出努力。一方面是继续推进精准资助。精确瞄准教育最薄弱地区和最贫困群体，建好贫困教育人口底数台账，定期开展信息比对，全面掌握贫困地区、贫困学生受助需求的动态变化，加强在校学生与建档立卡贫困家庭适龄人口的数据比对工作，做到应助尽助。另一方面是建立有效保障。加强对资助工作者的政策、业务和技能培训，确保机构设置、人员配备适应和满足学生资助工作需要，着力提高其管理水平和政策执行力，培养一支讲政治、有担当、能力强的干部队伍；建立长效监管机制，加大对建档立卡贫困家庭学生资助工作的监管力度，定期汇总受助信息，进一步畅通反映问题的渠道，坚决防止和严肃查处各类违纪违规行为。

3. 着力巩固创新就业帮扶工作成果

就业是民生之本、脱贫之要。加强和巩固就业帮扶工作，需要从以下四方面做出努力。其一，摸清就业需要。摸清每名贫困家庭毕业生需求，实施"一生一策"针对性帮扶，切实做到就业服务不断线。其二，提升贫困家庭毕业生就业能力。为每名贫困家庭毕业生确定一名职业指导师，各类就业创业服务项目要向贫困家庭毕业生倾斜，将有培训需求的全部纳入培训计划，并给予相应培训补贴。其三，加强落实保障。各部门要切实加强对贫困家庭毕业生就业工作的政策、资金和人员保障，完善相关优惠政策，适时推进专项督查，建立健全覆盖就业全过程的帮扶机制，确保就业帮扶工作正常有序开展。其四，深化思想教育。组织大学生学习习近平总书记关于青年成长成才的重要论述，鼓励引导贫困家庭毕业生把个人理想融入国家和民族事业当中，到基层、西部、祖国最需要的地方建功立业。

4. 稳步推进高校科技扶贫工作

高校是科技扶贫的主力军，必须充分发挥思想库、智囊团、培训师等的作用，采取多种工作模式，帮助贫困地区高质量、可持续脱贫。加强顶层设计和组织领导是第一步。以科技创新为纽带，将脱贫攻坚、定点扶贫与乡村振兴相结合，支持高校组织专家学者、科技服务团、博士生服务团等队伍深入贫困地区，帮助贫困地区打造新产业、完善产业链、拓展农业功能、发展新型业态。继续支持高校新农村发展研究院建设是第二步。充分发挥高校新农村发展研究院作用，进一步探索科技推广与科技扶贫相结合的新机制，加强优势科研项目与县市技术需求和产业发展需求的精准对接，促进科技资源和扶贫信息的交流共享。进一步提升农业科技创新和转化服务水平是第三步。鼓励高校设立农技推广及其能力建设项目，支持教师开展农技推广服务，鼓励高校进行评价机制改革，把农技推广服务业绩作为其社会服务绩效考核的重要内容，充分调动科研人员参与农技推广服务的积极性。

四、推广普通话打通脱贫致富道路上的语言壁垒

扶贫先扶智，扶智先通语。《国家语言文字事业"十三五"发展规划》要求"到 2020 年，在全国范围内基本普及国家通用语言文字"。2017 年印发的《国家通用语言文字普及攻坚工程实施方案》设定的目标是到 2020 年全国普通话普及率平均达到 80% 以上。

（一）推普脱贫基本消除了脱贫攻坚道路上的语言障碍

截至目前，我国普通话在全国范围内的普及率达到了 80.72%，识字人口使用规范汉字的比例超过了 95%，文盲率从新中国成立之初的超过 80% 下降至 4% 以下，各民族地区交流交往的语言障碍基本消除，特别是民族地区通用语言文字普及程度大幅度提高，基本完成了《国家语言文字事业"十三五"发展规划》确定的工作目标。[①] 如新疆的普通话普及率从 2000 年的 37.49% 提高到 2020 年的 65.98%，西藏从 16.1% 提高到 49.46%。[②] 深度贫困地区推普进程明显加快，贫困群众特别是青壮年劳动力中不会普通话的人数不断减少，贫困群众的普通话交流能力明显增强，创业就业致富愿望更加强烈，充分发挥了国家通用语言文字在维护国家统一、促进民族团结和社会发展、加强各民族交往交流交融、铸牢中华民族共同体意识方面的积极作用。

在各方的共同努力下，国家通用语言文字推广普及不断深入，取得明显成效。

---

① 赵婀娜，吴月 . 筑牢国家发展的语言文字基石 [N]. 人民日报，2020-10-13（12）.
② 数据来自教育部语言文字应用管理司《推普助力脱贫攻坚工作总结》（2020 年）。

其一，普通话培训广泛开展。据不完全统计，2016—2020 年，全国各地农村教师、少数民族教师参加国家通用语言文字培训的人次达到 121.32 万，青壮年农牧民参加普通话培训的人次达到 228.17 万。其二，学习资源日益丰富。组织编写《普通话1000 句》《幼儿普通话 365 句》《普通话百词百句》等学习资源，开发微课程和动画视频，上线职业技能类学习资源，促进推普与职业技能培训相结合。其三，各方力量广泛参与。2018—2020 年，共有 529 支高校实践团队 4851 名大学生参加了推普助力脱贫攻坚全国大学生社会实践活动，深入中西部省份贫困地区开展普通话培训，超过3.8 万人参加了培训；与中国移动通信集团有限公司、科大讯飞股份有限公司联合开发的"语言扶贫"APP 安装使用人数达 80 余万；发挥课堂派、凯叔讲故事等平台的作用，加大对未摘帽贫困县的支持力度。其四，推普氛围愈加浓厚。以全国推广普通话宣传周为重点开展集中宣传，利用节假日等重要时间节点和微博、微信等新媒体做好日常宣传，形成全社会共同参与支持语言文字工作的浓厚氛围。①

（二）全面推进推普脱贫攻坚行动计划

党的十八大以来，教育部以习近平新时代中国特色社会主义思想以及习近平总书记关于扶贫工作的重要论述为指导，聚焦"三区三州"深度贫困地区，积极推进推普助力脱贫攻坚行动，持续加大工作力度，不断创新工作方式，各项工作扎实推进并取得积极进展（见表 3-1）。2018 年《推普脱贫攻坚行动计划（2018—2020年）》的印发，吹响了语言脱贫攻坚的号角。

表 3-1 推普脱贫重要举措

一、合力推进推普助力脱贫攻坚	
1	成立由 25 家国家语委委员单位组成的推普助力脱贫攻坚部际协调小组，各委员单位充分发挥自身优势，助力脱贫攻坚
2	与国务院扶贫办、国家语委、中国移动通信集团有限公司、科大讯飞股份有限公司签署《"推普脱贫攻坚"战略合作框架》，推广"语言扶贫"APP 项目
3	开展推普助力脱贫攻坚全国大学生社会实践活动。2018—2020 年，共有 529 支高校实践团队 4851 名大学生深入中西部省份贫困地区开展推普宣传和培训活动
4	会同国务院扶贫办在 9 个省份开展"学前学会普通话"行动

① 数据来自教育部语言文字应用管理司《推普助力脱贫攻坚工作总结》（2020 年）。

续表

5	组织北京、浙江、山东、上海等东部省份加强对"三区三州"推普助力脱贫攻坚的对口支援
6	指导首批国家语言文字推广基地在推普助力脱贫攻坚工作中发挥辐射带动作用
二、加强重点人群普通话培训	
7	委托"三区三州"所在省份以及中西部省份开展国家通用语言文字能力提升示范培训
8	指导推动地方开展农村教师、少数民族教师、青壮年农牧民、基层干部等普通话能力提升示范培训，组织开展52个未摘帽贫困县教师以及学前教师国家通用语言文字能力提升在线示范培训
9	每个行政村举办"人人通"推普脱贫培训班，同步推进职业技能培训与普通话推广
三、建设普通话学习资源	
10	编写《幼儿普通话365句》《普通话百词百句》《普通话1000句》等学习资源，通过《语言文字报》对推普助力脱贫攻坚扩大宣传，编辑印制"推普助力脱贫攻坚案例集"等资料
四、加强语言扶贫研究	
11	召开以语言扶贫为主题的"中国语言扶贫与人类减贫事业论坛"
12	发布《语言扶贫宣言》
13	出版《语言扶贫问题研究（第一辑）》《语言扶贫问题研究（第二辑）》
五、上下协同，共同推进	
14	以全国推广普通话宣传周为平台，做好重点宣传；充分利用各类媒体，做好日常宣传
15	召开全国语言文字会议，对推普助力脱贫攻坚及政策衔接做出部署
16	将民族地区推普助力脱贫攻坚情况纳入2019年对省级人民政府履行教育职责评价的指标体系

（三）筑牢国家发展的语言文字基石

未来应聚焦推广国家通用语言文字针对性不够强等问题，推进"推普赋能"，充分发挥国家通用语言文字在提高人员基本素质、促进职业技能提升、增强就业能力等方面的重要作用，在前期成果的基础上进一步提质增效。

坚持政府主导，健全监督机制。尽快启动《中华人民共和国国家通用语言文字法》的修订工作，继续落实地方政府主体责任，坚持把语言文字规范化要求纳入教育教学各环节和评价体系，进一步提高全社会对语言文字工作重要性的认识。加强国家语言文字推广基地建设，开展推普助力脱贫攻坚对口支援工作，健全多方联动、全面参与的推普工作机制，切实增强推普工作实效。

聚焦推普重点，提升培训能力。精准聚焦3—6岁学前儿童和教师、基层干部、青壮年农牧民，提高少数民族教师、农村教师的国家通用语言文字教育教学水平和应用能力，加强贫困地区学前儿童普通话教育，提升青壮年农牧民、基层干部普通话水平。通过普通话学习帮助贫困人口延伸交往半径，帮助他们走出去，以获得更多机会。另外，还要大力加强普通话培训资源和培训能力建设，编写更接地气、与少数民族日常生产生活联系更为紧密的学习手册。

发挥学校作用，形成辐射效应。各级各类学校要发挥学校基础阵地作用，通过学校语言文字规范化建设，确保学生具有较强的语言文字规范意识和应用能力，并鼓励教师积极承担普通话培训等相关工作。

动员社会力量，形成推普合力。以农村地区、民族地区为重点，进一步统合国家语委委员单位的资源优势，形成推普工作合力。结合乡村实际，创新开展全国推广普通话宣传周活动，坚持集中宣传与日常宣传相结合，构建长效的、多方参与的、全媒体发力的推普宣传矩阵。

教育是最能够从"根"上拔除贫困的脱贫方式，也是防止返贫、巩固脱贫攻坚成果的重要手段。习近平总书记多次强调，脱贫摘帽不是终点，而是新生活、新奋斗的起点。随着全国脱贫攻坚目标任务的完成和绝对贫困的消除，发展教育脱贫一批的主战场要从脱贫摘帽转向乡村振兴，教育战线应继续落实习近平总书记关于脱贫攻坚和乡村振兴的重要论述与指示精神，立足我国教育情况，把握减贫规律，不断巩固和拓展教育脱贫攻坚胜利的成果，以打造优质均衡富有特色的乡村教育，为全面建设社会主义现代化国家做出新的更大的贡献。

第四章

尽显中国特色社会主义大学之道
——高校扶贫特色

习近平总书记强调，党政军机关、企事业单位开展定点扶贫，是中国特色扶贫开发事业的重要组成部分，也是中国政治优势和制度优势的重要体现。高等院校是扶贫开发工作的重要"生力军"，对决战决胜脱贫攻坚，精准推进"智志双扶"，阻断贫困代际传递意义深远。党的十八大以来，教育部75所直属高校、14所部省合建高校以及西北师范大学深入学习贯彻习近平总书记关于扶贫工作的重要论述，全面落实党中央、国务院、教育部党组关于扶贫工作的决策部署，尽锐出战、全力以赴、多措并举、攻坚克难，着力推动对口扶贫地区摆脱贫困，切实增强困难群众稳定致富的内生动力和关键能力，形成了具有"高校品牌"的中国特色的扶贫路径，开创了从贫困地区单方受益到双方互惠互利，走向全面共赢的扶贫开发新格局。

一、全面准确把握高校扶贫的目标任务

教育部认真贯彻落实党中央关于对口支援、定点扶贫和打赢脱贫攻坚战的重大决策部署，按照《关于进一步加强中央单位定点扶贫工作的指导意见》要求，为了保证高校切实履行扶贫牵头职责，系统谋划了高校扶贫行动方案，先后出台了《教育部关于做好新时期直属高校定点扶贫工作的意见》《教育部直属系统援派挂职干部人才生活保障暂行办法》《关于进一步充实教育部直属高校定点扶贫工作力量的通知》等一系列政策，为高校扶贫提供了制度保障，确立了工作规划，明确了目标任务。

第一，各个扶贫高校要深入开展脱贫攻坚调研，认真履行扶贫责任，选派优秀干部挂职扶贫，全面加强扶贫工作指导，切实加大督促检查力度，持续巩固脱贫攻坚成果。第二，各个扶贫高校在投入帮扶资金、引进帮扶资金、培训基层干部、培训技术人员、购买定点扶贫县农产品、帮助销售定点扶贫县农产品六个方面完成年度扶贫任务。第三，分类有序推进教育扶贫、智力扶贫、健康扶贫、科技扶贫、产业扶贫、消费扶贫、文化扶贫，积极探索高校多元化扶贫路径。第四，组织凝聚全校合力，引导社会力量参与，激发贫困地区内生动力，总结推广有效扶贫方法路径，形成高校扶贫的"中国方案"。

二、高校扶贫取得突破性成效

在教育部党组领导下，各高校把扶贫开发作为扎根中国大地办学的重要途径，将人才、科技、资源优势与贫困地区发展短板相结合，将先进的理念、技术、经验等要素向贫困地区传播推广，坚持"扶贫"与"扶智""扶志"相结合，确保扶贫工作取得了巨大成就，在打赢教育脱贫攻坚战中发挥了重要作用，在中国特色扶贫开发事业中书写了浓墨重彩的一笔，高度彰显了中国特色社会主义高校致力于国家富强、民族振兴、人民幸福的办学使命和责任担当。

（一）全部直属高校为决胜脱贫攻坚尽锐出战

2012 年以来，按照中央的统一部署，教育部组织 44 所综合类和以理工科为主的直属高校"一对一"承担了 44 个国家扶贫开发工作重点县定点扶贫任务；11 所直属高校承担了滇西专项扶贫任务。为推进直属高校组团式扶贫，更好地满足贫困县需求，2019 年教育部根据工作需要新增 19 所直属高校采取"1+1"模式，由两所直属高校共同帮扶一个贫困县。75 所直属高校尽锐出战，全面决战脱贫攻坚，成为中央单位定点扶贫的一支重要力量。同时，14 所部省合建高校以及西北师范大学统筹人才、学科等优势资源，也全部投入脱贫攻坚战。90 所高校举全校之力推进扶贫开发工作，整体上走出了一条特色鲜明、成效显著的扶贫路子。2016 年以来，共有 10 个直属高校集体、个人获得"全国脱贫攻坚奖"表彰。在打造高校扶贫特色路径的基础上，教育部连续举办了五届直属高校和三届省属高校精准扶贫精准脱贫典型项目推选活动，累计产生 133 个高校扶贫典型项目，起到了很好的引领示范和推广作用，为总结提炼中国扶贫"高校方案"打下了扎实基础。①

（二）压实工作责任确保扶贫开发扎实推进

教育部按照中央要求认真指导高校做好扶贫开发工作。各高校成立学校扶贫工作领导小组，由学校主要领导亲自带队深入扶贫县开展调研，加大工作指导和督促

---

① 刘昌亚. 决战决胜脱贫攻坚 高校扶贫成效显著［EB/OL］.（2020-11-26）［2021-03-09］. http：//www. moe. gov. cn/fbh/live/2020/52663/sfcl/202011/t20201126_501730. html.

检查力度，形成了良好的扶贫开发工作机制和责任机制。2013 年至 2020 年，64 所承担定点扶贫任务的直属高校主要领导赴扶贫一线调研累计 393 人次，其他校领导赴扶贫一线调研累计 979 人次，针对定点扶贫地区形成督促指导报告 561 份；11 所承担滇西专项扶贫任务的直属高校主要领导赴扶贫一线调研累计 42 人次，其他校领导赴扶贫一线调研累计 92 人次，针对定点扶贫地区形成督促指导报告 16 份；14 所部省合建高校和西北师范大学主要领导赴扶贫一线调研累计 383 人次，其他校领导赴扶贫一线调研累计 754 人次，针对定点扶贫地区形成督促指导报告 55 份。

各高校按照习近平总书记"尽锐出战"的要求，坚持"硬选人，选硬人"，突出政治标准，选派优秀的扶贫干部到贫困县、贫困村挂职，根据《教育部直属系统援派挂职干部人才生活保障暂行办法》要求，切实加大对援派挂职干部人才的关心关爱力度。截至 2020 年 11 月，各直属高校共选派挂职干部 800 余人次出征驻地帮扶一线。[①] 挂职干部怀着对祖国和人民的深情厚谊，怀着让贫困人口早日脱贫致富奔小康的高尚情怀，主动承担扶贫工作重担，克服工作和生活困难，深入贫困地区开展调研考察和驻地帮扶，立足贫困县发展短板和需求，将高校的优势资源、先进的扶贫要素输送传播到对口扶贫地区，对提供精准帮扶发挥了关键作用。

（三）统整优势构建联盟化协同扶贫新机制

教育部统筹协调 75 所直属高校、14 所部省合建高校和西北师范大学结对帮扶开展扶贫工作，构建了部内司局、直属高校、部省合建高校协同推进扶贫工作的创新机制；围绕贫困县需求较多的领域，探索推动高校开展组团式扶贫，指导北京大学牵头成立"教育扶贫联盟"、西北农林科技大学牵头成立"农林扶贫联盟"、中山大学牵头成立"旅游扶贫联盟"、四川大学牵头成立"健康扶贫联盟"、电子科技大学牵头成立"消费扶贫联盟"、湖南大学牵头成立"非遗（文创）扶贫联盟"、中国地质大学（北京）牵头成立"资源环境扶贫联盟"、同济大学牵头成立"城乡规划扶贫联盟"。8 个"扶贫联盟"充分发挥高校特色化的综合资源优势，制定章程、谋划工作、落实项目，推动高校扶贫方式从"独立团"向"集团军"转变，高质量、创造性地书写了高校扶贫开发的"奋进之笔"，展示出高校服务国家、服

---

① 刘昌亚. 决战决胜脱贫攻坚 高校扶贫成效显著 [EB/OL]. （2020-11-26）[2021-03-09].
http://www.moe.gov.cn/fbh/live/2020/52663/sfcl/202011/t20201126_501730.html.

务社会、服务人民的积极作为和重要作用。

（四）创造性完成"6 个 200"定点扶贫指标任务

教育部党组压实工作责任，自 2018 年起组织直属高校签订定点扶贫责任书，任务逐年增加，帮扶力度不减，督促直属高校加快定点扶贫责任书落实进度。自签订定点扶贫责任书以来，各直属高校广泛组织发动校内外各方力量，累计投入帮扶资金 5.2 亿元、引进帮扶资金 20.5 亿元、培训基层干部 14.1 万人、培训技术人员 19.1 万人、购买贫困地区农产品 5.25 亿元、帮助销售贫困地区农产品 12.9 亿元。截至 2020 年 6 月，64 所承担定点扶贫任务的直属高校全面超额完成了责任书中的各项指标任务。教育部成为首个整体完成责任书任务的牵头单位。11 所承担滇西专项扶贫任务的直属高校也按照教育部党组要求如期高质量完成了既定指标任务。[1] 2013 年至 2020 年，14 所部省合建高校以及西北师范大学累计投入帮扶资金 1.1 亿多元、引进帮扶资金 2.5 亿多元，对促进高校扶贫开发事业发挥了重要作用。

（五）多类型特色扶贫活动产生显著成效

教育部持续加大高校精准扶贫项目组织指导力度，动员广大师生积极参与、深度实践。广泛开展"青年红色筑梦之旅"活动，累计带动 318 万名高校师生深入贫困地区，开展了 37.8 万个创新创业项目。[2] 2019 年，全国有 122 万名高校师生、23.8 万个创新创业项目深入革命老区、贫困地区和城乡社区，对接农户 74.8 万户、企业 2.42 万家，签订合作协议 1.68 万余份，产生经济效益约 64 亿元；设立公益基金 480 余项，基金规模达 3.6 亿元；共遴选 239 支大学生团队赴"三区三州"等 242 个县（区、市）的 345 个贫困村开展活动，进一步巩固推普脱贫成果，保障推普工作常态化。

大力开展推普助力脱贫攻坚全国大学生社会实践活动，累计组织 529 支高校实践团队 4851 名大学生到贫困地区开展推普宣传和培训活动。深入开展"科技小院助力脱贫攻坚"行动，探寻高校科技支农、打通农业科技服务最后一公里的新路

---

① 刘昌亚. 决战决胜脱贫攻坚 高校扶贫成效显著［EB/OL］.（2020-11-26）［2021-03-09］. http://www.moe.gov.cn/fbh/live/2020/52663/sfcl/202011/t20201126_501730.html.

② 梁丹，董鲁皖龙. 抒写教育脱贫攻坚的伟大史诗：全国教育系统决战决胜脱贫攻坚纪实［N］. 中国教育报，2021-02-26（1）.

子。该行动有效带动高校专家教授编写农民培训教材 276 套，培训农民 20 多万人次。[①] 截至 2019 年 10 月，全国科技小院联盟已在全国建立了 127 个科技小院，推广应用技术 5.6 亿亩。[②]

三、发挥高校优势创新打造扶贫特色路径

各高校发挥优势，创新帮扶形式，凝聚全校合力，发动校友力量，调动社会资源，为贫困地区注入脱贫致富要素、补齐各项发展短板，形成了教育扶贫、智力扶贫、健康扶贫、科技扶贫、产业扶贫、消费扶贫、文化扶贫七大类高校扶贫特色路径。

（一）教育扶贫有效助推贫困地区教育补短板

各高校聚焦义务教育有保障、发展教育脱贫一批等目标任务，持续加大人力、财力、物力投入，为扶贫地区改善学校办学条件，充实学校教育资源，加强师资队伍建设，提升教育教学水平，畅通学生入学通道，培训农民生产技能，建立助教支教团队和实践基地，实施"推普项目"，创新推行远程课堂、双师课堂等教育信息化项目，全面助力打赢打好教育脱贫攻坚战。2013 年至 2020 年，64 所承担定点扶贫任务的直属高校累计为定点扶贫地区培训教师 96432 人次；11 所承担滇西专项扶贫任务的直属高校累计为扶贫地区培训教师 26783 人次；14 所部省合建高校和西北师范大学累计为扶贫地区培训教师 4949 人次。

截至 2019 年 10 月，各直属高校通过特岗计划、教师支教、银龄讲学计划等方式，共向农村贫困地区输送教师 10 多万名。2019 年，教育部确定了 374 个控辍保学重点监测县，按"一县一案"原则制定扶贫地区控辍保学工作方案，助力帮扶地区实现辍学人数动态清零。[③] 自 2012 年起至 2020 年 3 月底，重点高校招收农村和贫困地区学生专项计划累计招生近 60 万人，建档立卡贫困家庭普通高校毕业生人

① 刘昌亚 . 决战决胜脱贫攻坚 高校扶贫成效显著［EB/OL］.（2020-11-26）［2021-03-09］. http：//www.moe.gov.cn/fbh/live/2020/52663/sfcl/202011/t20201126_501730.html.
② 李欣 . 教育部：75 所教育部直属高校今年已全部投入扶贫工作［EB/OL］.（2019-10-16）［2021-03-09］. http：//www.moe.gov.cn/jyb_xwfb/xw_fbh/moe_2606/2019/tqh_201910151/mtbd/201910/t20191016_403781.html.
③ 赵秀红，梁丹 . 开拓奋进 增强人民群众获得感：2019 年教育改革发展取得新进展［N］. 中国教育报，2020-01-12（2）.

数从 2015 年的 27.5 万人增加到 2019 年的 50.9 万人。① 同时，各高校聚焦农业产业业发展能力提升，将人才培训作为帮扶工作的重点，激发贫困地区脱贫致富的内生动力和可持续发展能力。高校教育扶贫工作特色及成效见专栏 4-1。

专栏 4-1 高校教育扶贫工作特色及成效

清华大学依托自身在远程教育领域的技术优势，在全国 1100 多个县建立清华大学教育扶贫远程教学站，构建覆盖国家级贫困县、革命老区、边疆少数民族地区的教育扶贫网络。通过面授和远程方式，累计培训贫困地区基层治理、乡村教育和乡镇产业等各类人才 260 万人次。每年组织中外师生赴贫困地区开展暑期支教实践，累计 3700 余人参与，足迹遍及 20 个省份。

北京师范大学充分发挥教育"扶智"、"造血"赋能的关键作用，在公费师范生培养、"四有好老师"奖励计划与启航计划、"志远计划"的基础上，积极推动新时代"强师计划"，强化与地方的合作办学和对口支援，从招生、培养、就业和终身服务等方面进行顶层设计，为中西部边远地区培养了一大批乐教、适教、善教的高素质教师。

北京外国语大学创新"推普项目"实施模式，在少数民族地区和贫困地区为少数民族教师开展普通话培训、中华经典诵读和相关法律宣传等活动，帮助当地教师提高国家通用语言文字规范意识和应用能力，增强中华民族共同体意识。

北京科技大学聚焦控辍保学、助教兴学、捐资助学，逐步形成了"以机制和基地建设为基础、教师培训与激励为保障、学生资助与培养为依托"的教育精准扶贫体系，打造了若干教育扶贫品牌，被评为"2019 年度甘肃省脱贫攻坚帮扶先进集体"。

中国石油大学（北京）致力于让云南省南华县每个孩子都享受良好的教育，采用线上培训、跟岗学习等方式培训教师 251 名；组织附中附小教学专家赴南华县实地指导中小学建设；选派 3 名优秀研究生赴南华县支教；开展"大手拉小手"线上支教活动，112 名师生志愿者参与，支教总时长 1500 余小时，

---

① 邓晖. 打赢脱贫攻坚战，教育如何更好发挥作用 [N]. 光明日报，2020-05-28（5）.

得到了学生及家长的广泛好评。

北京林业大学针对内蒙古科右前旗基础教育弱、科技力量薄的问题，开展"林翼计划"教育帮扶，共派出 41 名大学教师、50 名研究生连续 7 年深入当地 10 所偏远农村学校长期扎根，累计授课 18000 多课时，覆盖学生 6000 余人，其中建档立卡贫困家庭学生 1840 名，让贫困家庭子女接受更加公平而有质量的教育，为阻断贫困代际传递贡献力量。

中国传媒大学创建智力帮扶平台"中传书院"，进行线上线下相结合的专家辅导与培训，累计培训 1956 人次。建立"中国传媒大学科右前旗教育实训基地"，从义务教育到职业教育进行全方位支持，选派 4 名教师、24 名学生参与支教帮扶，首期带动 4 所学校开展特色化教育。开展"守望相助，艺聚前旗——中国传媒大学赴科右前旗教育帮扶汇报展演"，与全旗 50 所学校的教师代表们进行了广泛而深入的经验分享与教学交流，专业、深入辅导当地美育教育。

中央财经大学投入、引进资金 1531.3 万元，用于甘肃省宕昌县玉岗村幼儿园、太阳能路灯、中小学厕所改扩建及梦想中心、爱心图书室、在线课程、图书、奖学奖教金、校服捐赠等项目；选派 3 名支教成员赴宕昌县支教，挂牌"优质生源基地"。

对外经济贸易大学连续 7 年培训乡村教师和专业技术人员上千人；投资 200 万元为贫困地区建设远程直播教室；选派 5 名干部挂职、7 名教师和 32 名研究生支教；设立"深度贫困地区乡村教师教学技能提升计划"项目，培训 13 个省 19 个县的 1300 名教师。

南开大学与校友共同出资近 1000 万元，在甘肃省庄浪县分批建成 46 所"公能"素质教育发展教室，将最优质的素质教育资源送到西部贫困学子身边，使一度厌学辍学的学生"心"回校园，使全县 3.5 万余名中小学生受益。

天津大学围绕"有辍学风险的孩子，怎么能够留得下、留得住"的问题精准发力，通过建设 1 个远程教育平台，成立 1 个"兴学之路"教育基金，建立 5 个"1+1"结对帮扶机制，打造"北洋薪火计划""北洋梦想教室""智慧云课堂""留筑梦想夏令营"4 个教育扶贫项目，将大学优质教育资源覆盖到全县 4 万名中小学生，有力助推了甘肃省宕昌县义务教育均衡发展。开展"兴学之路"社会实践项目，建立 100 个乡村实践基地、100 间梦想教室，一对一帮扶 100 个留守儿童，开展 100 个扶贫产业项目，开展 100 场教师培训。

东北师范大学与吉林省通榆县合建 U-G-S 教师教育创新实验区，开展系列骨干教师和校长培训，探索建立高校与地方政府协同创新机制；充分利用附属中学和附属小学的优势资源，为通榆县中小学教师定制全学段、全学科的优质线上培训；依托教育部幼儿园园长培训中心对通榆县幼儿园骨干园长进行培训。

上海外国语大学积极筹措经费 200.12 万元，用于"丽江市永胜一中教育信息化提升项目""上外资助丽江市贫困学生基金""丽江市干部和教师培训项目"，向丽江 58 所初中和 15 所高中图书馆捐赠书籍约 3 万册，丰富师生阅读资源。

中国矿业大学积极动员民主党派、青年学生和社会公益组织等校内外力量，多措并举开展教育扶贫。九三学社中国矿业大学支社向安徽省灵璧县虞姬乡灵光小学捐建 1 间价值近 10 万元的标准化多媒体教室；在校学生积极参与义务网络支教，发起灵璧儿童微心愿认领活动，共募集价值 5 万余元的爱心物品，受益儿童 450 名；新浪扬帆公益基金、北京蔚蓝公益基金等向灵璧县中小学捐赠价值 220 余万元的图书、学习用品等。

合肥工业大学针对安徽省灵璧县是传统的农业大县和人口大县等特点，探索出深受当地政府和老百姓欢迎的教育扶贫特色，即校县合作兴办"合肥工业大学技师学院灵璧分院"，努力建成皖北地区乃至淮海经济区的技能型人才的培养高地。该分院的建设，被灵璧县委县政府称为"灵璧人民手中的一张亮丽名片""灵璧县委县政府招商选商和引资引智的亮丽名片"。

山东大学投资 294 万元援建河南省确山县老臧庄小学一栋综合教学楼，已于 2018 年正式投入使用；2017—2020 年，培训一线教师、教育管理者共计 2952 人，选派支教研究生 18 人；山大附中结对帮扶老臧庄小学；设立"山东大学优秀贫困生助学金""教师关爱基金"，捐赠高标准办公、生活设备；持续关爱留守儿童，组建学生"助梦"团队开展"学涯陪伴"，进行一对一远程课堂教学、心理辅导、情感陪伴，已覆盖 2000 余人。

中国石油大学（华东）打造疫情防控常态化下的教育培训新体系，结合内蒙古自治区科左后旗实际情况，实施线上线下"双线联动"，通过"内蒙古自治区科左后旗干部在线学习网"在线平台保障远程培训，实现了培训学习常态化；通过开设直播课堂"云讲座"，实现学习定制化；通过线下面授培训，保障教育教学效果最优化；共建"内蒙古科尔沁左翼后旗党员干部人才培训基地"，确保教育帮扶机制化。

武汉大学累计投资500余万元支持湖北省恩施市援建学校基础设施建设，完善软硬件。增强师资力量，提升教学水平，采用送出去、走进来的方式累计培训骨干教师200余人。拓宽文化视野，提高学生综合素质，组织恩施市一中师生到武汉参加"樱花诗赛"活动及青少年高校科学营湖北营活动，组织专家学者到恩施中小学举办各类知识讲座。经过多年的帮扶，恩施高中已是武汉大学在湖北省内的第二大生源基地，恩施市一中学生本科上线率大为提升，小学校园面貌焕然一新。

武汉理工大学以教育扶贫作为脱贫攻坚工作的重要抓手，累计选派433名西部计划志愿者和227名研究生支教团成员到贫困地区从事教育帮扶工作，在这个队伍中先后涌现出获得"中国青年五四奖章"等奖项的一批先进典型，荣获中国青年志愿服务项目大赛金奖、银奖。同时引进中华慈善总会"关爱青少年健康"项目，向陕西省石泉县教体科技系统捐赠价值3158万元的物资。

华中师范大学积极发挥教育优势，全力支持4所西部高校提升办学水平；与新疆博乐、云南牟定、大理，以及四川凉山等地合作举办附属中学，对江西上犹、贵州从江开展教育帮扶，将优质资源辐射到贫困地区，为乡村振兴撒下希望的种子。

华中农业大学实施本禹志愿服务队"四大工程"教育扶贫行动，通过"甘露工程"培育一批基础教育骨干教师，通过"春风工程"输入一批专业人才，通过"活泉工程"造就一批乡村能人，通过"志·青春工程"促进文化发展与文化产业提升，阻断贫困代际传递，增强建始县"造血"能力。该项目入选第三届教育部直属高校精准扶贫精准脱贫十大典型项目。2013年12月5日，习近平总书记回信勉励本禹志愿服务队。

西南财经大学实施青少年教育促进计划和劳动收入奖励计划，覆盖四川、云南五市州15个区县、7.2万户贫困户、9.3万名贫困学生，激励6万多户贫困户实现年均增收1000余元，学生成绩显著提升。两个项目在2019中国扶贫国际论坛上均获评"全球减贫最佳案例"。

西南交通大学根据甘肃省秦安县需求，引入社会资金购买价值100万元的车辆，有针对性地解决了秦安各教学园区之间教师通勤问题。此外，该校还在秦安县开展了同课异构培训活动。

电子科技大学从教育领域软硬件入手，找准薄弱点。建设覆盖贵州省岑巩县 30 所中小学的"英语空中课堂"、"两地三端"的远程教育平台，实现了近万名岑巩县学生共享国内外优质教育资源；启动并深化校地"中小学联盟"共建，先后开展各类教师培训，共培训 2900 余人次，助力岑巩义务教育入学率达 100%，8 个教育质量评价指标位居黔东南州第一。"电子信息+教育"入选第四届教育部直属高校精准扶贫精准脱贫十大典型项目，并入选全国教育扶贫典型案例。

西安交通大学"西行雪莲，同心雪域"项目团队已连续四年扎根西藏自治区国家级贫困县区——山南市桑日县绒乡卓吉村、扎巴村以及拉萨市堆龙德庆区德庆乡德庆村、曲水县聂当乡热堆村。2016 年以来，西安交通大学通过调研藏区现状，精准匹配藏区需求，利用综合性大学平台优势，全方面服务藏区发展。目前包含藏族在内的各民族不同专业的 140 余名大学生面向当地中小学生开展语言培训与文化支教，对当地民众开展医疗帮扶与扶贫政策宣讲，超过 600 名适龄儿童和超过 5800 人次贫困村民受益。

陕西师范大学大力弘扬"西部红烛精神"，以"双向交流、标本兼治"的教育扶贫模式助推云南省景谷县在 2019 年、2020 年高考中连创历史佳绩，一本上线人数从个位数提升至 55 人，景谷一中从倒数跃升到普洱市 10 个县区中学的第三名，改写了当地贫困学生考不出大山的历史面貌。

西安电子科技大学持续实施"一院一校一品"帮扶行动。2015 年起，学校组织二级学院与陕西省蒲城县农村学校开展有组织的结对帮扶，围绕扶智扶志，创新开展了机器人进校园、筑梦研学、中小学创客等品牌帮扶活动，每年开展活动 100 余次，惠及农村学生 2 万余名。各学院党政领导、专家教授、党员干部、青年教师、学生骨干累计 5000 余人次参与，捐赠各类物资设备超过 500 万元。建设 12 间"青年红色筑梦之旅"科创小屋，并为每间小屋配备博士生作为科技辅导员，开展科普教育以及创客培训，受益学生累计 1 万余名。

资料来源：教育部．高校扶贫工作特色及成效［EB/OL］．（2020-11-26）［2021-03-09］．http：//www.moe.gov.cn/fbh/live/2020/52663/sfcl/202011/t20201126_501719.html.

（二）智力扶贫精准开好脱贫攻坚药方子

各高校通过发挥思想库、智囊团作用，适应扶贫县经济社会发展需要，围绕城乡规划、产业发展、资源利用、生态保护等，扎实开展调查、论证、研究、推广、培训等工作，为当地党委、政府提供咨询服务、智力支持和人才支撑。

2013 年至 2020 年，64 所承担定点扶贫任务的直属高校累计选派 23534 名教师赴一线开展培训、技术指导等工作；帮助定点扶贫地区制定规划类项目 665 项，帮助定点扶贫地区成功申报上级农业、科技等扶贫项目 227 项；与定点扶贫地区联合共建扶贫或乡村振兴研究院、研究中心 109 所。

2013 年至 2020 年，11 所承担滇西专项扶贫任务的直属高校累计选派 664 名教师赴一线开展培训、技术指导等工作；帮助扶贫地区制定规划类项目 54 项，帮助扶贫地区成功申报上级农业、科技等扶贫项目 11 项；与扶贫地区联合共建扶贫或乡村振兴研究院、研究中心 7 所。

2013 年至 2020 年，14 所部省合建高校和西北师范大学累计选派 5681 名教师赴一线开展培训、技术指导等工作；帮助扶贫地区制定规划类项目 223 项，帮助扶贫地区成功申报上级农业、科技等扶贫项目 268 项；与扶贫地区联合共建扶贫或乡村振兴研究院、研究中心 12 所。

以上一系列举措在"扶智"、"扶知"、提升贫困地区自身"造血"能力方面发挥了重要的作用。高校智力扶贫工作特色及成效见专栏 4-2。

专栏 4-2　高校智力扶贫工作特色及成效

北京大学设立公共管理硕士（贫困治理方向），为脱贫攻坚战一线的优秀人才提供多学科交叉融合的高水准教育平台。学校与中国农业银行共建乡村振兴研究院，与福建省宁德市共建乡村振兴示范区，与宁夏回族自治区闽宁镇围绕扶贫开展经验交流。学校统筹云南省弥渡县两级干部培训工作，面向县级领导干部开设"北京大学弥渡讲坛"，重点介绍最新的发展思维和管理理念，面向村级干部开设"博雅耕读乡社"，邀请党建、电商、医疗等领域的一线专家到村授课，解决村组干部实践性知识不足问题。

清华大学在全国发展程度不同地区的乡村有针对性地布点，在全国 14 个省份 19 个地区设立工作站，改造设计完成闲置房屋 2.5 万平方米，引入政府及企业各项建设投资超过 1 亿元。组织 60 余所大专院校 1500 余人次师生，组成 121 支队伍，在工作站驻点开展站点建设和公益实践，累计服务时长超过 12000 天。完成乡村文创产品设计 140 余份，走访调研村落 150 余个，完成调研报告累计 112.5 万余字。培训乡村建设志愿服务骨干 5000 余人次、乡村干部与村民 2 万余人次。

中国人民大学组织各领域专家教授赴云南省兰坪县考察调研，提炼问题形成调研报告，并提出政策建议，相关报告获国务院扶贫办批示。积极参与兰坪县"十三五""十四五"规划编制工作，并成立课题组，参与怒江脱贫攻坚经验与模式调研工作。该校扶贫研究院长期参与精准扶贫政策研究和考核评估工作，已编写及出版专著 9 部，在著名核心期刊发表论文 30 余篇，在 2020 年脱贫攻坚奖评选中获评全国脱贫攻坚奖组织创新奖。

北京师范大学中国教育与社会发展研究院作为国内首个教育领域国家高端智库建设试点单位，下设中国扶贫研究院和农村治理研究中心等机构专门开展脱贫攻坚和乡村振兴研究。党的十八大以来，相关研究成果获中央领导批示 16 次，完成省部级课题 144 项，上报重大政策研究咨询报告 105 份，60 余项成果基本被采纳，参与 120 多个贫困县的考核评估，组织 169 个贫困县的建档立卡实地监测，培训扶贫系统领导干部 7000 余人次，召开扶贫领域研讨会 20 余次。

北京交通大学发挥特色优势帮助内蒙古科左后旗制定交通、旅游、物流发展等领域的 10 项规划，形成高校优势特色学科滚动支持地方发展的模式，填补了科左后旗旅游管理空白，使旅游市场更加规范。

华北电力大学通过现场教学与"云学习"相结合的方式，先后完成 17 个大类、197 门、327 个学时的培训课程，累计培训 760 余人，"志智双扶"带动贫困群众树立"脱贫解困"的信心，增强"自我脱贫"的底气，提升职业技能素养。

同济大学通过实施"规划先行"系列帮扶行动，推动云南省云龙县逐步形成以总规为基础，"多规合一"为统领，城乡一体、配套齐全、科学实用的空间规划体系。减免规划设计费 829 万元，优化交通规划，助推云龙实现高速公路"从0到1""从1到4"的突破。重塑旅游规划，打造县城旅游服务中心、天然太极景区和诺邓火腿小镇，实现旅游收入的逐年递增。选派规划设计团队100余人次，投入建设经费867万元，打造永济新桥、公共厕所、村民议事中心、道路硬化、村道亮化等一批特色扶贫项目。牵头成立高校"城乡规划扶贫联盟"。

华东理工大学在云南省寻甸县援建青少年心理健康教育服务中心、"阳光关爱小屋"。在上海举办寻甸党政干部培训班、中学校长专题班、团干部专题班、电子商务等培训班。成立华东理工大学远程教育寻甸学习中心。组织师生开展教育、科普、环保、社会治理等社会实践、志愿服务等。成立寻甸乡村振兴战略智库中心，设立脱贫攻坚实训基地，启动实施"设计点亮乡村"项目，打造乡村振兴示范点。

华东师范大学充分发挥教育研究方面的优势，组织相关专家，深入"三区三州"地区，实地调研各级各类学校百余所，撰写的7篇咨询报告获中央或省部级领导批示或采纳。参与起草《关于进一步加强新时代乡村教师队伍建设的意见》，承担多个乡村教育研究国家级课题，承担中西部多个省份及相关地市县的教育发展规划编制和研究工作。

上海财经大学注重扶贫与育人相结合，连续12年开展"千村调查"，组织学生"走千村、访万户、读中国"，探索形成了一套融国情教育、科研训练、创新实践三位一体的人才培养模式。

南京大学强化思想文化引领，打造的"农民青年讲习所""南大论坛·双柏开讲""南大双柏大讲堂"等一批思想文化品牌活动在双柏落地生根。其中"农民青年讲习所"开设"譞书记讲党课"系列课程，为和平村、普岩村干部群众开办讲座20余场。"南大双柏大讲堂"先后邀请多位知名专家教授赴双柏县现场讲课，覆盖新工科、新闻宣传、思政、心理等多个学科领域，受益党员、群众3000余人。

东南大学发挥城乡规划、交通工程等学科优势，凝练专业特色，为云南省南华县向高质量发展转型奠定坚实基础。帮助编撰《南华县城市总体规划修改（2017—2035年）》《南华县综合交通规划（2015—2030年）——工作大纲及居民出行调查分析》《南华县依黑么村农村公路工程设计方案》等。协助南华县编撰全域旅游规划，帮助楚雄州编撰工业大麻产业园区规划。

中国地质大学（武汉）实施"教师教育教学能力提升晨晖计划"，联系武汉市教育科学研究院，让语文、数学、历史等学科特级教师对云南省施甸县中小学 393 名教师开展多期远程网络培训及现场培训；联系保山学院，对施甸二中的体育、音乐、美术学科的教师开展帮扶工作。

华南理工大学举全校之力打造《云县全域旅游发展总体规划（2018—2035年）》，并进一步优化为"1510"一体化全域发展策略，即 1 套顶层设计、5 大落地平台抓手、10 项产业推进行动，制定 3 年行动方案，规划路线图和施工图，为云南省云县全域旅游发展指明了方向。

重庆大学建立党建脱贫"双推进"教育实训基地，选派 40 余名专家开设各类培训班 55 期，累计培训 10466 人次；斥资 700 余万元设立网络教育校外学习中心，累计建设近 200 门优质网络课程，对 1570 名在职干部和专业技术人员免费提供定制化网络学历教育。

西北农林科技大学持续创新升级"三团一队"智力扶贫体制机制。继续优化"三团一队"模式，即学校 20 个基层党委书记组成的"书记帮镇助力团"，168 名教授组成的"专家教授助力团"，5 批次 76 名博士、硕士研究生组成的"研究生助力团"和陕西省合阳县 148 名行业骨干组成的"本土优秀人才先锋服务队"，将智力扶贫力量覆盖至每个镇办的主导产业，做实做细帮扶工作。截至目前，共示范推广新品种 130 个，推广实用技术 60 项，培训各类人员 16023 人；招商引资 8500 万元，引进帮扶资金 1400 余万元，帮助销售贫困地区农产品金额达 5147 万元，助农增收 5700 余万元。

南昌大学成立江西扶贫发展研究院第三方评估团队，深入贫困一线指导脱贫攻坚工作，承担全国 11 个省份 200 多个县的精准扶贫评估考核；成立南昌大学"稻渔工程"团队，运用核心技术，推广稻虾、稻蟹、稻蛙、稻鳅、稻鱼模式，帮助 1513 户超 5000 人脱贫；成立江西扶贫发展研究院瑞金研究中心，连续 4 年举办主题论坛，为瑞金市经济发展把脉问诊。

海南大学组织举办培育新型农民、技术骨干和致富能手带头人的培训班，以"理论+实践"教学方式为主，帮助村民掌握生产技术，激发村民产业脱贫致富内生动力。近5年来，海南大学依托继续教育学院教育平台，培训地方工作人员5288人、农民86人。

资料来源：教育部．高校扶贫工作特色及成效 ［EB/OL］.（2020-11-26）［2021-03-09］. http: // www. moe. gov. cn/fbh/live/2020/52663/sfcl/202011/t20201126_501719. html.

（三）健康扶贫大力提升医疗水平惠民生

有关高校通过发挥医学专业及附属医院作用，帮助贫困县改善医疗卫生设施和条件，提供医务人员培养培训，开展巡回医疗、远程医疗等服务活动，协调爱心基金会引进帮扶资金，建立医疗人才帮扶"绿色通道"，推进医联体及重点专科建设，持续提升贫困县医疗服务能力。高校健康扶贫工作特色及成效见专栏4-3。

专栏4-3　高校健康扶贫工作特色及成效

清华大学在云南省南涧县开展儿童先心病筛查救治工作，逐渐辐射至大理州全州及周边部分县市，累计开展9次筛查活动，筛查先心病疑似患者2814名，确诊830名患者需要手术治疗，减免筛查费用90余万元。引入慈善基金支持医疗费用800余万元，支持26个批次、共573名患者在清华大学第一附属医院成功完成手术。在实践中探索形成了由大理州政府、清华大学第一附属医院和爱佑慈善基金会三方共同支持的先心病救助的"大理模式"，让当地贫困群众基本实现零负担就医，并在全国推广。先心病救治范围已覆盖全国28个省份，涉及近50个国家级贫困县；累计救治4000余名先心病患者，获得慈善基金支持7000余万元。

北京中医药大学以派出挂职干部、接收进修培训、联合培养人才、组织专家坐诊等方式为受援单位及地区百姓提供健康支持。实施"全国乡村中医师3+3提升工程"，培训10多个省份贫困偏远地区中医师，培训基层医生35000余人次，其中乡村医生2000余人次，实现以一人带动一方，开创培养乡村基层中医药人才新模式。

复旦大学整合附属医院及社会资源，形成覆盖全健康主体和健康管理全过程的医疗帮扶体系，"医院深度结对""医学人才培养""专家工作站""互联网+医疗服务""专项基金支持"构成医疗帮扶"组合拳"，以云南省永平县人民医院为龙头有效带动县域内医疗水平提升，显著改善永平当地人群健康曲线。累计培训医务人员超过6000人次，县域内患者就诊率提升至90.4%以上。

上海交通大学通过"心"基金累计引进社会爱心资金超过370万元，免费救治云南大理、洱源129名先天性心脏病患儿。开设医疗管理培训班和执业医师培训班，免费接收对口贫困地区150名医护人员到上海学习，洱源派送的学员参加执业医师考试通过率达到67%。不定期组织专家义诊团赴洱源开展义诊、讲学等活动。

中山大学积极探索"造血式医疗帮扶"模式，开展"三个一批"建设，10家附属医院共同参与，即大力培养一批医疗人才队伍，长期派驻一批专家医疗团队，精心打造一批重点科室基地。经校地共同努力，云南省凤庆县人民医院手术台次和出院病人数实现"双倍增"，2020年已公示晋级三级医院。凤庆县医疗水平实现质的飞跃，基本实现了大病不出县。

四川大学建立医疗人才帮扶"绿色通道"，推进医联体及重点专科建设，指导大病、疑难病集中诊治141人次，门诊接诊3226人次，开展远程医疗会诊16例次，实施手术85例，义诊服务群众190人次。实施新技术11项，向四川省甘洛县捐赠核磁共振成像装置等医疗设备和器械价值逾千万元，建立标准化村卫生室4个。对贫困地区地方病和多发病开展"靶向治疗"。华西第二医院儿童先心病筛查治疗团队已累计筛查包括甘洛县在内的西部贫困地区的儿童2.5万余名，募集救助资金3000余万元，免费救治先心病儿童1200余名，扶持7支先心病介入手术团队，构建西部先心病筛查网络，实现"儿童先心病精准扶贫"全新模式。

郑州大学充分发挥学校10家附属医院的作用，不断加强5个国家区域医疗中心建设，辐射带动贫困地区医疗事业发展。组织附属医院与省内近20家贫困地区基层医院结成对口支援帮扶医院，选派百余名帮扶地医务人员到学校各附属医院进修学习，累计为扶贫县诊疗近11000人次，收治住院患者198人次，举办讲座 74 次，开展教学查房 181 次，指导或开展手术 37 台，救治疑难病例 200 余次。

资料来源：教育部 . 高校扶贫工作特色及成效 [EB/OL]. (2020-11-26) [2021-03-09]. http:// www. moe. cn/fbh/live/2020/52663/sfcl/202011/t20201126_501719.html.

（四）科技扶贫创新驱动致富能力再升级

各高校依托自身科技创新优势，将先进的科学技术与贫困地区脱贫攻坚实际相结合，把科技理念、科技人才、科技知识、科技条件带到贫困地区，有效增强了贫困地区人民的科技素养和劳动能力，大幅提高了贫困地区生产效率和水平。动员广大专家学者深入扶贫一线，根据扶贫地区发展需要和学校科研优势因地制宜设立各类科研项目，开展联合科研攻关及科技成果转化，助推种植业、养殖业、手工业、农产品加工业等传统产业发展升级。

2013 年至 2020 年，64 所承担定点扶贫任务的直属高校聚焦定点帮扶贫困县落地各类科研项目 864 个；11 所承担滇西专项扶贫任务的直属高校聚焦对口帮扶贫困县落地各类科研项目 23 个；14 所部省合建高校和西北师范大学聚焦对口帮扶贫困县落地各类科研项目 156 个。各类科研项目覆盖面广、契合度高、应用性强，形成了以科学研究和科技创新促进技术转化应用，提高贫困地区产业质量和生产效能的有效机制。同时，建立产学研一体化示范基地、科技小院、专家工作站等，提升产业发展的新动能，不断促进形成经济发展新业态，助推脱贫攻坚和农民增收，为彻底开展贫困治理注入了"催化剂"。高校科技扶贫工作特色及成效见专栏 4-4。

专栏 4-4　高校科技扶贫工作特色及成效

北京邮电大学印发《鼓励科研人员开展科技扶贫和科技成果转化的实施意见》，组织专家教授团队编制《长顺县信息化发展规划》。举办北邮-长顺科技文化周活动，助力长顺县成为贵州省首个启动 5G 建设的县。积极协调行业内优质企业资源，筹措建设资金 1334.6 万元，推动建设"智慧长顺"项目。组建专业师生科技扶贫团队，搭建农产品订单产销对接平台。为长顺县神泉谷景区打造"智慧神泉"旅游导览系统，在稳定投入运行的第一年里，累计接待游客70余万人次。

中国地质大学（北京）充分发挥资源环境领域学科与人才优势，与其他9所高校组建高校"资源环境扶贫联盟"，聚焦"生态扶贫"，在国土空间规划、地质灾害防治、土地综合整治、生态环境修复、自然资源开发利用等领域合力攻坚。

吉林大学累计引入扶贫资金1500万元，利用"快速液化农业废弃物改良盐碱土壤综合利用技术"，改良盐碱耕地1300亩，实现玉米最高增产3265斤/公顷，增产率19.8%，每公顷净增收1000元以上，累计带动1000余户贫困户脱贫致富。

东北林业大学依托"百人教授服务团"持续开展科技扶贫，利用471.1万元资助31项科技扶贫专项项目，争取黑龙江省科技厅扶贫资金85万元，支持9项技术转化项目。"百人教授服务团"根据实际需求，直接到田间地头开展现场指导等工作，为黑龙江省泰来县农户小院经济、合作社经济注入新技术新成果。

南京农业大学为贵州省麻江县引入新品种"宁粳8号"，改进"麻江锌硒米"品种结构，采用红蒜良种繁育解决"麻江红蒜"蒜种退化难题，帮助建设"药谷江村菊花园"，打造科技旅游扶贫新招牌，吸引游客150余万人次，实现综合收入超过2亿元。

中国药科大学成立秦巴中药材研究中心、中药配方颗粒标准化工程技术研究中心，累计投入科研专项资金750万元，先后资助近百位专家教授开展课题研究40余项，成功助推陕西省镇坪县黄连通过国家农产品地理标志认证，开发菊芋降糖系列产品、天星米面包、中药护眼眼罩、金丝皇菊凉茶等系列健康产品。

中国海洋大学聚焦云南省绿春县优质茶叶资源，实施精准科研立项、精准技术指导、精准设计策划，为当地茶产业发展提供"技术+专家+人才+策划"一条龙精准指导，从品种保护、种植管理、精深加工，到打造品牌、精准营销，多措并举、全方位全过程支持绿春茶叶产业发展。

云南大学自主研发的多年生稻技术已在云南省14个州市74个县进行试验示范，推广种植多年生水稻达7万多亩，该技术使水稻只需种植一次即可连续收获 2 年以上。在云南省临沧市投资改建 30 座具有云南大学自主知识产权的绿色节能烤房，使茶叶烘烤成本从传统烤房的每千克干烟叶 4.5 元降至每千克干烟叶 2 元。该项目入选第三届省属高校精准扶贫精准脱贫典型项目。

新疆大学积极打造核桃疏密降冠暨林下产业发展示范田，推行林果、蔬菜"一村一品"计划，种植万寿菊、红薯、辣椒、豇豆、马铃薯等特色作物。发展庭院经济。通过"公司（合作社）+基地+农户"的形式，积极引导贫困户加盟农民专业合作社，成立养鸽合作社、蔬菜合作社、打馕合作社等。

广西大学成立农牧产业发展研究院（新农村发展研究院），筹办"乡村振兴"学校，建设 16 个科技小院，举办现代青年农场主培训，为地方培养了农场主学员、农业技术员、农技推广人员 3000 多人，积极发展桑蚕种养、中草药种植等示范项目。

石河子大学建设 2 个科技特派员专家分布式工作站，选派科技特派员近 1500 人次，深入 40 多个兵团团场和地方县（市）开展科技服务，带动当地新增产值近 10 亿元，引进推广新技术、新产品、新装备 235 项，建立科技示范点 128 个，在兵团和地方 8 个贫困团场（县）实现了科技特派员全覆盖。

宁夏大学根据贫困地区资源特点设计科研项目，发挥科技人才作用，指导培育特色产业发展。依托国家和自治区重点研发计划等项目，选派 260 余名专业技术人员长期服务贫困地区农业生产一线，因地制宜推广先进的种养技术。

资料来源：教育部. 高校扶贫工作特色及成效［EB/OL］.（2020-11-26）［2021-03-09］. http: // www. moe. gov. cn/fbh/live/2020/52663/sfcl/202011/t20201126_501719. html.

（五）产业扶贫高效培育经济发展新业态

各高校通过发挥学科优势，帮助贫困地区加强产业发展顶层设计，制定符合当地实际的产业发展规划。组织专家教授、科技服务团、博士服务团等专业力量，动员校友企业和其他社会力量，深入贫困地区，建设科技产业园，打造产业核心示范区，壮大集体经济，建设扶贫车间，促进科技成果转化落地和产业化，培育发展乡村旅游、中草药、民族文化用品、民族传统技艺等特色产业，推动扶贫县种养业、手工业、农产品加工业等传统产业发展升级，提高产品档次，扩大生产规模，提升产品附加值，形成经济发展新业态。

2013 年至 2020 年，64 所承担定点扶贫任务的直属高校带动 1489 家校友企业参与扶贫工作，帮助定点扶贫地区引入企业 329 家，引入企业为贫困地区实际投资超过 75.78 亿元，带动脱贫人数超过 11.9 万人。

2013 年至 2020 年，11 所承担滇西专项扶贫任务的直属高校带动 67 家校友企业参与扶贫工作，帮助扶贫地区引入企业 3 家，引入企业为贫困地区实际投资超过 2.02 亿元，带动脱贫人数超过 1000 人。

2013 年至 2020 年，14 所部省合建高校和西北师范大学带动 31 家校友企业参与扶贫工作，帮助扶贫地区引入企业 38 家，引入企业为贫困地区实际投资超过 2.53 亿元，带动脱贫人数超过 4.5 万人。

各高校在助推脱贫攻坚和农民增收的同时，推动了科研基地和实践平台的建设培育，实现了对口联系双方的优势互补和互利共赢。高校产业扶贫工作特色及成效见专栏 4-5。

专栏 4-5 高校产业扶贫工作特色及成效

中国农业大学依托"教授工作站""教授服务团"等平台推广实用农业技术、引进新品种，培育云南省镇康县高原特色农业产业。提交产业报告 4 份，引进新技术 7 项、蔬菜新品种 45 个，培训农技人员、致富带头人 160 人次，培训农民 300 余人次，现场指导农民 1000 余人次，辐射带动区达 2000 余亩。

北京化工大学以宝龙山工业园和内蒙古自治区科左中旗现代农业产业园的建设发展为引擎，在当地成立北化科技扶贫产业园，举行三届科技扶贫项目对接与招商推介会，搭建"学校-旗县-企业"科技产业对接平台。组织校内外专家开展"科技送上门"服务，为当地政府和园区企业提供无偿技术咨询服务。投入经费 325 万元，联合协作单位完成宝龙山工业园区规划项目和规划环评项目，组织"教授服务团"研发科技支农扶贫项目 8 项。

中国矿业大学（北京）因地制宜打造县、乡、村三级特色产业体系，帮助广西壮族自治区都安县瑶山牛扶贫产业核心示范区荣获"广西现代特色农业核心示范区（五星级）"称号，打造"党支部主抓+合作社运营+产业带头人管理+贫困户参与"的合作模式。帮助龙湾乡立足自身水土优势发展"贷羊还羊"，解决传统养殖业"小、散、弱"的突出问题。帮助琴棋村发展"跑山鸡"项目，实现村集体经济规模从2018年的3万元增长到2020年的38.1万元。

中国政法大学投入160万元推动内蒙古自治区科左中旗海天沙棘产业园项目建设，为万亩沙棘林套种蒙中药材基地配套电力设施，已带动61名贫困群众就业，实现人均年增收2万元以上；投入3.9万元奖补资金，鼓励300户贫困户发展庭院经济，助力贫困群众转变生活习惯、改变精神面貌，实现户均节支增收1000元以上。

中央美术学院积极发挥专业优势，千方百计强化云南省剑川县木雕、石雕、黑陶、布扎、刺绣等工艺品的创意设计，使剑川县手工艺品走出以木雕家具、石狮等大件产品为主的传统生产模式，以轻巧便携的形态融入现代生活。

大连理工大学积极对接西安隆基硅材料有限公司，促成年产5GW单晶硅棒建设项目落户龙陵硅基产业园。为云南省龙陵县引进稻田蟹养殖试验项目，预计亩均增收2500元，总产值50万元。帮助龙陵县核桃坪村建立"伟佤翁"品牌，注册国家商标，帮助设计外包装，规范产品生产线，取得小作坊备案登记证和检验检疫证。

东北大学将电子商务与脱贫攻坚有机结合，搭建"电商服务站"，举办"田园电商论坛"，孵化多家企业，拓展对外窗口。投入专项资金、组建专家团队，大力扶持魔芋、百香果、蜂蜜、姬松茸等产业，培训一大批农村实用技术人才，带动农民脱贫致富。

河海大学注重产业资金投入和资源引进，捐资870万元分别用于陕西省石泉县经济薄弱村发展村集体经济、实施"石泉县高效蚕桑产业示范项目"、池河镇五爱村农产品深加工工厂建设、贫困户种养殖产业发展和农产品认证、线上线下促销活动。引进优良蜂种，建设蜂蜜加工厂，注册蜂蜜商标，引导产业发展；引进企业投资2000万元发展陆基循环水养殖项目；举办石泉县招商引资、农产品推介会，成立石泉县招商中心河海大学分中心，牵线11家企业与石泉达成投资意向。

中国药科大学在产业规划、招商引资、技术支持等方面发力，引导陕西省镇坪县中药产业一、二、三产融合发展。一产以标准化种植为重点，建成中药材种植基地14个，种植面积达14.5万亩，带动4000户药农增收；二产引入普欣药业等三家龙头企业入驻镇坪飞地产业园，大力提升中药生产加工附加值，实现转型发展；三产抢抓中药康养旅游机遇，先后引进落地"飞渡峡中药康养小镇""南江湖康养旅游示范区"两大项目，总投资额近20亿元，全县康养旅游格局已基本形成。

浙江大学聚焦云南省景东县乌骨鸡、食用菌和普洱茶等特色产业发展，打造产业规划和首席专家体系，指导产业发展。创立"无量菇嫂""紫金普洱"等品牌，提升附加值。以"高校+政府+企业+合作社+基地+贫困农户"的产业扶贫利益联结模式带动贫困户脱贫。

厦门大学依托校友力量，投资5亿元建设"厦门大学康业扶贫产业园"，其规划占地1000亩，生产总值占全县的15%，吸纳的本地贫困就业人口占全园区的80%，已成为宁夏回族自治区隆德县加速产业聚集发展、促进贫困人口就业创收的重要平台。建设厦门大学隆德县电商服务中心、张树村扶贫车间。

华中科技大学捐资360万元在云南省临沧市蚂蚁堆村建成年产100吨的标准化茶厂，生产辐射14个村，同时探索出"5+1"管理模式，每年为贫困村村集体带来20万元收入。引进校友企业建立"云雾培"高效生态农业示范基地，打造易地搬迁移民就业安置示范点。

中南财经政法大学先后多次与校友企业——保利（珠海横琴）民爆产业基金管理有限公司负责人商谈帮扶盐津县矿产资源开发事宜，经与盐津县商谈，基本确定合作意向，预计投入资金3亿—5亿元。

中南大学探索建立稳定脱贫长效机制，协助湖南省江华县规划农业产业布局。引入规模企业，引导村民流转土地，采用"公司+合作社+农户""企业+生产示范园区+贫困户"等形式，发展180亩猕猴桃种植、600亩中南大学·长山村江华苦茶生态园、100亩食用菌种植、150亩中南大学蔬菜基地和供港澳蔬菜种植基地，增加长期工作岗位130余个，年度助农增收200余万元。开展贫困劳动力、创业致富带头人技能培训，提高致富带富能力，年度培训江华县各类专业技术人员 410 余人。

中山大学紧扣"注入科技资源、引入企业资源、抓好消费扶贫"三个环节，为云南省凤庆县落地超临界二氧化碳萃取核桃油、茶籽油生产线，助力打造核桃全产业链条；持续两年帮助举办大健康产业高峰论坛，打造"核桃技术产业高地"。校友企业在云南省临沧市建成茶叶加工厂和 2000 亩茶山基地。2018—2020 年直接购买凤庆县价值 1850 多万元的农特产品，助推凤庆县农特产品走出大山，走进粤港澳大湾区。

西南大学组织茶叶、蔬菜、果树、肉牛、环保等方面的专家近 100 人次，奔赴云南省昌宁县脱贫攻坚一线，为产业发展把脉问诊，培训实用技术人员。与地方共建茶叶产学研合作基地和魔芋、枇杷科技示范基地，引进魔芋科技企业，吸纳当地贫困群众就业。精准实施种植、养殖和农产品加工等产业帮扶项目，推动先进科技成果落地转化，带动贫困群众增收致富。

兰州大学累计派出专家 3000 余人次提供技术支撑、决策咨询等，依托草学一流学科和院士专家团队，在甘肃省定西市推广青贮饲草项目，年产值达 20 亿元，带动 6 万贫困户脱贫，入选第五届教育部直属高校精准扶贫精准脱贫典型项目；创新中药材产业扶贫模式，扶持打造全产业链，实现人均年增收 3000 元；推广雨水高效利用技术，服务旱地农业增产增收；实施"母牛滚动银行"和生态扶贫公益项目，带动当地群众脱贫减贫。

广西大学引进校友投资 7 亿元，在广西壮族自治区那坡县建设那怀现代生态养殖脱贫奔康产业园，一期项目已竣工投产。产业园采用聚群式生态养殖模式，种养结合，生态循环，最终打造完整的高品质食品链。

贵州大学紧紧围绕贵州省农村 12 个特色优势产业，组建由校领导牵头任班长的茶、蔬菜、食用菌、精品水果等 12 个工作专班。采取"产业+专家+基地+博士村委会主任"工作模式，建立示范基地 70 余个，培训农民及技术人员近 9 万人次，累计新增农业产值近 71 亿元，辐射带动 50 余万名农户脱贫致富。

内蒙古大学以内蒙古自治区乌素图村红萝卜特色项目作为扶持产业重点，组织专家对村民进行种植、生产、加工、仓储、运输、销售一体化专业培训与技术指导，协助打造具有独特品质的区域品牌。累计培训 30 人，红萝卜增种

60 多亩，增产近 30%。驻村工作队协助选拔培训村民代表为当地的农民经纪人，带领他们"跑市场"，建立以呼和浩特市蔬菜批发市场为主、山东寿光蔬菜加工有限公司为辅的两条销售主渠道，积极促成贫困户与上述公司建立长期的供货关系。

青海大学依托青海省十大农牧业科技创新平台，以"三区三州"为优先扶贫区，围绕青海省藏区的牦牛、藏羊、青稞、油菜等优势产业，通过蚕豆种业培育、青稞油菜和马铃薯商品基地建设、牦牛藏羊高效养殖技术推广，不断促进优势产业的提质增效和转型升级。2018—2020 年，在全省藏区 21 个县区推广农畜品种 30 余个、高效种养技术 20 余项。累计带动贫困区新增产值 68 亿元，受益贫困户 10 万户，户均增收 3000 元以上。

河北大学继续开展"阿基米德"项目，围绕红小米加工项目进行产业发展指导、包装设计、生产许可认证及消费支持。专家团队指导多个民宿项目开发。

资料来源：教育部 . 高校扶贫工作特色及成效 ［EB/OL］. (2020-11-26) ［2021-03-09］. http: // www. moe. gov. cn/fbh/live/2020/52663/sfcl/202011/t20201126_501719. html.

（六）消费扶贫直接打通农特产品产业链

各高校充分运用网络帮扶平台，推动消费扶贫，用数据积累引导产业扶贫，通过在线集中展示、销售贫困县特色产品，对接供需两端，打造教育扶贫长效可持续机制。通过学校官方微博、微信公众号、抖音等多种渠道，倡议动员广大师生、校友、社会力量积极开展"以购代捐"扶贫，探索建设了一批高校"订单式"农产品直供基地，推动扶贫产品进校园、进食堂、进家庭，为促进消费扶贫发挥了重要作用。截至 2020 年 6 月 30 日，教育部各直属高校在贫困地区农副产品网络销售平台购买贫困地区农产品 6837.1 万元；在教育系统消费扶贫"e 帮扶"平台购买农产品 3200 余万元，上线贫困地区农产品 4042 款，覆盖 20 个省份 121 个贫困县。[①] 高校消费扶贫工作特色及成效见专栏 4-6。

---

① 刘昌亚 . 决战决胜脱贫攻坚 高校扶贫成效显著 ［EB/OL］. (2020-11-26) ［2021-03-09］. http: //www. moe. gov. cn/fbh/live/2020/52663/sfcl/202011/t20201126_501730. html.

专栏4-6 高校消费扶贫工作特色及成效

北京邮电大学推动电商"云端"销售，牵头制定电商扶贫三年行动方案、电商发展五年规划，推动建设电商服务站57个，开通贫困村电商网店39个，实现贫困村电商网店100%全覆盖。推动贵州省长顺县引入农产品溯源体系，已完成全县7个溯源点的建设，10余款农产品上架至溯源平台试运营。建立"企业+合作社+农户+市场"的农产品销售机制，推动贫困户农产品进校园、监狱、超市、医院、机关食堂。

吉林大学将吉林省通榆县作为教职工福利品采购基地，该校的饮食服务中心、超市将通榆县作为产品供应地。6个校区、11000名教职工、78000名在校生、60万名海内外校友参与消费扶贫。有效利用贫困地区农副产品网络销售平台、"e帮扶"等平台帮助通榆县企业销售农副产品。近年来，已直接购买贫困地区农产品1250.99万元，帮助销售贫困地区农产品18314.43万元。

西南财经大学组织电商专家团队，构建"电商+精准扶贫"新模式，帮助云南省福贡县、四川省美姑县、四川省金川县获批国家级、省级电商示范县项目，协调资金5200万元，建立三级电商运营体系，建成电商产业园。培训电商从业人员3000余人次。2019年农产品网络交易额达到近1亿元。

电子科技大学从供需两端的有效对接着手，找准"联结点"。推进农特产品"三品一标"认证，培训旅游、养殖等从业人员，提升"供应端"品质；订单式采购大米等农产品，举办线下展销会、集中推介会，开展旅游消费扶贫，激发"需求端"潜能；以高校"消费扶贫联盟"和"e帮扶"平台为抓手，助力推进形成高校组团式消费大扶贫格局，架起供需两端之间的桥梁。"e帮扶"平台开设线上农产品展销"一校一馆"80个，上线贫困地区农产品4042款，覆盖20个省份121个贫困县，联合高校82所，汇聚贫困县电商从业人员2600余名、高校志愿者近千名，累积用户18万余人，累计销售贫困地区农产品3200余万元。消费扶贫工作连续两年入选全国消费扶贫典型案例。党的十八大以来，学校累计购买贫困地区农产品达到1401.44万元，帮助销售贫困地区农产品2456.73万元。

西安电子科技大学积极推进消费扶贫工作，学校工会系统和后勤部门加大采购贫困地区扶贫产品力度，采购与招标管理办公室先后组织专家赴陕西省蒲城县、白河县开展扶贫产品遴选招标。党的十八大以来，累计购买贫困地区农产品达到1683.5万元。定期组织开展扶贫产品进校园活动，在校内超市和学生食堂设立3个消费扶贫展柜，开通运营学校消费扶贫APP，动员号召师生"以购代捐"。此外，学校积极协调社会资源和校友力量帮助销售扶贫产品。党的十八大以来，已累计帮助销售贫困地区农产品1560.9万元。

山西大学积极拓展消费扶贫渠道，推行"学校食堂定购""职工福利团购""驻村干部代购""结对单位认购"等"四购"消费扶贫帮扶模式，大大提高了农户收入水平。

资料来源：教育部．高校扶贫工作特色及成效［EB/OL］．（2020-11-26）［2021-03-09］.http：//www. moe. gov. cn/fbh/live/2020/52663/sfcl/202011/t20 201126_501719. html.

（七）文化扶贫增强脱贫内生动力拔穷根

各高校充分发挥学校党建、语言、文化等组织管理优势和特色学科专业优势，针对贫困县区位特点、资源禀赋等开展专题研究，推进贫困地区各级党支部的组织文化建设，挖掘当地民间艺术和传统技艺，开展文艺下乡、文化展演、文艺联合创作等活动，丰富群众文化生活，提高贫困人口的文化素质，激发他们脱贫致富的积极性、主动性、创造性，为贫困地区经济社会建设与发展提供不竭的精神动力。2013年至2020年，64所承担定点扶贫任务的直属高校与定点扶贫地区结对共建党支部2829个，11所承担滇西专项扶贫任务的直属高校与扶贫地区结对共建党支部6个，14所部省合建高校和西北师范大学与扶贫地区结对共建党支部1245个，形成了以党的组织文化建设为主导，弘扬先进文化，激发基层党组织和广大党员带领困难群众奋发向上、奋勇拼搏、奋力争先的内在动力的重要途径。高校文化扶贫工作特色及成效见专栏4-7。

专栏4-7 高校文化扶贫工作特色及成效

北京语言大学实施"圆梦工程"文艺培训志愿服务行动之"名师美育课堂"线上培训活动。选拔专家教授及博士生开展"行书的基本特点和笔法""写意山水""钢琴家的黄金时代""中国传统民歌欣赏与中国声乐技巧"等系列课程，与包括都安县在内的河池市7个贫困县结对子，以专业特长助力当地艺术师资培训。

中央音乐学院成立"中央音乐学院新时代文明实践青海化隆中心"，将青海省化隆县列为中宣部推进县域文化建设的首批试点。教职工捐款180余万元、出版社捐款20万元用于项目建设。协办2020年海东市河湟文化艺术节系列活动之化隆县二塘乡第一届"生态乡村音乐"群众文化艺术节活动。援建图书阅览室2间，捐赠各类书籍2000余册，价值7万余元。

中央戏剧学院积极推动文化"下乡、进村"工作，组织师生赴贵州省长顺县开展文化交流活动，协助排演黔南州2020"好花红"文化旅游季文艺调演及闭幕式颁奖晚会活动。扶贫干部担任长顺县首部文旅歌舞剧《好运长顺》总指导，助力长顺县获得文艺调演比赛一等奖。学院组织专家为长顺县首部脱贫攻坚主题话剧《核子裂变》提供剧本指导意见，驻村第一书记参与演出，获得良好反响。

东华大学作为"中国非物质文化遗产传承人群研修研习培训计划"首批定点培训高校，连续举办7期"传统刺绣创意设计"非遗研培班，建立传统工艺工作站，参与研培的刺绣传承人173名、非遗管理干部及师资50多人。多名云贵地区少数民族非遗传承人以"公司+合作社+农民"的模式带动百姓脱贫致富，免费培训学员2000余人次，带动3000余名贫困人口就业。

江南大学投入130余万元重点推进"江南大学-贵州从江非遗工坊项目"建设，带动"绣娘"就业，产出文创产品，推动从江县文旅产业发展。设立"江南大学-从江非遗文化传承促进中心"，研制非遗文创产品设计方案，并捐出设计作品300余件。组织师生赴从江县开展文化艺术下乡活动，为群众带去精彩的文艺演出。指导学校派驻从江县上歹村挂职干部创建"上歹不歹"微信公众号，宣传推介上歹村良好的村情村貌和民族特色文化。

中南大学推动湖南省文联、作协人员赴湖南省江华县开展"小康梦·千年梦"采风创作活动。率队参加第二届中国舞蹈艺术大展，在现场和新媒体平台同步分享学校文创团队 14 年来传承与创作瑶族长鼓舞的历程。设计文创产品，深入开发系列竹制家居装饰用品，完成"江华瑶香"品牌包装设计。打造瑶族文化实景剧目《盘王之恋》。

湖南大学组织 7 个国家的 110 位设计师与扶贫地区工匠联合创新，开发特色文创产品 200 余款，将文化资源转化为脱贫资本，帮助贫困人口在家门口就业增收，形成设计创新、培训赋能、订单生产的文创扶贫模式并在多地复制推广，获联合国教科文组织官网推介。

长安大学深入推进 23 个分党委、党总支与商南县 10 个镇（办）党委、22 个村党支部的结对帮扶工作，建立了"12122"帮扶机制，开展"6+X"帮扶活动，突出"三个融合"——党建扶贫与思想建设融合、党建扶贫与产业发展融合、党建扶贫与文化教育融合，切实激发贫困群众内生动力，增强自力更生"造血"功能，实现组织强、产业兴、百姓富的良性发展。

西北师范大学按照"一村一特色、一村一亮点"，将"送文化、种文化"相结合，进行文化挖掘，建设文化设施，讲好扶贫故事，通过对乡村文化的挖掘和唤醒，把符合新时代社会价值的文化标识研究出来、展示出来。

西藏大学驻村工作队员充分利用中华民族传统节庆、重要节点，组织牧民群众开展形式活泼、内容丰富的节日民俗和文化娱乐活动，引导各族群众摈除陈规陋习，营造积极向上的风气，推进各民族交流交往交融。

资料来源：教育部. 高校扶贫工作特色及成效［EB/OL］.（2020-11-26）［2021-03-09］. http://www.moe.gov.cn/fbh/live/2020/52663/sfcl/202011/t20201126_501719.html.

四、依托制度优势提升高校精准扶贫治贫效能

党中央科学谋划顶层部署，教育部积极做好统筹协调，各高校落实扶贫任务，上下同心同德、联动作战，为中国特色扶贫开发事业书写了浓墨重彩的奋进之笔。

（一）坚持将定点扶贫作为脱贫攻坚的基本方略

党的十八大以来，党中央坚持把定点扶贫作为中国特色扶贫开发事业的重要组成部分，体现了中国的政治制度优势。习近平总书记亲自部署，亲自动员，高瞻远瞩谋划定点扶贫工作的顶层设计。中共中央办公厅、国务院办公厅印发《关于进一步加强中央单位定点扶贫工作的指导意见》，明确了定点扶贫工作的指导思想、目标任务、行动方案。在以习近平同志为核心的党中央的坚强领导下，教育部党组坚持把高校扶贫作为打赢教育脱贫攻坚战的重要支撑，有计划、有组织地推进各个高校精准开展对口帮扶，为高校扶贫工作取得卓著成效提供了有力保证。

（二）坚持将高校作为脱贫攻坚的中坚力量

教育部党组深入贯彻习近平总书记关于扶贫工作的重要论述和关于扶贫工作的重要批示指示精神，坚持将高校作为落实"义务教育有保障"和"发展教育脱贫一批"的中坚力量，快速凝聚起决胜教育脱贫攻坚的磅礴之力。先后出台一系列具有专门性、针对性、指导性的政策文件，为高校扶贫构建了系统完备的政策体系、任务体系、投入体系、项目体系、资助体系和保障体系。各高校切实将扶贫工作作为贴近基层、了解民情、服务人民的重要渠道，不遗余力，攻坚克难，形成了具有教育特色、行业优势、高校品牌的扶贫路径。

（三）坚持将对口帮扶作为精准治贫的战略举措

各高校坚持"实事求是、因地制宜、分类指导、精准扶贫"的指导思想，把学校优势资源与贫困地区发展短板相结合，出实招、办实事，深入实地开展扶贫调研，指导对口扶贫地区制订实施脱贫减贫计划，在技术、信息、人才、资金、政策等方面做到精准支持。选派干部深入对口扶贫地区开展挂职扶贫，全力帮扶建档立卡贫困村和贫困户精准脱贫。全面加大督查检查力度，帮助对口扶贫县创新扶贫资金和项目管理运行机制，发现和纠正扶贫工作中存在的形式主义问题。一系列"滴水穿石"之举，让摆脱贫困有了可持续的动力机制，让全面建成小康社会有了战略性的措施保障。

（四）坚持以责任制度建设抓实高校扶贫工作成效

教育部党组积极响应国务院扶贫办要求，组织高校签订中央单位定点扶贫责任书，明确高校扶贫的"规定动作"和"自选动作"。制定"6个200"帮扶指标的底线任务，以责任压实推动各高校稳步完成扶贫各项任务指标。为巩固教育脱贫攻坚成果，教育部党组坚决落实"四个不摘"要求，要求各高校切实保持攻坚劲头和工作力度，通过实地走访调研、召开扶贫工作推进会、发函致信党政领导干部、约谈纪委部门负责人等方式，督促高校强化政治监督，确保贫困县和贫困人口持续稳定脱贫致富。

（五）坚持高校主体地位，持续创新完善扶贫机制

教育部党组大力支持高校创新完善扶贫机制，探索符合学校实际、契合贫困地区发展需求的扶贫治贫新举措、新方法、新路径。各高校积极调动校友力量，广泛拉动社会资源，多形式引导资金投入和资金流通，因地制宜加大产业扶植和科技投入，坚持人才输入与人员培训相结合，大力开展贫困学生学业保障和学校办学条件改进工作，落实专项计划录取考试工作。一系列创新举措深化了各高校形式多样、方法多元的扶贫开发的生动实践。

（六）坚持由"输血"向"造血"转变，激活脱贫致富内生动力

各高校立足现实、着眼未来，高度重视对贫困地区脱贫致富的内生能力的培养，推动扶贫开发事业由偏重"输血"向注重"造血"转变，为贫困地区巩固脱贫成果、彻底摆脱贫困提供了战略保障：通过教育扶贫夯实贫困治理的主体力量，通过智力扶贫为贫困地区生产建设提供智力支持和技术支撑，通过健康扶贫为贫困地区改善医疗卫生条件，通过产业扶贫推进致富产业发展和经济平台建设，通过消费扶贫健全完善贫困地区资金运转链条，通过文化扶贫扭转贫困人口落后的思维方式和思想观念，从整体上有效激发了贫困地区和贫困人口脱贫的内生动力，为确保贫困人口持续创造幸福生活提供了坚实支撑。

五、持续开创高校扶贫开发新局面

习近平总书记指出："千百年来困扰中华民族的绝对贫困问题即将历史性地画上句号，书写了人类发展史上的伟大传奇！"继往开来、与时俱进，科学系统谋划巩固拓展脱贫攻坚成果同乡村振兴有效衔接，同"十四五"时期经济社会发展和社会主义现代化建设远景目标相结合，是当前和今后一个时期高校扶贫开发和返贫防控工作的重要使命，要优先规划、优先筹备。

（一）持续巩固脱贫成果，认真做好返贫防控

在全面建成小康社会的过渡时期和开局阶段，要坚持把巩固脱贫成果、防止返贫摆在突出位置来抓实抓好，劲头不松、力度不减、稳定持续地对贫困地区和贫困人口给予更多支持，让教育脱贫攻坚成果切实成为摆脱贫困的坚实根基。

（二）以制度建设推动构建高校与对口帮扶地区合作发展共同体

以各个高校和对口帮扶地区建立的深厚情谊为基础，严格落实"四个不摘"要求，稳定加强制度建设、政策保障、资金支持，开展"地域群、组团式、联盟化"的高校合力攻坚，推动构建高校与对口帮扶地区合作发展共同体，坚持"高质量""全方位""立体化""可持续"发展理念，在巩固扶贫成果的基础上全面推动脱贫致富事业提质增效。

（三）积极建设"发展教育脱贫致富"的大扶贫工作格局

教育脱贫攻坚的内涵、任务和要求面临着从"扶教育之贫"和"以教育扶贫"向"发展教育脱贫致富"的战略性转变，需要高度重视对口帮扶地区的"人才软实力"和"科技生产力"建设，增强对口帮扶地区脱贫致富的内生动力。

（四）促进"扶贫保基本"向"致富促振兴"的任务转型

结合"十四五"规划编制工作，科学研究制定好过渡时期帮扶工作的目标任务，确保教育扶贫政策的稳定性、连续性、可持续性，坚持脱贫攻坚与乡村振兴战略相衔接，积极谋划好小康社会精准扶贫的战略部署和工作任务，扎实推进"振兴

乡村教育"和"教育振兴乡村"互相增能。

（五）打造从"聚焦重点"向"全面引动"转变的系统支持模式

统筹高等院校、团体企业、社会力量、地方政府等多方供给主体，在教育、智力、健康、科技、产业、消费、生态环境、精神文明等方面为对口帮扶地区提供全方位的支持，根治结构性贫困、系统性贫困，描绘消除贫困、改善民生、逐步走向共同富裕的幸福蓝图。

（六）向全世界讲好高校扶贫开发的中国故事和中国经验

扎实做好高校扶贫总结、宣传工作，系统凝练中国特色社会主义高校扶贫开发的创新成果和时代精神，集中展现高校扶贫工作的生动实践和巨大成绩，总结高校扶贫的中国经验，讲好高校扶贫的中国故事，为全世界高校参与贫困治理贡献中国智慧和中国方案。

第五章

倾力打造滇西人力资源
开发扶贫示范区
——定点联系滇西扶贫

习近平总书记指出："脱贫攻坚本来就是一场硬仗，而深度贫困地区脱贫攻坚是这场硬仗中的硬仗。"自 2012 年中央启动集中连片特困地区扶贫开发战略以来，教育部坚决贯彻落实党中央、国务院关于脱贫攻坚的决策部署，统筹协调各方力量，聚焦总攻目标，树立总攻意识，创新工作机制，通过搭建平台、引进资源、开发人力等多种举措，全力推进定点联系滇西片区各项工作，取得良好效果。

一、确立将滇西片区建设成为人力资源开发扶贫示范区的工作总目标

（一）滇西片区基本情况

滇西片区位于我国西南边陲，集边境地区和民族地区于一体，是国家扶贫开发攻坚战主战场中边境县数量和世居少数民族最多的片区，区域范围包括云南省保山市、丽江市、普洱市、临沧市、楚雄彝族自治州、红河哈尼族彝族自治州、西双版纳傣族自治州、大理白族自治州、德宏傣族景颇族自治州和怒江傈僳族自治州等 10 州市的集中连片特困地区县（市、区）56 个，其他县（市、区）5 个，共 61 个。区域内有 48 个民族自治地方县（市、区）、19 个边境县、45 个国家扶贫开发工作重点县。

2010 年，滇西片区 1274 元扶贫标准以下贫困人口有 157 万，贫困发生率为 10.5%，比全国平均水平高 7.7 个百分点，比西部地区平均水平高 4.4 个百分点。人均地区生产总值仅相当于全国平均水平的 37%，城镇居民人均可支配收入和农村居民人均纯收入分别相当于全国平均水平的 71% 和 55.9%，农民收入水平低、来源单一，工资性、财产性、转移性收入所占比例不高，农民人均纯收入比全省平均水平低 646 元，比全国平均水平低 2613 元。相当一部分群众还存在住房、出行、饮水、就医、上学等困难。在教育方面，滇西片区 2010 年人均教育支出仅为 1410.9元，高中阶段毛入学率比全国平均水平低 31.6 个百分点，教育设施整体落后，师

资力量明显不足。[①]

（二）滇西片区扶贫总体目标

国务院扶贫开发领导小组办公室、国家发展改革委颁布的《滇西边境片区区域发展与扶贫攻坚规划（2011—2020年）》明确了滇西人力资源开发扶贫示范区的战略定位："围绕经济社会发展需要，以学校教育为基础，改革人才培养模式，大力实施素质教育，努力促进社会进步。巩固提高义务教育，强化职业教育和技能培训，大力开发人力资源，努力培养企业经营管理、专业技术和农村实用等各类人才，不断提高自我发展能力。创新教育扶贫机制，积极倡导现代文明，推动生产生活方式转变。"

该文件在发展目标部分明确提出，"到2020年，稳定实现扶贫对象不愁吃、不愁穿，保障其义务教育、基本医疗和住房；……社会事业全面发展，基本公共服务主要领域指标接近全国平均水平"；在主要发展指标部分提出，到"十三五"时期，九年义务教育巩固率达到或超过95%，高中阶段教育毛入学率达到或超过90%。

（三）教育部定点联系滇西片区的工作总目标

2011年11月29日，中央扶贫开发工作会议召开。会议决定将14个集中连片特困地区作为未来10年扶贫攻坚的主战场，予以重点帮扶，并确定了部委定点联系片区的工作机制。此后，经国务院领导批准，由国务院扶贫开发领导小组办公室、国家发展改革委牵头建立了14个片区的联系机制，即由1—2个国家部委定点联系1个集中连片特困地区，负责统筹协调和指导该片区区域发展与扶贫攻坚各项工作。教育部被确定定点联系滇西片区。

教育部认真贯彻落实中央扶贫工作有关精神，全力推进定点联系滇西片区各项工作，从滇西教育发展落后、素质型贫困问题突出的实际出发，与云南省人民政府联合制定了《教育部云南省人民政府加快滇西边境山区教育改革和发展共同推进计划（2012—2017年）》，确立了"将滇西建设成为集中连片特困地区教育改革创新

---

① 滇西边境山区简介［EB/OL］.（2016-02-19）［2021-03-09］. http：//www.china.com.cn/lianghui/fangtan/2016-02/19/content_37828552.htm.

先行区、教育开放试验区和人力资源开发扶贫示范区"的工作总目标,着力提高教育支撑滇西经济社会发展、服务扶贫开发和建设面向西南开放桥头堡的能力。

二、滇西教育脱贫攻坚收官战取得全面胜利

教育扶贫是阻断贫困代际传递、服务经济社会发展最根本的渠道。教育系统始终把脱贫攻坚作为首要的政治任务和头等大事。教育部根据滇西教育发展落后、素质型贫困问题突出的实际,围绕把滇西建设成为人力资源开发扶贫示范区的总体定位,切实加强教育脱贫攻坚组织领导,充分发挥教育系统优势,扎实推进定点联系工作,上下共同努力攻坚,深入落实发展教育脱贫一批任务,各项扶贫工作取得了积极进展。

(一)义务教育有保障攻坚目标全面完成

义务教育有保障是脱贫攻坚的重要任务,也是"两不愁三保障"的基础性目标之一,事关脱贫攻坚成效和全面小康的成色。义务教育有保障的核心任务是控辍保学。教育部把滇西片区控辍保学作为教育扶贫的关键和基础,持续加大工作力度,不断保障和改善民生。围绕"找得着、劝得回、留得住、学得好"的工作思路,教育部制定工作台账,明确辍(失)学学生分类标准。在云南全省尤其是滇西片区开展义务教育控辍保学专项行动,督促各地严格按照"四查三比对"要求,全面排查辍(失)学学生。通过"一县一方案""一校一方案""一人一方案"等工作方案,全面梳理已复学和仍辍学学生情况,综合运用行政、经济、情感、法律等多种手段进行劝返,采取精准扎实措施阻断儿童失学辍学。对 25 个控辍保学工作重点县(其中滇西 10 州市有 13 个县)开展推磨式检查,摸清辍(失)学学生底数,压实双线责任,落实联防联控联保工作机制。持续推进依法控辍保学,督促各地用好"四步法"开展劝返工作,指导云南省有关部门印发《关于深入做好义务教育控辍保学工作的通知》《关于义务教育阶段重度残疾儿童少年送教上门工作的指导意见》《关于在脱贫攻坚中切实保护妇女儿童合法权益的工作方案》等,进一步完善劝返学生分类安置办法。通过义务教育控辍保学宣传教育、责令改正、行政处罚、申请强制执行、提起诉讼等手段,实现义务教育阶段建档立卡贫困家庭辍学学生动态清零。滇西义务教育有保障目标基本实现。

案例：在 2020 年 3 月 27 日云南省决战决胜脱贫攻坚系列新闻发布会上，云南省教育厅党组成员、云南省人民政府教育督导团总督学杨红琼介绍，云南省九年义务教育巩固率提高至 94.77%。针对辍学问题，云南省通过开展控辍保学大排查、控辍保学突出问题专项整治等工作，有效遏制了辍学增量、减少了辍学存量。数据显示，2019 年 9 月 25 日至 12 月 25 日，云南省累计有效劝返义务教育阶段学生 12371 人，其中建档立卡贫困家庭学生 3625 人。①

（二）县域义务教育基本均衡发展全部达标

2010 年，《国家中长期教育改革和发展规划纲要（2010—2020 年）》提出要推进义务教育均衡发展。2012 年，国务院印发《关于深入推进义务教育均衡发展的意见》，对推进义务教育均衡发展工作进行了总规划、总部署。推进义务教育均衡发展，是贯彻落实党的十九大、全国教育大会和全国基础教育工作会议精神，落实《中华人民共和国义务教育法》规定和中央有关文件要求的重要体现，也是教育脱贫攻坚战的重要任务。教育部把推进义务教育均衡发展作为富民兴边的基础性工程，指导云南省出台省级意见和规划，确保将其每年列入各级党委、政府"一把手"工程；坚决落实教育规划、经费投入、学校建设、教师保障、问题解决"五个优先"；将义务教育均衡发展与脱贫攻坚责任捆绑，同步规划、同步实施，把控辍保学作为一项严肃的政治任务和坚决打赢脱贫攻坚战的重要内容。截至 2019 年年底，教育部定点联系滇西片区的 56 个贫困县（市、区）已全部通过义务教育基本均衡发展国家督导评估认定，有效提升了整个云南教育的基本均衡发展水平。2020 年 5 月 19 日，在教育部公布的 2019 年全国义务教育发展基本均衡县（市、区）名单上，云南省有 9 个县（市）名列其中。至此，云南省 129 个县（市、区）全部通过国家督导评估认定，成为西部第 5 个、全国第 22 个全省整体通过义务教育基本

---

① 胡远航. 云南九年义务教育巩固率提高至 94.77% ［EB/OL］. （2020-03-27）［2021-03-09］. http：//www.chinanews.com/gn/2020/03-27/9139360.shtml.

均衡发展验收的省份。①

（三）义务教育学校办学条件进一步改善

义务教育学校办学条件的改善，对于加快缩小城乡、区域义务教育差距，使农村和贫困地区孩子也能享受更加公平、更有质量的教育具有重要意义。从 2013 年年底开始，国家正式启动"全面改薄"工作，力争通过五年的建设，使所有义务教育学校办学条件达到"20 条底线"要求。在滇西教育脱贫攻坚战中，教育部把满足基本教学和学生生活需要作为出发点，加快推进全面改善滇西片区义务教育薄弱学校基本办学条件，督促各地加快项目建设。截至 2019 年年底，滇西片区 10 州市"全面改薄"项目已开工面积 625.75 万平方米，占五年规划总面积的 103.9%；竣工面积 625.75 万平方米，占五年规划总面积的 103.9%；已完成设施设备购置资金21.2 亿元，占五年规划总资金的 106%。"全面改薄"五年规划目标总任务已全面完成，滇西 10 州市义务教育学校办学条件"20 条底线"全部达标。滇西片区将进一步做好乡村小规模学校和乡镇寄宿制学校建设，结合义务教育薄弱环节改善与能力提升等教育专项工程一并实施；加强教育信息化建设，在已完成的义务教育网络"万兆骨干、千兆进校、百兆到班"的基础上，推进义务教育"一张网"建设。目前，滇西 10 州市义务教育阶段公办学校多媒体设备覆盖了接近 85%的教学班，义务教育学校网络 100%覆盖。

（四）实现对贫困学生应助尽助

对于贫困家庭学生来说，只有通过接受良好的教育，才有可能彻底改变命运，彻底改善困难的家庭状况，彻底阻断贫困的代际传递。为打赢滇西脱贫攻坚战，教育部与云南省委省政府多次沟通，通过组织资助活动、主动寻找助学对象、建立长效服务机制等方式开展助学活动，确保落实精准帮扶助学。进一步加大建档立卡贫困家庭学生资助力度，出台普通高中建档立卡贫困家庭学生生活补助政策和本专科建档立卡贫困家庭学生学费奖励政策。建立建档立卡贫困家庭学生资助信息比对核查机制，确保应助尽助。全面落实城乡统一、重在农村的义务教育经费保障机制，

---

① 柴静，赵丽斌. 云南省县域义务教育全部实现基本均衡发展 [EB/OL].（2020-05-20）. [2021-03-09]. http：//www.yn.xinhuanet.com/edu/2020-05/20/c_139072173.htm.

2019 年已下达滇西 10 州市城乡义务教育学校公用经费补助资金 19.63 亿元，确保各类学校正常运转；下达营养改善计划补助资金 19.47 亿元，惠及滇西 10 州市农村义务教育学生 235.3 万人。2019 年，云南省义务教育家庭经济困难学生生活补助得到全面保障，全省共落实资金 24.87 亿元，其中春季学期 15.24 亿元、秋季学期 9.63 亿元，秋季学期将寄宿生生活补助全覆盖调整为家庭经济困难学生补助，将非寄宿制家庭经济困难学生纳入资助范围。完善滇西家庭经济困难学生认定制度，进一步完善资助程序，确保对建档立卡贫困家庭学生应助尽助。截至 2019 年 11 月底，滇西 10 州市共下达学前教育至高等教育阶段学生资助资金 45.73 亿元，资助学生 310.6 万人次，其中建档立卡贫困家庭学生 62.68 万人次。

（五）教师队伍建设不断强化

百年大计教育为本，教育大计教师为本。夺取教育脱贫攻坚战的全面胜利，高素质的教师队伍是基础。以习近平同志为核心的党中央高度重视乡村教师队伍建设，习近平总书记在全国教育大会上强调，"教师是办好乡村教育的关键，要在政策和待遇上给他们更多倾斜"。教师是提升教育质量的中坚力量。打赢滇西教育脱贫攻坚战，离不开高质量、高水平的教师队伍。针对乡村学校教师"下不去、留不住、教不好"等问题，实施滇西边境山区中学英语教师出国研修项目和滇西边境山区中学教改出国留学项目，2019 年共选派 70 人，两个项目各 35 人。扎实推进教师职业能力提升计划，2019 年选派滇西片区 210 名骨干教师到东部省市中职学校跟岗锻炼学习。落实城乡统一的中小学教职工编制标准，新增教师向滇西片区等紧缺地区和农村学校倾斜。在滇西实施集中连片特困地区乡村教师生活补助政策，全体乡村教师受益，补助标准最低为每月 500 元。落实乡村教师奖励制度，对全省 500 名从教 20 年以上的乡村学校优秀教师给予 10 万元奖励，其中滇西片区 255 名。截至 2019 年年底，滇西片区省级公费师范生培养规模达到 1345 人。加大"国培""省培"支持力度，其中，2019 年国培计划项目向滇西片区发放支持经费 0.84 亿元，培训乡村中小学及幼儿园教师 2.6 万人次；2019 年云南省级财政投入 2000 万元，专项保障"万名校长培训计划"项目实施，其中滇西片区参训人数达 1130 人。2019 年，滇西片区实际招聘特岗教师 1618 人、招收银龄讲学计划教师 16 人，缓解了滇西乡村教师队伍在数量、年龄、学历、专业等方面存在的结构性矛盾。

案例：北京外国语大学为了提升云南省英语教师队伍的整体水平，先后在北京市、鹤庆县、大理州、玉龙县免费组织开展 5 期英语教师培训，共计 1665 人接受培训；2015 年 7 月接收 50 名鹤庆县中学教师免费到北京外国语大学进行 10 天的英语培训；2016 年 10 月北京外国语大学英语学科专家为云南省小学生英语清零计划开展英语教师"国培"；2016 年 10 月在大理州成功举办"滇西边境八州市英语骨干教师培训班"；2017 年 9 月为了培养鹤庆县英语学科带头人，北京外国语大学附属外国语学校免费为鹤庆县 4 名中小学英语教师提供半年进修机会。[①]

（六）加快发展学前教育

从国际上看，充分解决贫困地区儿童受教育贫乏的问题一直都是世界各国减少社会矛盾、维护社会稳定、促进社会发展的重要手段。提升学前教育质量，对于发达国家来说是提升教育质量的重要环节，对于发展中国家来说也是急需解决的现实问题。学前教育对儿童发展具有重要的影响，滇西片区通过加快推进学前教育普及攻坚，提升学前三年毛入园率。通过加强制度建设，研究制定《云南省民办普惠性幼儿园认定标准》《云南省民办园分类管理实施办法》《云南省小区配套幼儿园建设管理办法》等文件，有效提升幼儿园办学质量。落实好学前教育生均经费拨款制度，提高学前教育经费保障水平。2019 年中央和省级部门共为滇西 10 州市投入学前教育专项资金 4.69 亿元，加快"一县一示范、一乡一公办、一村一幼"学前教育"三个一"工程建设，共新建、扩建、维修改造村幼儿园 805 所，建设面积达 34.1 万平方米，并按标准配备了图书和玩教具，全部项目可以增加学位 5.8 万个。怒江新湖乡村幼儿园建设项目全覆盖计划已全面启动，开工实施新建项目 35 个，利用小学闲置校舍、党员活动室等举办"一村一园"54 所，两个项目共投入资金 4536 万元。

（七）职业教育扶贫直接效能充分发挥

"职教一人、就业一个、脱贫一家。"职业教育扶贫是一种精准扶贫形式，是见

---

① 教育部发展规划司. 传承红色基因，助力脱贫攻坚：北京外国语大学云南鹤庆扶贫工作纪实 [EB/OL].（2018-10-17）[2021-03-09]. http://www.moe.gov.cn/jyb_xwfb/xw_zt/moe_357/jyzt_2018n/2018_zt20/fpr_zsgx/201810/t20181017_351918. html.

效最快、成效最显著的扶贫方式之一，在提高贫困地区人口收入水平和脱贫能力方面具有不可替代的作用。现代职业教育扶贫工程，是基础性、战略性和可持续性工程。通过深入推进现代职业教育扶贫工程，滇西片区职业教育扶贫工作成效显著。以 2019 年为例，云南全省一期 35 个项目累计完成投资 107.3 亿元，其中投向滇西片区资金 57.5 亿元，总投资完成率为 79.1%，13 个项目主体完工（其中滇西片区 7 个），其中 7 个项目已整体竣工投入使用（其中滇西片区 3 个）。教育部继续推进职业教育公费师范生培养工作。天津职业技术师范大学为 2019 年培养院校，2019 年完成 100 名招生任务，实际报到 95 人，其中滇西片区 49 人。首次开展高职专项招生工作，由深圳职业技术学院、深圳信息职业技术学院两所国家级高职示范校、骨干校承担，面向全省招收建档立卡贫困家庭学生，实施教育精准帮扶，2019 年共录取 2000 人，其中滇西片区 292 人。在经费配备上，云南省每年配套省级职业教育专项资金 1.3 亿元，其中投向滇西片区资金约占 54%。此外，通过深入推进职业教育东西协作行动计划，滇西人力资本素质提升效果明显，2017—2020 年，累计投入 2.81 亿元资金，输送 15318 名学生前往东部省份优质中等职业学校学习。

案例： 职业教育扶贫是见效最快、成效最显著的扶贫方式之一，具有"职教一人、就业一个、脱贫一家"的直接效能。云南省宁洱县是茶马古道的源头，茶文化源远流长。宁洱县学生高家宝初中毕业后，选择就读县职业中学学习茶叶加工专业，毕业后回到村里自己制茶，并开办了"农家乐"。由于在校期间掌握了曾入选国家非物质文化遗产名录的普洱贡茶手工古法制作技艺，高家宝开办的"农家乐"吸引了不少对优秀民族传统文化和手工古法制茶的工匠精神感兴趣的客人。现在，他的"农家乐"年收入超过 10 万元，高家宝的日子过得越来越好，成了远近闻名的致富能手。①

（八）高中阶段教育普及攻坚有序推进

中西部贫困地区、边远地区等教育基础薄弱地区可谓高中阶段教育普及的"最

---

① 张耀东."后脱贫时代"，教育精准扶贫如何"拔穷根"?：来自滇西扶贫一线的实践与思考 [N]. 人民政协报，2019-04-17（10）.

后一公里"。我国高中阶段教育已进入以内涵式发展为重点的新时期，因此，滇西片区普及高中教育不仅要体现在数量上，还要体现在质量上。为了帮助滇西片区完成这项攻坚任务，教育部会同云南省委省政府，整合项目资金，利用国家开发银行贷款，不断完善普通高中经费投入机制。2019 年度，在滇西片区实施教育基础薄弱县普通高中建设工程、改善普通高中办学条件工程，共安排工程项目 34 个，建设校舍和运动场 18.82 万平方米，下达资金共计 1.82 亿元。明确相关资金补助标准和方案，全力推进普通高中学校建设。推动落实重点高校招收农村和贫困地区学生专项计划、地方专项计划和高校专项计划，面向滇西片区贫困县招生，2019 年滇西片区完成国家下达的 2354 人专项计划招生任务，增加了贫困地区学生接受优质教育的机会，促进了教育公平。继续推进少数民族预科班、民族班、定向少数民族班、特有民族班等的招生。2019 年少数民族预科班省内招生院校共 25 所，在滇西片区录取 213 人；省内民族班招生院校 3 所，在滇西片区录取 138 人。

（九）推普脱贫攻坚成效显著

扶贫先扶智，扶智先通语。说好普通话是决胜全面建成小康社会、决战脱贫攻坚的"金钥匙"。普通话不仅要从娃娃抓起，还要多措并举，广泛带动广大人民群众讲好普通话，确保人人讲好普通话。教育部通过推普脱贫攻坚工程，安排部署推普脱贫攻坚工作，面向滇西一线教师开展国家通用语言文字运用能力培训。组织国家语言文字推广基地以结对帮扶、小组辅导、互动练习的方式，对口滇西开展教师普通话提升在线示范培训。同时，依托教育系统特色资源库及企业和其他社会力量，整合更多贴近农牧民生产生活实际需求的免费普通话学习、职业技能培训等资源。推动"直过民族"和人口较少民族推广普通话及素质提升工作有序开展。制定"学前学会普通话"工作方案，推进"学前学会普通话"行动。截至 2019 年年末，滇西 10 州市共完成 28339 名劳动力普通话培训，创建普及普通话示范村 265 个，新增 49265 人通过"语言扶贫"APP 学习普通话，发放手机 3000 台，完成 657 名少数民族教师普通话培训。有序开展学校语言文字规范化达标建设工作，目前，云南全省 1500 所学校语言文字规范化达标建设工作全部完成，其中滇西片区有 753 所。

（十）直属高校、直属事业单位定点扶贫成效明显

教育部进一步压实高校扶贫责任，深化直属高校定点扶贫工作，充分发挥高校在人才、智力、科技、医疗等方面的优势，精准对接定点扶贫县需求，开展决策咨询服务，助推特色产业发展，实施教育和健康扶贫，推进乡风文明建设。按照定点联系滇西片区的工作部署，11 所直属高校承担了滇西专项扶贫任务，为当地脱贫攻坚提供了资金、服务、智力和人才支持。2013—2020 年，11 所直属高校累计投入和引进帮扶资金近 3 亿元，引入企业实际投资 2 亿多元，培训基层干部和技术人员 5 万余人，购买和帮助销售农产品 6000 多万元，帮扶 54 万贫困人口实现脱贫。教育部会同国务院扶贫开发领导小组办公室印发《关于进一步充实教育部直属高校定点扶贫工作力量的通知》，新增 19 所高校采取"1+1"模式开展扶贫工作，即由 1 所已承担扶贫任务的直属高校与 1 所尚未承担定点扶贫任务的直属高校共同扶助一个贫困县，并增加江南大学助力其他中央单位完成定点扶贫任务。各高校通过发挥思想库、智囊团作用，研究定点扶贫县经济社会发展需要，围绕城乡规划、产业发展、资源利用、生态保护等，扎实开展调查、论证、研究、推广、培训等工作，为当地党委、政府提供咨询服务、智力支持和人才支撑。华南理工大学为云南省云县打造"'1+5'五位一体"全域规划，构建"'云县+社会+华工'三力驱动"扶贫链"造血"机制，着力打造"云游云县 康养一生"的总体形象，制定"1+5"全域旅游规划项目包，预计 2025 年云县旅游人次将突破 1000 万。浙江大学在景东县支持发展茶叶、食用菌、野生灵芝、乌骨鸡等产业；陕西师范大学在景谷县利用当地森林资源丰富的特点和独特多样的生物资源优势发展特色中药材种植；中央美术学院在剑川县支持木雕产业升级；华中科技大学利用本校优势，在临沧市蚂蚁堆乡的蚂蚁堆茶厂开展产业扶贫工作，采用本校的专利技术、全数码自动控制发酵罐生产纯普洱茶，革新了普洱茶制作工艺，解决了普洱茶制作中的品质问题，对整个云南省"云茶"产业发展具有重要作用。教育部直属事业单位也发挥了重要作用，例如：中国教育科学研究院将芒市作为全国第一家公益性教育综合改革实验区，全方位推进芒市脱贫攻坚取得胜利；中央电化教育馆针对滇西教育短板，通过"教学点数字教育资源全覆盖"的方式，大力提升滇西教育质量；中国教育发展基金会以支持中西部地区为主，在集中连片特困地区开展的项目占全年项目数的 50% 以上，在"三区三州"及滇西片区开展的项目占总项目数的 67% 以上。

案例：科技强则农业强，科技兴则农业兴。科技小院是建立在农业生产一线，集科技创新、示范推广和人才培养于一体的综合平台。2016年12月，中国农业大学镇康科技小院在镇康县木场乡建立，中国农业大学选派博士、硕士研究生，驻村进行农业技术示范与推广、人员培训，点对点实打实地做好定点扶贫工作，这也是首个扎根国家级贫困县的科技小院。在科技小院师生的指导下，木场乡累计发展冬桃5000亩，挂果1200亩，实现经济效益1344万元，农民人均增收1400多元。木场乡科技小院的实践，创建了科学家与农民深度融合、科技与产业紧密结合、"输血"与"造血"有机结合的科技小院精准扶贫新模式，让农民尝到了科技带来的甜头，让当地干部与农民破除了陈旧观念，为全国精准扶贫工作提供了可复制、可参考的模式。该模式获得2018年全国脱贫攻坚奖创新奖。①

案例：自2013年以来，中国教育科学研究院将云南省德宏州芒市作为承担教育部对口支援滇西贫困地区任务的联系单位。中国教育科学研究院以芒市教育发展实际需求为导向，于2016年将芒市作为公益性教育综合改革实验区，举全院之力持续推进芒市教育脱贫攻坚工作。近年来，芒市教育在中国教育科学研究院的帮扶指导下实现了快速发展：2016年芒市义务教育基本均衡顺利通过国家验收，连续4年获得德宏州目标管理考核一等奖；2018年成为云南省首批摘帽脱贫的15个县市之一，获"云南省教育工作先进县"荣誉称号，西山乡营盘民族小学被评为全国教育系统先进集体，芒市幼儿园被认定为云南省基层党建示范点；2019年被确定为全国青少年校园足球试点县；2020年被确定为中国自行车运动协会训练基地；"云南芒市教育综合改革（公益）实验区"项目被人民日报社《民生周刊》杂志社评为"2020民生示范工程"（见图5-1）。②

① 万玉凤，刘铮．教授常驻村 扶贫又扶智［EB/OL］．（2020-10-31）［2021-03-15］．http：//www.jyb.cn/rmtzgjyb/202010/t20201031_369720.html.
② 中国教育科学研究院．把教育科研"奋进之笔"书写到教育脱贫攻坚一线［EB/OL］．（2021-02-25）［2021-03-15］．http：//www.nies.net.cn/gzdt/wyxw/202102/t20210225_336846.html.

图 5-1　中国教育科学研究院"云南芒市教育综合改革（公益）
实验区"项目荣获"2020 民生示范工程"称号

三、各项国家重大教育政策和项目倾斜支持滇西

教育部深入学习贯彻习近平总书记关于扶贫工作的重要论述，立足滇西片区属于边境山区且少数民族人口较多的实际，从滇西片区"底子薄"的实际情况出发，构建了较为完善的教育扶贫政策体系、投入体系、项目体系、资助体系和保障体系，组织动员全教育系统力量，合力攻坚克难，推动定点联系滇西扶贫工作取得了明显成效。

（一）加强顶层设计，构建制度体系，在国家重大教育政策上给予滇西大力倾斜和支持

为贯彻落实党中央、国务院的部署，教育部在深入调研的基础上，制定出台了《教育部定点联系滇西边境山区工作方案》、《滇西片区脱贫攻坚"十三五"实施规划》、《教育部云南省人民政府加快滇西边境山区教育改革和发展共同推进计划（2012—2017 年）》、《职业教育东西协作行动计划滇西实施方案（2017—2020年）》、《深度贫困地区教育脱贫攻坚实施方案（2018—2020 年）》（与国务院扶

贫办联合印发）等政策文件，明确了打赢滇西教育脱贫攻坚战的路线图和时间表。教育部制定了学前教育、义务教育、职业教育、普通高中教育、民族教育等各领域涉及滇西教育扶贫的政策文件，滇西教育部门也出台了本区域教育扶贫规划、行动计划，共同组成了与国家脱贫攻坚战略部署相衔接、与滇西脱贫攻坚落实举措相协调的教育扶贫制度框架。

（二）整合多方资源，形成发展合力，充分发挥部际联系会协同作战作用

教育部作为定点联系滇西牵头单位，所起的作用是穿针引线，让各方力量拧成一股绳、织成一张网，阻断贫困的传递，兜住保障的底线。教育部与云南省建立部省联系平台，加强部省协商，协同推进滇西脱贫攻坚工作。每年年初，教育部都向云南省征集需要支持的事项，再请各部门分别研究提出意见。教育部充分发挥"龙头"作用，与26个部委建立了滇西部际联系工作机制，每年召开部际联系会，定期研究解决滇西扶贫有关重大问题。与多个部门反复沟通，协商争取更大支持，例如：国家发展改革委支持云南省农村电网改造升级工程建设，将迪庆州农网中央预算内投资补助比例提高至50%，其余7个民族自治州、25个边境县的比例为20%；工业和信息化部把云南省临沧市、红河州、普洱市、曲靖市纳入电信普遍服务试点，安排中央财政资金2514万元，云南全省行政村将实现光纤宽带网络100%全覆盖；国家民族事务委员会支持滇西开展了5个民族团结进步示范县、19个民族团结进步示范乡镇、131个民族团结进步示范村、8个民族团结进步示范社区的建设。

（三）健全工作机制，系统谋划推进，确保滇西各项帮扶工作落深落细落实

健全部党组研究部署教育脱贫攻坚工作制度，形成部党组会、部脱贫攻坚工作领导小组会、周工作调度会工作体系。搭建部内组织领导平台，成立由教育部部长任组长、部内24个司局和直属单位为成员的教育部脱贫攻坚工作领导小组。制定印发了《教育部脱贫攻坚工作领导小组工作规则》《教育部脱贫攻坚工作领导小组办公室工作制度》，进一步明确领导小组的工作任务、决策程序、会议制度、各成员单位职责以及领导小组办公室具体任务。教育部10个司局对口联系滇西10州

市，持续加大对云南省教育的政策、资金支持力度。实施"双周报告"制度，各单位每两周提交滇西扶贫工作进展情况。实施清单台账制度，压实整改责任。领导小组办公室对整改工作清单台账实时更新，对已完成的销号，对个别进展缓慢的加强督促，推进各项整改任务按照时间节点完成。对照中央巡视组反馈意见，逐项研究落实措施，制定《教育部脱贫攻坚专项巡视整改工作方案》《〈中央第五巡视组关于对教育部党组开展脱贫攻坚专项巡视的反馈意见〉整改工作清单》，建立问题清单、任务清单和责任清单。形成中央领导同志关于扶贫工作指示批示落实情况台账，巡视整改工作进展情况台账，工作调度会、部党组会议定事项落实情况台账，部党组成员和司局长扶贫调研情况台账，逐项跟踪工作进展。层层压实责任，部党组书记为整改第一责任人，部党组成员按照分工承担分管领域整改责任，各单位主要负责同志为本单位整改工作第一责任人，形成了"月月有部长、周周有司长"的扶贫工作格局。

（四）瞄准薄弱环节，精准有效发力，为滇西教育扶贫"量身打造"八大精准帮扶项目

教育部瞄准滇西薄弱环节，实施了八大精准帮扶项目。一是批准设立滇西应用技术大学。结合滇西特色优势产业，采取总部加特色学院的开放式办学模式建设新型应用技术大学——滇西应用技术大学，并协调华中科技大学等 4 所直属高校对口帮扶学校总部及 3 个特色学院。二是选派滇西挂职干部。选派了挂职干部共 8 批 480 余人次，通过"统一部署、系统规划、资源共享、形成合力、共同进退"的思路，扎根扶贫一线，深度参与扶贫工作，形成了由过去"单兵作战"到如今"兵团作战"的扶贫格局。三是举办滇西干部专题培训班。面向滇西举办了 23 期培训班，累计培训 1800 余人次。四是组织实施滇西农村青年创业人才培养计划。仅在 2017 年初，累计培养的 500 余名学员中就有 70% 以上开始了创业，带动就业 2000 余人。五是实施滇西边境山区中学英语教师出国研修项目和滇西边境山区中学教改出国留学项目。选派 700 余名中学英语教师和中学管理人员分别赴英国、加拿大、新加坡等国家学习。六是开展滇西扶贫开发专题研究项目。在云南大学设立滇西发展研究中心，围绕解决滇西面临的现实问题开展研究。七是吸引社会资金助力滇西教育发展。协调各类基金会及爱心企业捐献物资及资金 6 亿多元。八是启动实施《职业教育东西协作行动计划滇西实施方案（2017—2020 年）》。协调天津、上海、

江苏、浙江 4 省市职业院校招收滇西建档立卡贫困户学生，按每生每年 9000 元的标准给予补助。2017 年、2018 年共招收建档立卡户贫困学生（含"两后生"）7674 人，2019 年滇西 10 州市赴东部 5 省市学习的学生人数为 4250 人。

（五）加大投入力度，优化投入结构，加强对滇西教育的资金支持

滇西教育"底子薄"，资金缺口是制约滇西教育事业发展的关键。"十二五"以来，教育部累计安排学前教育发展专项资金 45 亿元，支持云南省实施学前教育三年行动计划；安排义务教育经费保障资金 309 亿元、营养改善计划资金 115 亿元、"全国改薄"计划资金 120 亿元、特岗计划资金 22 亿元，支持云南巩固提升义务教育发展水平；安排普通高中改造计划资金 16.5 亿元、普通高中国家助学金 17 亿元、现代职业教育质量提升计划资金 13.9 亿元、中等职业教育国家助学金和免学费资金 60.5 亿元，支持云南加快普及高中阶段教育。

四、教育扶贫的滇西经验拓展了中国特色扶贫开发道路

打好教育脱贫攻坚战，要坚持扶贫与扶智并重。教育部以及教育部直属高校、直属事业单位用习近平总书记关于扶贫工作的重要论述统领扶贫工作全过程、各方面，学习领会其精神实质和核心要义，将之转化为帮扶的实际行动，合力攻坚，强化智力支持，有效加快了滇西脱贫攻坚进程。

（一）以坚持党的全面领导为核心，充分发挥党员先锋模范作用

教育部召开部党组会、部脱贫攻坚工作领导小组会，学习传达习近平总书记关于扶贫工作的重要论述，特别是关于教育脱贫的重要论述，以及在解决"两不愁三保障"突出问题座谈会上重要讲话精神。2019 年滇西脱贫攻坚部际联系会、直属系统扶贫工作推进会、滇西挂职干部座谈会在更大范围内传达学习了上述内容。强化党对滇西片区扶贫工作的领导，疫情防控和教育精准扶贫两手抓，注重对帮扶人群的"唤醒"。将滇西教育精准扶贫工作统一到党中央的决策部署中，突出基层党组织的战斗堡垒作用，充分发挥党员的先锋模范作用，让党旗高高飘扬在滇西脱

贫攻坚一线。不断丰富和完善教育部定点扶贫工作的"五主"模式，即党的领导要挺起主心骨，各级干部要当好主攻手，广大群众要成为主力军，产业发展要唱响主旋律，教育帮扶要筑牢主阵地。持续抓党建，突出党建扶贫、思想扶贫在脱贫攻坚中的引领作用，向滇西基层干部群众宣传国家政策、传递党的关怀，帮助开展基层党组织建设，促进"党建扶贫双推进"。努力健全基层党组织，促进日常活动规范有序，积极探索村级经济新模式，持续推进定点帮扶新措施，深度培育党建典型新经验。

　　案例："如果我是一条小溪，就要流向沙漠，去滋润一片绿洲。"这句话出自云南省丽江市华坪女子高级中学校长张桂梅①，一位坚守滇西贫困地区 40 多年的乡村教师。40 多年来，张桂梅笑对人生风雨坎坷，始终坚守在祖国西南边陲的教师岗位上。张桂梅恰似一支蜡烛，虽然细弱，但有一分热，发一分光，照亮了别人，耗尽了自己。②

（二）以坚持需求导向为理念，提升滇西教育投入质量

　　为从根本上斩断穷根，提高当地人口素质，教育部从滇西教育发展落后、素质型贫困问题突出的实际出发，加大了对滇西教育的支持力度。教育部构建了较为完善的教育扶贫投入体系，充分发挥教育系统优势，推进滇西教育改革创新，实施高等教育、职业教育对口支援，推动直属高校参与滇西扶贫开发，努力将滇西打造成为集中连片特困地区教育改革的先行区。注重统筹协调，发挥各部委优势，充分发挥牵头部门的桥梁纽带作用，加强部门之间、片区之间的沟通与协调，积极争取各部委在资金投入和项目安排等方面对滇西片区予以支持和倾斜。充分整合社会各方力量，加强与有关政府机构、金融机构、大中型企业、基金会等社会团体的合作，积极争取社会资源，加强国际合作，形成滇西扶贫开发合力。

---

① 张桂梅坚守滇西深贫山区教育事业数十年，创办了全国第一所全免费女子高中，迄今帮助 1800 多名贫困女孩圆梦大学，创造了大山里的"教育奇迹"。2020 年 12 月 3 日，中共中央决定授予张桂梅同志"全国优秀共产党员"称号。——编者注

② 本报评论员．张桂梅为何让人热泪盈眶［N］．光明日报，2020-12-11（1）．

（三）以坚持服务大局为中心，组建精准扶贫队伍

扶贫，说到底扶的是人；做扶贫工作，说到底靠的也是人。为了更好地做好滇西定点扶贫工作，教育部组建了5支滇西扶贫队伍。第一支队伍是与教育扶贫工作关系密切的10个业务司局，把滇西作为司局基层联系点，建立"一对一"的紧密联系。第二支队伍是教育部直属高校，共有64所直属高校承担国家定点扶贫任务，11所高校承担滇西专项扶贫任务。第三支队伍是东部地区职教集团，组织10个职教集团与滇西10州市开展战略合作，对口帮扶滇西职业院校。第四支队伍是挂职干部，教育部派出8批挂职干部，共480余人次，创新帮扶形式、巩固教育帮扶、发挥资源优势、促进健康扶贫，汇聚智力优势、推动科学决策，推动科技转化、改善发展动能，深挖地方特色、引导产业发展，发动消费扶贫、实现云品出滇，为滇西脱贫摘帽做了大量卓越而有实效的工作。第五支队伍是社会力量，协调曾宪梓教育基金会、中国教育发展基金会等公益组织及爱心企业，面向滇西捐资捐物，开展系列扶贫工作。

案例： 2019年4月21日晚，2019年教育部赴滇西挂职干部座谈会在云南省临沧市召开，教育部党组书记、部长陈宝生出席会议并讲话。陈宝生强调，召开滇西挂职干部座谈会，是一次共同深入学习领会习近平总书记关于扶贫工作的重要论述的重要机会。挂职干部用翔实的数据、真实的事例列出扶贫成绩清单，讲述了许多在滇西生活和工作的感人故事，上了一堂生动的党课，使大家在党性修养方面有了一次深入交流。陈宝生部长希望挂职干部履好职尽好责，把岗位搬到脱贫攻坚一线，一鼓作气、顽强作战、越战越勇，在参与脱贫攻坚战中把自己锤炼成能够"打粮食"的人，谱写好值得自己永生难忘的一段历史。①

---

① 教育部. 牢记使命干事创业 为打赢滇西脱贫攻坚战作出新贡献：2019年教育部赴滇西挂职干部座谈会召开［EB/OL］.（2019-04-24）［2021-03-15］. http：//www.moe.gov.cn/jyb_xwfb/gzdt_gzdt/moe_1485/201904/t20190424_379392.html.

（四）以坚持因地制宜为方法，探索特色扶贫路径

为提升滇西人力资源开发水平，教育部组织教育系统在党政管理干部素质提升、技术技能人才培养培训等方面提供支持，破解阻碍滇西发展的人才资源瓶颈；引领教育系统发挥学科优势和科技优势，为滇西特色产业发展提供全方位支持；引导教育系统发挥智力优势，结合滇西经济社会发展重大问题，为当地党委、政府科学管理和决策提供支持；统筹教育系统医疗资源，通过巡回医疗、远程医疗、对口帮扶等形式，提升滇西医疗服务能力；动员教育系统共青团、学生会、志愿服务组织等多方力量，弘扬中华民族扶贫济困的传统美德，帮助滇西群众树立现代文明理念，改变落后风俗习惯。各定点、对口帮扶高校及单位立足教育系统优质资源，发挥自身优势，探索出以"提升人力资源开发水平""助推特色产业发展升级""优化决策咨询服务""提高公共卫生服务水平""推进乡风文明建设"为特色的扶贫路径。

五、持续推进滇西教育面向乡村振兴的战略转型

截至 2020 年年底，滇西片区 56 个贫困县（市、区）脱贫摘帽工作取得全面胜利，之前所有未摘帽县（市、区）已全部实现脱贫摘帽。通过重要部署和重大项目，滇西片区基础设施显著改善、基本公共服务日益完善，"两不愁三保障"突出问题基本解决，脱贫攻坚战圆满收官。收官即意味着新的开局。下一步，教育部将继续坚持以习近平新时代中国特色社会主义思想为指导，做好与云南省委省政府的联系工作，聚焦滇西社会稳定和长治久安总目标，整合多元力量，持续巩固提升滇西脱贫攻坚成果，系统谋划与乡村振兴、"一带一路"倡议等的有效衔接工作，持续构建和完善服务滇西高质量发展的教育体系。

（一）持续完善多元主体协同参与的滇西教育治理体系

筑牢返贫新防线需建长效机制。面向未来，如何保持住滇西教育脱贫攻坚的战果，需要进行深入研究。乡村振兴时代，各方参与极为重要。必须继续坚持充分发挥政府和社会两股力量的作用，构建专项脱贫巩固、行业脱贫巩固、社会脱贫巩固互为补充的脱贫巩固格局，调动各方积极性，引领市场、社会协同发力，形成全社

会广泛参与的脱贫巩固格局。通过构建以保障、监督、评价体系为主体的脱贫后时代治理体系，继续保持政府、企业、社会、农户之间彼此依存、相互作用的关系，遵循有利于脱贫对象发展和共商共建共享的原则，着力解决好"巩固谁""谁巩固""怎么巩固""如何巩固"四个问题。可以说，巩固脱贫战果的实践过程，需要进一步完善制度体系。这是推进国家贫困治理体系和治理能力现代化的过程，也是进一步推动国家治理能力现代化的过程，要走出一条具有中国特色的脱贫后时代治理道路。

（二）有序推进面向国内国际两个大局的滇西乡村振兴与国家战略对接体系

打赢脱贫攻坚战是实施乡村振兴战略的必要前提和重要内容。在稳定脱贫质量、防止返贫的基础上，促进乡村振兴与脱贫攻坚有机衔接，加快建立解决相对贫困问题的长效机制，把工作重心转移到防止返贫和解决相对贫困上来，实现扶贫工作从短期向长效、从治标向治本、从摘帽向振兴转变。为此，迫切需要推进滇西脱贫攻坚与乡村振兴有效衔接，建立纾贫解困长效机制。做好乡村振兴规划、行业专项规划与脱贫攻坚项目库的衔接，确保将滇西脱贫攻坚需提档升级的发展项目及基础建设项目编入滇西乡村振兴的发展规划，实现乡村振兴与脱贫攻坚拥有一本规划、一张蓝图。随着"一带一路"建设的发展以及 2015 年习近平总书记考察云南时确定的"三个定位"，滇西片区在国家发展中的战略地位发生了质的转变。滇西片区是中国-东盟自由贸易区、大湄公河次区域经济合作、中国走向东南亚与南亚的前沿区。2018 年仅南亚地区贫困人口就占世界总贫困人口的 34%，把滇西治贫知识向东南亚、南亚诸国推广并展开交流，提供"中国方案"，贡献"中国智慧"，对"一带一路"建设具有直接作用。

（三）加快构建滇西人民满意的、服务全民终身学习的高质量教育体系

脱贫致富需要明理、立志、掌技，这些都必须通过高质量的教育来实现。巩固脱贫成果，需要进行短期的文化和技能培训，切实解决贫困群众脱贫能力不足的问题；还要加强长期的教育帮扶，着力解决优质教育资源不均衡问题，让贫困家庭的子女终身享有接受高质量的教育的机会，切实做到阻断贫困的代际传递，真正解决贫困群众的后顾之忧。根据梯度转移规律，在不发达地区，经济发展水平和条件往

往呈现出梯度性，按梯度推进依次发展能取得较好效果，但承接与发展产业需要具备一定职业素养的劳动力。因此，优先发展农村教育事业，开展农村社区教育，解决农民精神贫困问题，建立乡村人口终身教育机制，是巩固滇西片区脱贫攻坚成果的基本保障。一是要加强职业教育。针对农村适龄人口开展职业技术培训、企业岗前培训等，逐步提升农业转移人口就业能力，加快农村人口向城镇有序转移。要广泛开展公益性职业技能培训。加强专业大户、家庭农场、农民合作社等新型经营主体的职业培训和返乡农民工就业创业培训，激励农业科技人员创新创业。二是要加强基础教育。要优先发展农村基础教育，确保每个孩子享有平等的受教育机会，加强乡土教育，强化乡村智力支撑和文化支撑。要构建全员参与的终身教育机制，促进滇西人口素质的持续提升，激发区域致富的内生动力。三是扩大实施重点高校招收农村和贫困地区学生专项计划，2020—2021年高职扩招200万人，向滇西片区倾斜。四是推进滇西民办教育健康发展，进一步提高民办学校办学水平和综合实力，提升人才培养质量，更好地服务经济建设与社会发展。

（四）倾力打造具有滇西教育特色和产业特点的产学研用一体化协同创新体系

推动产学研用一体化发展，是坚持滇西创新驱动发展、加强创新体系和创新能力建设的一项重要内容。要坚持把科技创新摆在滇西发展全局的核心位置，为实现伟大梦想构筑强大的科技实力和创新能力。应构建开放的滇西市场环境，推进企业、高校、科研院所和不同区域之间的协同创新，通过产学研用各方的全面合作，使人力资本、知识技术、资金设备、市场客户等各类科技资源在加速流动中获得更多的结合机会，实现富有效率的协同创新。企业、高校、科研院所要进一步整合资源要素，在更深的层次上和更广泛的范围内统筹科技资源，建立创新联合体，切实提高科研成果转化效率，以协同创新机制的优化加快推动产学研用一体化发展。未来高校可以设立新型智库机构，利用"互联网+"、大数据等技术，瞄准滇西精准脱贫后时代的重大理论和现实问题开展实践研究，为地方政府扶贫开发提供决策咨询服务。应建立教育基地、产业基地、科研基地、人才基地、实践基地等，并将其作为校地合作的重要载体。

第六章

形成教育大扶贫格局
——营造大扶贫的良好氛围

党的十八大以来,以习近平同志为核心的党中央做出脱贫攻坚的战略部署,并提出精准扶贫方略,国务院部署全面推进社会扶贫体制机制创新,进一步动员社会各方面力量参与扶贫开发。2018年2月,习近平总书记对脱贫攻坚的宝贵经验总结道:"脱贫攻坚,各方参与是合力。必须坚持充分发挥政府和社会两方面力量作用,构建专项扶贫、行业扶贫、社会扶贫互为补充的大扶贫格局,调动各方面积极性,引领市场、社会协同发力,形成全社会广泛参与脱贫攻坚格局。"

大扶贫格局是中国特色社会主义制度优势的具体体现。《中国农村扶贫开发纲要（2011—2020年）》对专项扶贫、行业扶贫和社会扶贫进行全面部署,《中共中央国务院关于打赢脱贫攻坚战的决定》《关于进一步动员社会各方面力量参与扶贫开发的意见》《创新扶贫开发社会参与机制实施方案》等文件要求广泛动员全社会力量,合力推进脱贫攻坚。习近平总书记强调,要"鼓励支持各类企业、社会组织、个人参与脱贫攻坚"。我国以教育扶贫工程为引领,政府主导,合力攻坚,集聚教育脱贫力量,初步形成了多方参与、协同推进的教育脱贫格局。

一、结对帮扶带动贫困地区教育教学质量提升

按照中央确定的对口支援关系,对口支援工作均把教育作为帮扶的重要内容,开展了全领域、多层次的教育结对帮扶工作。2015年,教育部会同河北省政府在河北省举行教育扶贫全覆盖行动总启动仪式,全国连片特困地区所在各省同步举行启动仪式,从学前教育、义务教育、普通高中教育、职业教育、高等教育等层面构建全领域结对帮扶关系,全面覆盖贫困地区的学校、教师、学生。在县域内实施城区优质幼儿园对口帮扶乡镇中心幼儿园。在市域范围内实施优质义务教育学校对口帮扶农村薄弱义务教育学校,鼓励东部地区开展义务教育结对帮扶。在省域内实施省市优质普通高中对口帮扶贫困县普通高中。

2020年教育部办公厅发布《关于进一步组织动员民办教育机构积极参与教育脱贫攻坚战的通知》,提出实施结对帮扶行动计划,支持各民办教育机构面向未摘帽的52个贫困县开展脱贫攻坚结对帮扶活动。中国民办教育协会及各地民办教育

协会、各级各类民办学校及民办教育机构，主动承担社会责任，在教育扶贫实践中创新方式方法，发挥体制机制优势，广泛整合社会资源，以结对帮扶提升贫困地区教育质量为出发点，通过设立专项基金、开展各类公益培训、走进贫困地区开展社会实践、提供优质课程资源和图书资源、实施多项助学计划，同时开展消费帮扶、文化帮扶、产学研帮扶、志愿者帮扶等，积极参与教育脱贫攻坚工作。教育部已发动 53 个民办教育机构开展了结对帮扶、助力控辍保学、优质资源共享、就业创业促进、职业技能提升、特色产业升级等工作，引导民办学校加大面向贫困学生的奖助学金支持力度，增加校内勤工助学岗位设置数量。

利用优质教育资源开展帮扶共建，带动贫困地区教育教学质量提升，缩小教育差距，使学校教育教学交流平台和教师交流平台不断完善。形式多样的教育帮扶活动覆盖面广，学校管理干部、教师全方位教育教学交流广泛开展，深受贫困地区广大教师欢迎。

二、教育对口支援精准施策补弱项强短板

2015 年国务院印发《关于加快发展民族教育的决定》，强调要继续充分发挥对口支援作用，健全教育对口支援机制。"十二五"期间，6 省市在青海省 6 州共落实教育援助项目 86 个，援助资金近 2.8 亿元。2018 年，青海省 6 州人民政府与 6 省市教育行政部门签订对口支援工作协议。"十三五"期间，19 个对口援疆省市规划教育援疆项目 704 个，规划资金 137.37 亿元，比"十二五"时期增加 39.76 亿元。教育部还组织 71 所内地高校团队式对口支援新疆 37 所本专科院校。

2014 年，教育部联合国家发展改革委、财政部，提出"建立 17 个东中部职教集团与 17 个地州'一对一'、33 所民办本科学校与 17 个地州原则上'二对一'对口帮扶机制"。2015 年教育部印发《南疆职业教育对口支援全覆盖方案》，指导北京等援疆省份的 124 所国家中、高职示范校和其他优质学校，以"多对一"委托管理等形式，对南疆四地州和兵团三个师的 50 所职业院校进行深度帮扶，支持新疆南疆四地州 15 年免费教育政策。2020 年 6 月，教育部职业教育与成人教育司联合民族教育司组织 21 所新升本科职业院校（1 所公办、20 所民办）对口支援民族地区 10 所中职学校。

2015 年，教育部等部委联合印发《"组团式"教育人才援藏工作实施方案》，

正式启动"组团式"教育人才援藏工作，选派 800 名中小学教师进藏支教，从西藏选派 400 名教师到内地培训。2018 年"组团式"教育人才援藏被纳入中共中央组织部干部援藏序列。2016 年教育部印发《关于加强"十三五"期间教育对口支援西藏和四省藏区工作的意见》，对教育援藏工作做进一步部署。17 个援藏省市实施项目 148 个，投入近 6 亿元，用于学校基础设施建设、教师交流培训、贫困生资助等。近年来多层次的"组团式"教育援助形式，通过精准施策，补弱项、强短板，不断强化民族贫困地区教育"造血"功能。先进的办学与管理经验的输入，软硬件条件的显著提升，有力促进了民族地区共享全国优质教育资源，有效支撑了国家教育扶贫攻坚的总体工作。

三、实施系列支教计划提升教师素质能力

实施边远贫困地区、边疆民族地区和革命老区人才支持计划教师专项计划，2013—2020 年，该计划共派出 17 万名教师到 1272 个县支教，中央财政共支持 24 亿元，实现 680 个连片特困县、152 个国家级贫困县、418 个省级贫困县、22 个贫困团场全覆盖。加大对口支援力度，扩大实施援藏援疆万名教师支教计划，2018—2020 年分两批共向西藏、新疆选派近万名教师。其中，2020 年进一步加大对西藏、新疆支持力度，将第二批选派名额由 4000 名调整为 5310 名。

创新引智渠道，实施银龄讲学计划、高校银龄教师支援西部计划。2018—2019 年，共有 14 个省份及新疆生产建设兵团实施银龄讲学计划，共招募 4500 余名退休讲学教师。2020 年，扩大实施范围至 16 个省份及新疆生产建设兵团，招募名额增至 4800 名，名额分配向 52 个未摘帽贫困县倾斜。2020 年，高校银龄教师支援西部计划首批试点高校共 142 名退休教师与受援高校达成意向。

中共中央组织部、教育部发挥高端人才作用，助力教育脱贫攻坚，通过持续组织国家"万人计划"教学名师深入甘肃省甘南藏族自治州舟曲县、贵州省黔东南苗族侗族自治州台江县调研了解当地教育发展情况、研讨交流教育思想理念、指导改进教育教学方法，增强当地教师队伍"造血"能力，全面提升教师能力素质；在两地举行三期送教送培活动，助力西部山区教师队伍素质整体提升，切实发挥教育在打赢脱贫攻坚战中的重要作用。同时，在国培计划、教育部直属师范大学师范生公费教育等工作中加大对中西部贫困地区支持力度，在推动教育扶贫、阻断贫困代际

传递上取得实效。

广大支教教师出色完成教学任务，受到当地学生和家长的欢迎；专业引领教师成长，集中力量培养当地青年教师，提升当地教师的教学水平；全面参与当地学校管理，有效提高受援地学校管理水平；加强中华优秀传统文化教育，有效促进民族团结与维护祖国统一和反对分裂的意识的增强。

四、深化职业教育东西协作提升教育"造血"功能

为发挥职业教育在脱贫攻坚中的直接作用，东中部职教集团、高职院校、中职学校开展"一对一"或"多对一"结对帮扶。2016 年教育部、国务院扶贫办印发《职业教育东西协作行动计划（2016—2020 年）》，确定东西职业院校协作全覆盖、东西协作中职招生兜底、职业院校全面参与东西劳务协作三大任务，分省份签署职业教育东西协作落实协议。2017 年，教育部办公厅、国务院扶贫办综合司印发《贯彻落实〈职业教育东西协作行动计划（2016—2020 年）〉实施方案》。同年，教育部办公厅印发《职业教育东西协作行动计划滇西实施方案（2017—2020 年）》，协调东部 10 个职业教育集团对口帮扶滇西 10 州市，签订院校结对帮扶协议 300 余份。2019 年教育部办公厅印发《关于办好深度贫困地区职业教育助力脱贫攻坚的指导意见》，提出到 2020 年确保深度贫困地区建档立卡贫困户中有职业教育需求的学生能够接受中、高等职业教育，更多的建档立卡户中的劳动力能够接受职业技能培训，实现稳定就业。

职业教育扶贫成效稳步显现，据不完全统计，截至 2020 年，东部省市资助资金设备金额达 18.2 亿元，施援方与受援方共建专业点 683 个、实训基地 338 个，受援方委托施援方管理学校 123 个，共建分校（教学点）63 个，共同组建职教集团（或联盟）99 个；开展各类培训，其中 5.9 万余人接受劳动预备制培训，14 万余人接受就业技能培训，16 万余人接受岗位技能提升培训，2.3 万余人接受创业培训，还依托国家开放大学开展培训，共培训 1.4 万余人。通过结对帮扶，受援学校在教育教学理念、专业建设、校企合作、师资队伍建设、实训基地建设、培训能力、创新创业教育、学校管理等方面都有较大进步。

五、大力实施中西部高等教育振兴计划

积极推动实施《中西部高等教育振兴计划（2012—2020 年）》，落实《关于加快中西部教育发展的指导意见》等文件精神，统筹谋划持续加大对中西部地区高等教育事业的支持力度。

实施中西部高校基础能力建设工程。2013 年 2 月，国家发展改革委、教育部启动实施了中西部高校基础能力建设工程。作为中西部高等教育振兴计划的重要组成部分，该工程主要以强化实践教学环节为切入点，以加强本科教学所需的基础教学实验室、专业教学实验室、综合实验训练中心、图书馆等办学基础设施和信息化建设等为基本任务。2012—2015 年启动实施了一期工程，支持建设学校 100 所，中央统筹 100 亿元左右，各地设立专项资金支持。2016 年，经与国家发展改革委沟通，决定继续滚动实施该项目二期工程。通过一期、二期建设，累计支持中西部 22 个省份和新疆生产建设兵团的 171 所高校，一大批新教学楼、实验实训中心拔地而起，学校面貌焕然一新。经过几年努力，中西部一批普通本科院校的教学条件得到明显改善，教育教学改革深入推进，教学水平和教学质量显著提高。

做好省部共建、部省合建工作。截至 2019 年，省部共建高校共 81 所，其中中西部地区高校 43 所，占 53%，教育部对省部共建高校的改革、发展、建设等方面给予更多扶持。2018 年，教育部确定以部省合建模式支持中西部 13 个省份与新疆生产建设兵团各重点建设一所地方高水平大学（即"一省一校"）。

实施对口支援西部地区高等学校计划。鼓励高水平大学尤其是东部高校扩大对口支援范围，提高中部省属高校受援比例，深化团队式支援。推动中西部高水平大学对口支援省域内地方高校，发挥部属高校优质资源辐射作用，促进省域内高校协调发展。中西部高校办学实力整体跃升，学科专业结构更加优化，对区域经济社会发展的贡献度不断提高，中西部高等教育整体水平迈上新台阶。

实施慕课西部行计划和在线开放课程新长征计划。积极推动慕课西部行计划深入开展，组织 10 余个在线课程平台开放优质课程资源，将优质课程资源输送至新疆、西藏、青海、陕西、贵州等地区，促进东西部高校教学资源共享，提升教育教学质量。为教师资源紧缺的新疆和西藏等西部地区高校开展直播互动教学、SPOC教学、慕课校内应用等多种线上教学保驾护航。2018 年启动在线开放课程新长征计

划，组织新长征计划江西站（江西理工大学）、宁夏站（宁夏大学）、新疆站（喀什大学）、甘肃站（河西学院）、贵州站（遵义师范学院）等在线开放课程建设推广活动，百人讲师团为数千位教师（多数为西部教师）提供培训、讲座，帮助西部高校利用他校优质课程资源，采用数字技术和新型教学方式方法，结合自身实际对校内课程进行改造，开展翻转课堂、混合式教学，提升西部高校课程建设与改革"造血"功能。新冠肺炎疫情期间，高等教育司组织慕课西部行计划、在线开放课程新长征计划西藏、新疆专场培训活动，来自西藏、新疆以及新疆生产建设兵团的30 余所高校的 2000 多人次教师相聚云端，共同聆听了几千公里之外的北京和哈尔滨的三位教师的专场在线培训课程，探讨如何利用优质慕课资源及国家虚拟仿真实验项目进行在线教学，化危机为契机，带动西藏、新疆等西部高校共同提升教育教学质量。累计帮助西部地区建设混合式教学课程 11200 门，西部 114.9 万余人次的教师接受慕课培训，面向西部 12 省份高校提供 3.6 万门 SPOC，学习人次达202.5 万。

六、引导社会组织成为教育扶贫重要平台和渠道

2017 年，国务院扶贫开发领导小组发布《关于广泛引导和动员社会组织参与脱贫攻坚的通知》，要求在教育扶贫等重点领域组织社会组织参与其中，发挥全国性和省级社会组织示范带头作用，并为社会组织参与脱贫攻坚创造条件。

民政部社会组织管理局召开一系列座谈会和新闻发布会，做出工作部署，动员社会组织有序参与脱贫攻坚工作。作为参与脱贫攻坚的一支重要力量，社会组织积极投身到攻克深度贫困堡垒的战役之中。在民政部登记的专门从事资助教育和贫困学生的基金会有公募基金会、非公募基金会和由个人或企业捐资设立的主要从事各种慈善事业的基金会。如中国扶贫基金会 2014 年启动"圆梦 832"贫困高中生关爱行动，为普通公民、民间组织、企业等各方力量搭建参与教育扶贫的平台。2018年，多个部门共同组织开展"卓玛的心愿——走出理塘，成都益志行"主题夏令营，为四川省理塘县青少年提供扶智扶志服务。2018 年，中国社会工作联合会联合多个机构，为江西省莲花县捐建"美好成长"少儿美术教室，让革命老区的孩子享受优质美术教育。2019 年，中华慈善总会举办慈善扶贫培训班，对贫困家庭子女进行烹饪技能培训，助力脱贫攻坚。北京尤迈慈善基金会自 2017 年以来，在教育部

支持指导下，组织全国教育系统 47 所院校及 300 位医学教师，在 28 个省份的 735 家贫困地区医院开展健康扶贫项目，免费救治高校覆盖医院的 11974 位贫困患者，培训基层医生 12 万人次，因此荣获 2020 年全国脱贫攻坚奖组织创新奖。

党的十八大以来，截至 2020 年 11 月，中国教育发展基金会和中国教师发展基金会共投入款物 87.63 亿元，用于支持中西部地区教育事业发展和教育扶贫有关工作。其中，社会捐赠款物 14.76 亿元，政府委托项目资金 72.87 亿元，资金主要用于资助中西部地区家庭经济困难学生、教师，支持中西部地区尤其是贫困地区改善基础办学条件、应急救灾、教育信息化建设等工作。

国家留学基金管理委员会通过涵盖 12 个西部省份的西部地区人才培养特别项目，利用国外资源，按照党中央、国务院精准扶贫、扶贫扶智精神，在滇西片区［含 56 个县（市、区）］等国务院划定的 14 个集中连片特困地区、教育部定点联系及对口支援片区，以培养师资及教育行政管理人员为抓手，开展教育扶贫，以扶智助推脱贫攻坚。国家留学基金管理委员会通过多年以来建立的与国外高校及科研机构的合作渠道及共同培养模式，在专设教育扶贫项目中，主要以成班方式将留学人员派往美国、加拿大、英国、澳大利亚及新加坡等教育发达国家的高校学习英语教育教学及教育管理相关内容。2012—2019 年，部省合建的 14 所高校通过这个项目和地方合作项目共计申报 1485 人，录取 1289 人，派出 995 人，录取率为 86.8%，派出率为 77.2%。

全国学生资助管理中心协调中国扶贫基金会为青龙县、威县师生捐助"爱心大礼包"。2019 年为青龙县建档立卡户高中生等贫困高中生和农村小学生提供 315 万元助学资金和物资，2020 年向威县 1.58 万名农村小学生捐助爱心美术包裹（每个价值 100 元），共计 158 万元。在威县相关高中设立新长城自强班，捐资 90 万元，连续三年资助 150 名品学兼优的建档立卡户学生等贫困学生。截至 2020 年 10 月底，1.58 万个爱心美术包裹和 2020 学年 30 万元助学资金均已到位。2019—2020 年，全国学生资助管理中心通过统筹资源、工会购买和个人消费等形式，帮扶青龙县、威县两个教育部定点扶贫县资金和项目已达 1110 多万元（其中青龙县 320 多万元，威县 790 多万元）。

在教育部关心下一代工作委员会的指导下，中国下一代教育基金会等组织实施助学圆梦爱心捐助、科技素养提升等 10 余个项目，已投入款物近 2 亿元，覆盖 20 余个省份，使数百万名学生受益，产生了良好的社会效益。2016 年启动的滇西助学圆梦计划，立足滇西贫困地区，突破以往实施公益项目的传统模式，通过立体联动帮扶的方式，开辟了定点区域教育精准扶贫的新途径。截至 2019 年年底，共投入款物 5439 万元，覆盖云南省 14 个州市、40 余个县、250 余所中小学及幼儿园，受益人数达 21 万。

中国教育国际交流协会发挥行业协会引领示范优势，号召地方教育交流协会、会员单位、权属单位、分支机构及合作伙伴开展扶贫工作。协会向 15 个分支机构、877 个会员单位发出"凝聚民间教育交流力量助力总攻教育脱贫攻坚"倡议书，号召会员单位主动担当作为，统筹内外渠道，形成助力教育脱贫攻坚强大合力。教育装备国际交流分会组织了西柏坡"智慧校园示范学校"共建企业捐赠活动，会员企业向西柏坡中学等四所学校捐赠价值 581.35 万元的信息化软硬件；邀请有关企业向江西省上犹县贫困百姓捐赠冬装 1.8 万件。

近年来，中国高等教育学会各分支机构和会员单位充分发挥自身资源优势，以实际行动助力教育脱贫攻坚，并取得实效。一是在西部地区设立分支机构，充分发挥分支机构的作用，有针对性地参与扶贫工作。如在云南大学设立"一带一路"研究分会，在兰州大学设立统战工作研究分会。二是各分支机构和会员单位积极行动，主动投入教育脱贫攻坚。校际合作研究分会开展了在线开放课程新长征计划；教师教育分会面向西部地区实施了"乡村青年教师社会支持公益计划"和怒江州"一村一园计划"师资培训项目；统战工作研究分会组织会员单位助力江华县实施乡村振兴战略，组建电商服务队为四川深度贫困县电商发展进行规划，助力旬邑县"美丽乡村"建设；产教融合研究分会组织会员单位面向牟定县党政干部和教育系统举办学历提升网络培训班，并启动"百校同行"数字校园职业教育扶持计划和"送他/她一张饭卡"腾讯微校爱心行动计划；会员单位奥鹏教育在 2020 年新冠肺炎疫情期间，向西藏、新疆、贵州等西部地区教育部门捐赠抗疫物资累计超 300 万元，并通过云平台全线助力西部高校"停课不停学、不停教、不停研"；等等。

教育部还协调利用联合国儿童基金会专项资金实施"青少年教育项目"，通过在职业院校试点生活技能开发工作，提高职业院校学生尤其是贫困地区学生生活技能水平；协调中国移动慈善基金会，拟安排资金 1250 万元，为中西部建设至少 496 间多媒体教室；利用联合国教科文组织教师教育中心师资和课程资源，帮助"三区三州"等 13 个贫困县市培训教师 500 多人；启动"春晖计划"留学人员助力国家脱贫攻坚公益行动，面向部分未摘帽贫困县开展实地帮扶、技术对接和捐款捐物等活动。

七、鼓励市场主体履行社会责任

扶贫开发是全党全社会的共同责任，以企业为主的各市场主体以其特有的优势，成为大扶贫格局中的重要一环，是我国扶贫开发事业的重要参与者。《中共中央国务院关于打赢脱贫攻坚战的决定》明确指出，"鼓励支持民营企业、社会组织、个人参与扶贫开发，实现社会帮扶资源和精准扶贫有效对接"。中共中央、国务院颁布的《关于营造更好发展环境支持民营企业改革发展的意见》提出，要"推动民营企业积极履行社会责任"，"引导民营企业参与对口支援和帮扶工作"，"鼓励民营企业积极参与社会公益、慈善事业"。为支持脱贫攻坚，国家还出台了相关的支持政策，如财政部、税务总局、国务院扶贫办颁布的《关于企业扶贫捐赠所得税税前扣除政策的公告》。

教育扶贫是最常见的企业履行社会责任的重要方式。近年来，广大民营企业充分利用资金、技术、市场等方面的优势，通过建立教育基金、捐资助学、捐建学校、资助贫困生等多种方式，为贫困地区教育事业的发展添砖加瓦。依托"万企帮万村"精准扶贫行动，在教育扶贫领域，各级工商联积极作为，民营企业主动参与探索，为贫困地区脱贫攻坚贡献强大力量。国务院扶贫办联合中国社会科学院共同发布《企业扶贫蓝皮书（2018）》，指出：中央企业是我国脱贫攻坚主力军，参与定点扶贫的300多家中央单位中，中央企业占比近三分之一；民营企业扶贫参与度也较高，如参与"万企帮万村"精准扶贫行动的民营企业超过5万家。其中，参与教育扶贫的企业越来越多。设立贫困学子奖学金，关注贫困孤儿疾病救助、贫困学生的营养和健康状况、民族地区学前儿童普通话学习等，正成为许多企业精准扶贫的重要抓手。在教育脱贫攻坚工作中，很多企业充分发挥产业链优势，以多元形式助力教育扶贫。

教育部教师工作司汇集社会力量，有针对性地开展帮扶、精准发力，支持贫困地区教师队伍建设。协调马云公益基金会，实施马云乡村教育人才计划，重点向52个未摘帽贫困县的乡村校长倾斜。协调中国交通建设集团，出资700万元援助怒江州实施教师素质能力提升等项目。联合上海真爱梦想公益基金会，前往凉山州、怒江州调研，商讨面向凉山州、怒江州学校捐赠多功能教室。会同中国教师发展基金会，实施2020年乡村优秀青年教师培养奖励计划，每位入选教师奖励1万元，向52个未摘帽贫困县倾斜。协调中国银行，实施教育部–中国银行"智慧创新未来教育"中小学校长团队和教育主管部门负责人培训项目。中国银行拟投入1000万元，面向全国特别是"三区三州"地区遴选约40个地（市、州）参与这一项目。

中国教育出版传媒集团积极联合各方，激发扶贫合力。党的十八大以来，截至2020年年底，人民教育出版社、高等教育出版社、中国教学仪器设备有限公司向中国教育发展基金会、中国教师发展基金会、中国青少年发展基金会、上海益善公益基金会、山东百川图书有限公司、41家内地教学仪器生产厂家等单位、机构和企业，争取援助资金、实物超过1.2亿元。2013—2020年，集团总部向青海省治多县援助帮扶资金295万元；向广西壮族自治区大化县、那坡县援助控辍保学专项资金120万元。人民教育出版社援助云南省宾川县的资金、物资在1000万元以上；向新疆教育出版社援助资金240多万元；减免西藏地区教材代理费用1490万元，捐赠资金近100万元。高等教育出版社向云南省红河县累计援助资金1242万元；累计向红河县部分学校捐赠价值近282万元的图书、42万元的教学硬件以及300台计算机，向红河县中职学生免费提供价值40万元的教材、教学软件和实训软件。语文出版社向西藏自治区藏语委办资助资金150万元，出版并向西藏、四川、云南、湖南等地区捐赠中小学和职业教育学校教材、教育和语言文字学辞书及学术著作等累计5万余册，价值超过140万元。2020年，集团配合教育部有关司局，统筹上述三家出版社向52个未摘帽贫困县捐赠教育图书、音像制品、电子期刊102万册，价值1477万元。免费开放人民教育出版社教师网络培训和服务平台及高等教育出版社基础教育教师培训网、智慧职教、爱课程网和iSmart英语平台等学习平台，累计线上培训52个未摘帽贫困县教师28197人次，为这些地区的教育脱贫攻坚提供了有力支持。

教育部协调中国移动出资800万元实施教育部–中国移动中西部中小学校长培训项目，集中支持中西部深度贫困地区开展校长跟岗培训；积极主动联系教育信息化和网络安全领域企业（包括中国移动、中国电信、中国联通等三大运营商，阿里巴巴、腾讯、京东等重要互联网企业，华为、联想等电子信息企业，好未来、新东方等教育科技企业以及作业帮、猿辅导等在线教育企业），组织召开"网络扶智工程攻坚行动"视频动员会议，征集到39家企业117项教育信息化帮扶资源，形成了企业教育信息化资源捐赠清单；与北京哆米教育科技有限公司合作，实施"教育信息化 2.0 公益行动"项目，惠及学生约 57 万人，社会公允价值 2.89 亿元；联合中国知网等企业开展"筑基教师公益培训"，报名参训人数共4.48 万人；协调商务印书馆、北京北大方正电子有限公司，分别向 52 个未摘帽贫困县捐赠《现代汉语词典》《语言文字规范标准手册》等图书 3000 册及"墨韵智能"书法教育软件；协调科大讯飞和课堂派线上教学平台为 52 个未摘帽贫困县 5000 多名教师的国家通用语言文字能力提升在线示范培训提供免费测试服务和技术支持；协调英特尔公司、戴尔公司等向云南省红河州捐赠电脑、白板、篮球场等设施设备。

八、大学生积极参与脱贫攻坚

教育部会同各部门结合精准扶贫脱贫战略，大力组织大学生参与"青年红色筑梦之旅"、"携手奔小康"、"科技小院"、"小我融入大我，青春献给祖国"、"三下乡"社会实践活动等活动。

2017 年，教育部启动"青年红色筑梦之旅"活动，组织理工、农林、医学、师范、法律等专业的大学生以及企业家、投资人、社会工作者等，以"科技中国小分队""健康中国小分队""幸福中国小分队""教育中国小分队""法治中国小分队""形象中国小分队""政策宣讲小分队"等形式，走进革命老区、贫困地区、城乡社区，从乡村振兴、精准扶贫、社区治理等多个方面开展帮扶工作，推动当地经济建设、政治建设、文化建设、社会建设、生态文明建设，为全面建成小康社会、加快推进社会主义现代化建设贡献智慧。同年 8 月，习近平总书记给参与"青年红色筑梦之旅"的大学生回信，深切勉励青年学子"把激昂的青春梦融入伟大的中国梦"，"扎根中国大地了解国情民情，在创新创业中增长智慧才干，在艰苦奋斗中锤炼意志品质，在亿万人民为实现中国梦而进行的伟大奋斗中实现人生价值"。2018 年，累计有 2238 所高校的 70 万名成员参加该活动，产生直接经济效益近 40 亿元。2019 年，累计有 100 万名大学生、22 万名教师、23.8 万个创新创业项目深入革命老区、贫困地区和城乡社区，对接农户 74.8 万户、企业 24204 家，签订合作协议 16800 余份，产生经济效益约 64 亿元。2020 年，共有 20.3 万个创新创业团队的 132 万名学生、14.9 万名教师参加该活动，对接农户 46.2 万户、企业 1.3 万家，签订合作协议 1.9 万份，产生直接经济效益近 100 亿元。2020 年，聚焦 52 个未摘帽贫困县，活动从"线下"发展到"线上线下融合"，向脱贫攻坚"最后一公里"发起总攻。一是形成了以电商直播带货为主的新模式，教育部高等教育司动员广大大学生为贫困县特产直播带货，全国已有 60 万名大学生通过淘宝、抖音等平台带货，助力消费扶贫，销售金额达 4.3 亿元；二是开展全国线上对接活动，调研了 52 个未摘帽贫困县的需求清单，搭建 7 省区"红旅"全国对接网上平台，向全国发布各县项目需求，征集大学生创新创业项目团队对接帮扶，积极促成实质性合作和落地转化。

创新"携手奔小康"行动。2018 年，天津市津南区人民政府与甘肃省平凉市灵台县人民政府签订《实施携手奔小康行动协议书》，从干部挂职、劳务协作、教育卫生及产业扶贫等多个方面进行交流合作。2019 年，广东组团式开展"携手奔小康 共筑中国梦"大学生暑期社会实践活动，全省 150 多所高校组建了 22 个实践团、5207 支队伍；2020 年，该活动采取"组团式""互联网+教育+帮扶"的方式，以高校生源地师生为主，跨年级、跨学科组织 6000 多支队伍、近 9 万名师生就近就地，开展线上线下社会实践活动，助力脱贫攻坚。

实施高等学校乡村振兴科技创新行动计划。围绕乡村振兴持续创新，各高校大力推进校地、校所、校企之间的深度合作，探索建立了"太行山道路""湖州模式""曲周模式"等具有典型示范作用的科技服务模式，以"专家大院""科技小院""科技大篷车""百名教授兴百村"等推广农业科技的新做法，将高校创新成果和人才优势转化为推动农业农村发展的产业动能，成效显著。截至 2020 年年底，已在全国建立"科技小院"171 个，累计开展农民培训 5000 余场，受训农民 20 多万人次；开展田间观摩 1400 余场，参观农民超过 8 万人次；编写农民培训教材 276 套，建设科技长廊 24 处，制作宣传展板 600 多块，通过喜闻乐见、简明易懂的方式，提高农业技术的到位率。科技小院累计开展技术示范面积上千万亩，与 63 家合作社和 37 家企业紧密合作，推广应用技术 5.6 亿亩，实现增产增收和环境保护共赢，帮助农民脱贫增收、转变发展方式，进而推动农村文化建设。

2019 年，共青团中央对"三下乡"社会实践进行针对性设计，组织了"深度贫困地区青春行""健康扶贫青春行""推普脱贫攻坚""乡村稼穑情·振兴中国梦"等多个专项活动。同年，教育部思想政治工作司组织开展"小我融入大我，青春献给祖国"主题社会实践活动，组织 200 余万名大学生深入乡村一线、贫困山区、革命老区，开展主题宣讲巡讲、扶贫开发、志愿支教、科技帮扶、社区服务、环境保护、考察调研、文化艺术展演等实践及志愿服务活动，投身乡村振兴，助力脱贫攻坚。

九、军队打造教育扶贫特色品牌

党的十八大以来，军队坚决贯彻党中央、习近平总书记决策部署，充分发挥自身优势，截至 2020 年，全军定点帮扶的 4100 个贫困村，共计 29.3 万贫困户、92.4 万贫困群众全部实现脱贫。全军在扶贫工作中，始终重视抓好教育扶贫工作，以长征路沿线为主援建 156 所"八一爱民学校"，在贫困村帮建 1544 所村小学和幼儿园。截至 2019 年，武警部队已先后 6 次为"春蕾计划"等教育扶贫项目捐款 9160 万元，援建 13 所"武警春蕾学校"、72 个"武警儿童快乐家园"，为贫困儿童发放 1 万份儿童爱心套餐，帮助 14000 余名"春蕾女童"完成学业。武警交通部队先后在全国深度贫困山区，西藏、新疆、云南、四川、甘肃、陕西等民族地区和老少边穷地区帮扶中小学校 12 所，投入近 800 余万元，资助贫困学生 2000 余人。2019 年是空军实施"蓝天春蕾计划"的第 25 个年头。空军政治工作部干部局和延安市教育局实施"'蓝天娃'携手'延安娃'共成长计划"，借助"蓝天"幼教品牌资源优势开展助学兴教。此外，革命老区"八一"助学扶贫工程、陆军"培育新时代党的好儿女"、海军"爱民小学"、火箭军"砺剑助学行动"等已成为军队教育扶贫的特色品牌。

十、集聚力量协同构建教育大扶贫格局

（一）坚持党的领导，统筹协调教育扶贫资源

坚持全国一盘棋，调动各方面积极性，集中力量办大事，是我国国家制度和国家治理体系的一个显著优势。我们要始终坚持党的领导，准确聚焦影响教育扶贫全局的大事，充分发挥中国特色社会主义制度的优势，集中一切必要的人力、物力，统筹协调全社会教育扶贫资源，实现各方优势互补。继续完善教育扶贫工作体系，动员全社会参与，构建专项扶贫、行业扶贫、社会扶贫等多方力量、多种举措有机结合和互为支撑的"三位一体"大扶贫格局，形成跨地区、跨部门、跨行业、全社

会共同参与的社会扶贫体系。坚持发挥各行各业的行业优势与立足贫困地区实际相结合，协调区域发展总体战略和教育扶贫工作的有效实施，不断开创优势互补、长期合作、聚焦扶贫、实现共赢的良好局面。必须以政府主导为基础、以社会各方参与和市场机制为关键，在党中央的领导下充分发挥社会和市场在教育扶贫中的作用，支持社会团体、基金会和企业等积极参与教育扶贫。

（二）聚焦重点和难点领域，开展教育大扶贫

继续发挥结对帮扶、对口支援、教育教学能力建设等政策的作用，从区域建设规划、教师队伍建设、管理体制改革等方面，集中全社会力量重点解决贫困地区公共教育服务、教育基础设施、基本教育保障等问题。2020 年中共中央、国务院印发《关于新时代推进西部大开发形成新格局的指导意见》，提出支持西部教育高质量发展：加快改善贫困地区义务教育薄弱学校基本办学条件；发展现代职业教育，推进职业教育东西协作，促进产教融合、校企合作；持续推动东西部地区教育对口支援，继续实施对口支援西部地区高等学校计划、国家支援中西部地区招生协作计划，实施东部地区职业院校对口西部职业院校计划。

（三）完善支持政策，探索教育扶贫长效机制

要创新社会扶贫工作机制：拓展社会扶贫组织动员和信息服务渠道，建立和完善社会扶贫激励机制，创新社会扶贫资源筹集、配置、使用、监管机制。要健全社会扶贫支持政策：落实社会扶贫相关财政、税收等政策，包括税前扣除、组织登记、表彰冠名等；按照国家有关规定建立完善干部挂职扶贫、驻村帮扶、扶贫志愿者行动等社会扶贫表彰和激励政策。要营造社会扶贫浓厚氛围：深化社会扶贫研究，推动社会扶贫理论和实践创新；创新社会扶贫宣传形式，拓宽宣传渠道，扩大宣传空间，加强舆论引导，汇全国之力、聚各方之财、集全民之智，营造扶贫济困浓厚社会氛围。要倡导志愿服务精神，构建中国特色的扶贫志愿者网络和服务支撑体系。要在探索可"造血"、可复制、可持续的教育扶贫长效机制上下功夫，巩固中国特色大扶贫工作体系。

附录一

教育脱贫攻坚重要政策选编

国务院关于进一步完善城乡义务教育
经费保障机制的通知

各省、自治区、直辖市人民政府，国务院各部委、各直属机构：

为深入贯彻党的十八大和十八届二中、三中、四中、五中全会精神，认真落实党中央、国务院决策部署，统筹城乡义务教育资源均衡配置，推动义务教育事业持续健康发展，国务院决定，自 2016 年起进一步完善城乡义务教育经费保障机制。现就有关事项通知如下：

一、重要意义

义务教育是教育工作的重中之重，在全面建成小康社会进程中具有基础性、先导性和全局性的重要作用。自 2006 年实施农村义务教育经费保障机制改革以来，义务教育逐步纳入公共财政保障范围，城乡免费义务教育全面实现，稳定增长的经费保障机制基本建立，九年义务教育全面普及，县域内义务教育均衡发展水平不断提高。但随着我国新型城镇化建设和户籍制度改革不断推进，学生流动性加大，现行义务教育经费保障机制已不能很好适应新形势要求。城乡义务教育经费保障机制有关政策不统一、经费可携带性不强、资源配置不够均衡、综合改革有待深化等问题，都需要进一步采取措施，切实加以解决。

在整合农村义务教育经费保障机制和城市义务教育奖补政策的基础上，建立城乡统一、重在农村的义务教育经费保障机制，是教育领域健全城乡发展一体化体制机制的重大举措。这有利于推动省级政府统筹教育改革，优化教育布局，实现城乡义务教育在更高层次的均衡发展，促进教育公平、提高教育质量；有利于深化财税体制改革，推动实现财政转移支付同农业转移人口市民化挂钩，促进劳动力合理流动，推动经济结构调整和产业转型升级；有利于促进基本公共服务均等化，构建社会主义和谐社会，建设人力资源强国。

二、总体要求

（一）坚持完善机制，城乡一体。适应新型城镇化和户籍制度改革新形势，按照深化财税体制改革、教育领域综合改革的新要求，统筹设计城乡一体化的义务教育经费保障机制，增强政策的统一性、协调性和前瞻性。

（二）坚持加大投入，突出重点。继续加大义务教育投入，优化整合资金，盘活存量，用好增量，重点向农村义务教育倾斜，向革命老区、民族地区、边疆地区、贫困地区倾斜，统筹解决城市义务教育相关问题，促进城乡义务教育均衡发展。

（三）坚持创新管理，推进改革。大力推进教育管理信息化，创新义务教育转移支付与学生流动相适应的管理机制，实现相关教育经费可携带，增强学生就读学校的可选择性。

（四）坚持分步实施，有序推进。区分东中西部、农村和城镇学校的实际情况，合理确定实施步骤，通过两年时间逐步完善城乡义务教育经费保障机制，并在此基础上根据相关情况变化适时进行调整完善。

三、主要内容

整合农村义务教育经费保障机制和城市义务教育奖补政策，建立统一的中央和地方分项目、按比例分担的城乡义务教育经费保障机制。

（一）统一城乡义务教育"两免一补"政策。对城乡义务教育学生免除学杂费、免费提供教科书，对家庭经济困难寄宿生补助生活费（统称"两免一补"）。民办学校学生免除学杂费标准按照中央确定的生均公用经费基准定额执行。免费教科书资金，国家规定课程由中央全额承担（含出版发行少数民族文字教材亏损补贴），地方课程由地方承担。家庭经济困难寄宿生生活费补助资金由中央和地方按照5∶5比例分担，贫困面由各省（区、市）重新确认并报财政部、教育部核定。

（二）统一城乡义务教育学校生均公用经费基准定额。中央统一确定全国义务教育学校生均公用经费基准定额。对城乡义务教育学校（含民办学校）按照不低于基准定额的标准补助公用经费，并适当提高寄宿制学校、规模较小学校和北方取暖地区学校补助水平。落实生均公用经费基准定额所需资金由中央和地方按比例分担，西部地区及中部地区比照实施西部大开发政策的县（市、区）为8∶2，中部其他地区为6∶4，东部地区为5∶5。提高寄宿制学校、规模较小学校和北方取暖地区学校公用经费补助水平所需资金，按照生均公用经费基准定额分担比例执行。现有公用经费补助标准高于基准定额的，要确保水平不降低，同时鼓励各地结合实际提高公用经费补助标准。中央适时对基准定额进行调整。

（三）巩固完善农村地区义务教育学校校舍安全保障长效机制。支持农村地区公办义务教育学校维修改造、抗震加固、改扩建校舍及其附属设施。中西部农村地区公办义务教育学校校舍安全保障机制所需资金由中央和地方按照5：5比例分担；对东部农村地区，中央继续采取"以奖代补"方式，给予适当奖励。城市地区公办义务教育学校校舍安全保障长效机制由地方建立，所需经费由地方承担。

（四）巩固落实城乡义务教育教师工资政策。中央继续对中西部地区及东部部分地区义务教育教师工资经费给予支持，省级人民政府加大对本行政区域内财力薄弱地区的转移支付力度。县级人民政府确保县域内义务教育教师工资按时足额发放，教育部门在分配绩效工资时，要加大对艰苦边远贫困地区和薄弱学校的倾斜力度。

统一城乡义务教育经费保障机制，实现"两免一补"和生均公用经费基准定额资金随学生流动可携带。同时，国家继续实施农村义务教育薄弱学校改造计划等相关项目，着力解决农村义务教育发展中存在的突出问题和薄弱环节。

四、实施步骤

（一）从2016年春季学期开始，统一城乡义务教育学校生均公用经费基准定额。中央确定2016年生均公用经费基准定额为：中西部地区普通小学每生每年600元、普通初中每生每年800元；东部地区普通小学每生每年650元、普通初中每生每年850元。在此基础上，对寄宿制学校按照寄宿生年生均200元标准增加公用经费补助，继续落实好农村地区不足100人的规模较小学校按100人核定公用经费和北方地区取暖费等政策；特殊教育学校和随班就读残疾学生按每生每年6000元标准补助公用经费。同时，取消对城市义务教育免除学杂费和进城务工人员随迁子女接受义务教育的中央奖补政策。

（二）从2017年春季学期开始，统一城乡义务教育学生"两免一补"政策。在继续落实好农村学生"两免一补"和城市学生免除学杂费政策的同时，向城市学生免费提供教科书并推行部分教科书循环使用制度，对城市家庭经济困难寄宿生给予生活费补助。中央财政适时提高国家规定课程免费教科书补助标准。

（三）以后年度，根据义务教育发展过程中出现的新情况和新问题，适时完善城乡义务教育经费保障机制相关政策措施。

高校、军队、农垦、林场林区等所属义务教育学校经费保障机制，与所在地区同步完善，所需经费按照现行体制予以保障。

五、组织保障

（一）加强组织领导，强化统筹协调。各地区、各有关部门要高度重视，加强组织领导。省级人民政府要切实发挥省级统筹作用，制定切实可行的实施方案和省以下各级政府间的经费分担办法，完善省以下转移支付制度，加大对本行政区域内困难地区的支持。各省（区、市）要将实施方案、省以下资金分担比例和家庭经济困难寄宿生贫困面，于2016年3月底前报财政部、教育部。县级人民政府要按照义务教育"以县为主"的管理体制，落实管理主体责任。国务院有关部门要发挥职能作用，加强工作指导和协调。

（二）优化教育布局，深化教育改革。各地要结合人口流动的规律、趋势和城市发展规划，及时调整完善教育布局，将民办学校纳入本地区教育布局规划，科学合理布局义务教育学校。加快探索建立乡村小规模学校办学机制和管理办法，建设并办好寄宿制学校，慎重稳妥撤并乡村学校，努力消除城镇学校"大班额"，保障当地适龄儿童就近入学。加强义务教育民办学校管理。深化教师人事制度改革，健全城乡教师和校长交流机制，健全义务教育治理体系，加强留守儿童教育关爱。

（三）确保资金落实，强化绩效管理。各级人民政府要按照经费分担责任足额落实应承担的资金，并确保及时足额拨付到位。县级人民政府要加强县域内教育经费的统筹安排，保障规模较小学校正常运转；加强义务教育学校预算管理，细化预算编制，硬化预算执行，强化预算监督。规范义务教育学校财务管理，创新管理理念，将绩效预算贯穿经费使用管理全过程，切实提高经费使用效益。

（四）推进信息公开，强化监督检查。各级人民政府要加大信息公开力度，将义务教育经费投入情况向同级人民代表大会报告，并向社会公布，接受社会监督。各级财政、教育、价格、审计、监察等有关部门要齐抓共管，加强对义务教育经费保障机制资金使用管理、学校收费等情况的监督检查。各级教育部门要加强义务教育基础信息管理工作，确保学生学籍信息、学校基本情况、教师信息等数据真实准确。

（五）加大宣传力度，营造良好氛围。各地区、各有关部门要高度重视统一城乡义务教育经费保障机制的宣传工作，广泛利用各种宣传媒介，采取多种方式，向社会进行深入宣传，使党和政府的惠民政策家喻户晓、深入人心，确保统一城乡义务教育经费保障机制各项工作落实到位。

　　本通知自 2016 年 1 月 1 日起执行。凡以往规定与本通知规定不一致的，按本通知规定执行。

国务院

2015 年 11 月 25 日

国务院办公厅关于实施农村义务教育
学生营养改善计划的意见

各省、自治区、直辖市人民政府，国务院各部委、各直属机构：

为贯彻落实《国家中长期教育改革和发展规划纲要（2010—2020年）》，进一步改善农村学生营养状况，提高农村学生健康水平，加快农村教育发展，促进教育公平，经国务院同意，现就实施农村义务教育学生营养改善计划提出以下意见：

一、充分认识实施农村义务教育学生营养改善计划的重要意义

党中央、国务院历来高度重视青少年的健康成长，先后采取了一系列有效措施，不断改善农村义务教育学生学习生活条件。自2006年起，国务院决定实施农村义务教育经费保障机制改革，全面免除了农村义务教育阶段学生的学杂费、书本费，补助家庭经济困难寄宿学生生活费，农村义务教育保障水平不断提高。但是，由于长期以来我国城乡经济社会发展不平衡，农村中小学生营养不良问题仍然存在，贫困地区尤为突出。

以贫困地区和家庭经济困难学生为重点，启动实施农村义务教育学生营养改善计划，是坚持以人为本、落实科学发展观的具体体现，是维护社会公平、构建社会主义和谐社会的重要举措，是提高民族素质、建设人力资源强国的必然要求，具有重大的现实意义和深远影响。地方各级人民政府、国务院有关部门要统一思想，提高认识，切实按照国务院的有关决策部署，扎实做好农村学生营养改善工作。

二、农村义务教育学生营养改善计划的主要内容

按照政府主导、试点先行、因地制宜、突出重点的原则，稳步推进农村义务教育学生营养改善计划，不断提高农村学生营养健康水平。

（一）启动国家试点。从2011年秋季学期起，在集中连片特殊困难地区（以下简称连片特困地区）启动农村（不含县城，下同）义务教育学生营养改善计划试点工作。连片特困地区的具体范围按照《中国农村扶贫开发纲要（2011—2020年）》和有关文件规定确定。

试点内容包括：中央财政为试点地区农村义务教育阶段学生提供营养膳食补助，标准为每生每天 3 元（全年按照学生在校时间 200 天计算），所需资金全部由中央财政承担。试点地区和学校要在营养食谱、原料供应、供餐模式、食品安全、监管体系等方面积极探索，为稳步推进农村义务教育学生营养改善计划积累经验。试点工作由省级人民政府统筹，市、县级人民政府具体组织实施。各省、自治区、直辖市要结合各地实际情况确定试点县（市）并分县（市）制订试点工作方案，报教育部、财政部备案后实施。

（二）支持地方试点。对连片特困地区以外的地区，各地应以贫困地区、民族地区、边疆地区、革命老区等为重点，因地制宜地开展营养改善试点工作，逐步改善农村家庭经济困难学生营养健康状况。对工作开展较好并取得一定成效的省份，中央财政给予奖励性补助。

（三）改善就餐条件。各地要统筹农村中小学校舍维修改造长效机制和中西部农村初中校舍改造工程资金，将学生食堂列为重点建设内容，使其达到餐饮服务许可的标准和要求。中央财政在农村义务教育薄弱学校改造计划中专门安排食堂建设资金，对中西部地区农村学校改善就餐条件进行补助，并向国家试点地区适当倾斜。食堂建设要本着节俭、安全、卫生、实用的原则，严禁搞超标准、豪华建设，加强建设改造工作监管。规模较小的农村学校，可根据实际改造、配备伙房和相关设施，为学生在校就餐提供基本条件。地方人民政府要根据当地实际为农村学校食堂配备合格工作人员并妥善解决待遇和专业培训等问题。

（四）鼓励社会参与。鼓励共青团、妇联等人民团体，居民委员会、村民委员会等有关基层组织，以及企业、基金会、慈善机构，在地方人民政府统筹下，积极参与推进农村义务教育学生营养改善工作，在改善就餐条件、创新供餐方式、加强社会监督等方面积极发挥作用。

（五）完善补助家庭经济困难寄宿学生生活费政策。进一步完善农村义务教育经费保障机制，根据经济社会发展水平和财力实际，对补助发放范围和标准等进行动态调整。从 2011 年秋季学期起，将补助家庭经济困难寄宿学生生活费标准每生每天提高 1 元，达到每生每天小学 4 元、初中 5 元。中央财政对中西部地区落实基本标准所需资金按照 50% 的比例给予奖励性补助。

三、把食品安全摆在首要位置

国务院各有关部门要发挥职能作用，加强对农村义务教育学生营养改善工作的指导和协调。农业部门负责食用农产品生产环节的监督检查。工商部门负责供餐企业主体资格的登记和管理。质检部门负责对食品生产企业进行监管，查处生产加工中的质量问题及违法行为。卫生部门负责指导做好学生营养健康状况的监测评估，对学生营养改善提出指导意见。食品药品监管部门负责学校食堂以及供餐单位、个人食品安全监管，制定不同供餐模式的准入办法，切实做好日常监督检查工作。教育部门负责学校食品安全管理，按照规定组织开展学校食堂食品日常安全自查以及购买供餐服务、个人或家庭托餐等食品安全检查。食品安全议事协调机构的办事机构要加强综合协调。

地方各级人民政府要把食品安全工作摆在首要位置，督促有关部门和单位严格按照《中华人民共和国食品安全法》等法律法规和政策要求，开展食品安全风险评估，建立食品安全保障机制和食品安全事故应急预案，确保采购、贮存、加工、配送、分餐等各环节的食品安全。县（市）级人民政府要指定专门机构、落实专门人员负责农村义务教育学生营养改善计划的食品安全工作。

各级餐饮环节食品安全监管部门要会同教育、农业等部门与学校、供餐企业（单位）和托餐的个人签订食品安全责任书，并安排专人负责，加强对食品原料采购、餐具消毒、设备清洁等环节监督管理。建立食品留样监测制度。坚持食堂从业人员体检制度。建立健全岗位责任制和责任追究制。

四、加强领导，精心组织，确保各项工作落实

学生营养改善工作涉及面广，政策性强，安全风险高，同时农村学校现有基础条件和管理力量还很薄弱，实施农村义务教育学生营养改善计划，情况复杂，任务繁重。各地区、各部门和有关学校必须高度重视，周密部署，统筹安排，扎扎实实把各项工作落实到位。

（一）明确工作责任。地方各级人民政府要切实加强对农村学生营养改善工作的组织领导，主要负责人负总责，分管负责人分工负责。省级人民政府要结合本地区经济社会发展实际，制订本地区学生营养改善工作方案和推进计划。市级人民政府负责指导和协调本行政区域内农村学生营养改善工作。县级人民政府是学生营养改善工作的行动主体和责任主体，负责制订本地区学生营养改善工作实施方案和配餐指南，因地制宜地推进学生营养改善计划的实施。教育、财政、发展改革、卫生、食品药品监管、农业、质检、工商、宣传、监察等部门要各司其职、各负其责。有关学校要把实施学生营养改善计划作为一项重要工作内容，实行校长负责

制，切实承担起具体组织实施和相关管理责任。要充分发挥学生家长在本地区、本学校确定供餐模式、配餐食谱和日常管理等方面的作用。

（二）创新供餐机制。各地应从实际出发，多途径、多形式地开展学生营养改善工作。供餐模式包括学校食堂供餐，向具备资质的餐饮企业、单位集体食堂购买供餐服务，偏远地区在严格规范准入的前提下可实行个人或家庭托餐等。供餐内容包括完整的午餐，提供蛋、奶、肉、蔬菜、水果等加餐或课间餐。鼓励食品原料采购本地化，通过集中采购、与农户签订食品原料供应协议等方式，妥善解决学校食堂副食品、蔬菜供应问题。鼓励有条件的农村学校适度开展勤工俭学，补充食品原料供应，地方人民政府应为学校开展勤工俭学提供土地、经费和技术等支持。

（三）严格规范管理。地方各级人民政府应结合当地实际，制定中小学食堂供餐规范，明确数量、质量和操作标准。制定原料采购、食品配送、招标投标和经费管理办法，确保规范化操作，精细化管理。采取多种方式，及时将工作方案、实施进展、运行结果向社会公示。市、县级人民政府要将财政补助资金纳入国库管理，实行分账核算，集中支付，专款专用，严禁截留、挤占和挪用。补助资金应足额用于为学生提供食品，不得直接发放给学生个人和家长。督促供餐单位和个人定期公布配餐食谱、数量和价格，严禁克扣和浪费。加强运营监督管理，确保相关食品采购、保管等环节不出现漏洞。建立实名制学生信息管理系统，防止套取和冒领国家补助资金的行为。建立学生营养状况监测评估制度，及时跟踪了解学生营养改善情况，为营养改善工作绩效评估提供科学依据。有关学校要进一步加强财务管理，依法健全学校财务机构，配备专（兼）职财会人员，切实加强食堂会计核算，加强内控制度建设，定期全面公开学生营养改善经费账目，确保资金使用安全、规范和有效。

（四）加强营养教育。各地区和有关部门要充分利用各种宣传教育形式，向学生、家长、教师和供餐人员普及营养科学知识，培养科学的营养观念和饮食习惯。学校要严格落实国家教学计划规定的健康教育时间，对学生进行营养健康教育，建立健康的饮食行为模式，使广大学生能够利用营养知识终身受益。实施学生营养改善计划的地区和有关学校要建立专家工作组，加强营养配餐、科学饮食方面的指导和服务。

（五）强化监督检查。地方各级人民政府要建立问责制度，制定专门的监督检查办法，对农村义务教育学生营养改善计划的实施进行全过程监督。监察、审计部门要切实履行职责，促进计划实施公开透明、廉洁运作。教育督导部门要把计划实施情况作为重要工作内容定期督导。要主动将计划实施情况向同级人大、政协报告，接受法律监督和民主监督。督促农村学校成立家长、学生、教师代表共同参加的营养改善计划监督小组。设置监督举报电话和公众意见箱，广泛接受社会监督。

（六）做好宣传工作。地方各级人民政府和国务院有关部门要高度重视农村义务教育学生营养改善计划的宣传工作，制订切实可行的宣传方案，充分利用各种媒体，要采取多种形式，向全社会准确、深入宣传这项惠民政策。高度注重舆情分析，广泛听取社会各方面意见和建议，及时改进工作。要认真总结、宣传推广典型经验，努力营造全社会共同支持、共同监督和共同推进的良好氛围，使农村义务教育学生营养改善计划真正成为民心工程、德政工程和阳光工程。

国务院办公厅
2011 年 11 月 23 日

关于实施教育扶贫工程的意见

为贯彻党的十八大精神，落实中央扶贫开发工作会议要求和《中国农村扶贫开发纲要（2011—2020 年）》、《国家中长期教育改革和发展规划纲要（2010—2020 年）》的战略部署，充分发挥教育在扶贫开发中的重要作用，培养经济社会发展需要的各级各类人才，促进集中连片特殊困难地区（以下简称片区）从根本上摆脱贫困，现就组织实施教育扶贫工程提出以下意见：

一、总体要求

（一）指导思想。

以邓小平理论、"三个代表"重要思想、科学发展观为指导，落实国家扶贫攻坚总体部署，把教育扶贫作为扶贫攻坚的优先任务，以提高人民群众基本文化素质和劳动者技术技能为重点，推进教育强民、技能富民、就业安民，为全面建成小康社会奠定坚实基础。

（二）总体目标。

按照党的十八大提出的基本公共服务均等化总体实现和进入人力资源强国行列的目标，加快教育发展和人力资源开发，到 2020 年使片区基本公共教育服务水平接近全国平均水平，教育对促进片区人民群众脱贫致富、扩大中等收入群体、促进区域经济社会发展和生态文明建设的作用得到充分发挥。

提高基础教育的普及程度和办学质量。到 2015 年，学前三年毛入园率达到 55%以上，少数民族双语地区基本普及学前一至两年双语教育，义务教育巩固率达到 90%以上，高中阶段毛入学率达到 80%以上，视力、听力、智力三类残疾儿童义务教育入学率达到 80%。到 2020 年，基本普及学前教育，义务教育水平进一步提高，基本普及视力、听力、智力三类残疾儿童义务教育，普及高中阶段教育，基础教育普及程度和办学质量有较大提升。

提高职业教育促进脱贫致富的能力。到 2015 年，初、高中毕业后新成长劳动力都能接受适应就业需求的职业教育和职业培训，力争使有培训需求的劳动者都能得到职业技能培训。到 2020 年，职业教育体系更加完善，教育培训就业衔接更加紧密，培养一大批新型农民和在二、三产业就业的技术技能人才。

提高高等教育服务区域经济社会发展能力。通过调整优化高等学校空间布局和学科专业结构，改革人才培养模式，促进高等教育与当地经济、社会、科技发展和城镇化建设深度融合，使高等教育能为当地传统产业改造升级、新兴产业培育发展和基本公共服务提供有效的人才支撑和智力支持。通过多种途径，增加片区群众接受高等教育的机会。

提高继续教育服务劳动者就业创业能力。通过教育培训与当地公共服务、特色优势产业有效对接，大力提高就业创业水平。完善毕业生和接受培训人员就业服务政策，通过带技能转移、带技能进城、带技能就业，使转移劳动力在城镇多渠道、多形式、稳定就业。

（三）基本原则。

一是以省为主，加强统筹。按照"省负总责、县抓落实、扶持到校、资助到生"的教育扶贫工作要求，省级人民政府对本行政区域内教育扶贫工程负总责，把教育扶贫纳入经济社会发展战略和总体规划，统筹各方面资源，加大教育扶贫工程的实施力度。

二是以人为本，尊重群众。围绕"人人受教育，个个有技能，家家能致富"的要求，着力解决群众最关心最直接最现实的问题，让广大人民群众真正得到看得见的实惠。工程实施的重大政策和关键环节要充分尊重群众意愿，做好政策解释和引导工作，确保工程有序稳步推进。

三是改革创新，加快发展。针对制约贫困地区教育发展的瓶颈因素和关键领域，加大改革力度，着力破除制约发展的体制机制障碍，深化人才培养模式改革，调整培养结构，加快发展步伐。

四是因地制宜，分类指导。结合各个片区的实际情况，确定教育扶贫工程的重点任务和政策范围，做到"一区一策，一省一策"，不搞"一刀切"。根据各级各类教育的特点，实事求是确定规划目标，落实政策措施，科学组织实施。

五是规划引导，分步实施。加强与国家主体功能区规划、集中连片特困地区区域发展与扶贫攻坚规划相衔接，推动片区人口和劳动力通过教育向重点开发区和优化开发区转移。制定教育扶贫工程的实施方案和年度计划，明确重点，分步实施。

（四）实施范围。

实施教育扶贫工程的范围为《中国农村扶贫开发纲要（2011—2020年）》所确定的连片特困扶贫攻坚地区，具体是：六盘山区、秦巴山区、武陵山区、乌蒙山区、滇桂黔石漠化区、滇西边境山区、大兴安岭南麓山区、燕山-太行山区、吕梁山区、大别山区、罗霄山区等区域的片区和已明确实施特殊政策的西藏、四省藏区、新疆南疆三地州。

二、主要任务

（一）全面加强基础教育。

1. 切实巩固提高义务教育水平。进一步加大片区义务教育投入力度，推进义务教育阶段学校标准化建设。农村义务教育学校布局要保障学生就近上学的需要。改善保留的村小学及教学点，特别是改善边境一线学校及教学点基本办学条件。完善农村义务教育薄弱学校教学用房、学生宿舍等附属设施，加强图书、教学仪器设备、多媒体远程教学设备和体育卫生、艺术教育器材的配备。进一步强化中小学幼儿园安全管理。开齐开足中小学课程，全面实施素质教育。切实保障特殊困难地区学校正常运转。对片区不足100人的小规模学校（含教学点）按100人核定公用经费补助资金，特别是要加大地处高原或寒冷地区的小规模学校（含教学点）公用经费保障水平，确保学校正常运转。

2. 加快发展学前教育。根据片区自然环境、适龄人口分布等情况，做好当地学前教育规划。按照"政府主导、社会参与、公办民办并举"的原则，充分利用中小学布局调整的富余资源及其他资源发展学前教育。在乡镇和人口较集中的行政村建设普惠性幼儿园，在人口分散的边远地区设立支教点、配备专职巡回指导教师，形成县、乡、村学前教育网络。

3. 推动普通高中多样化发展。民族地区教育基础薄弱县普通高中建设项目和普通高中改造计划优先支持片区普通高中教育。改善普通高中的办学条件，加强图书馆（室）、实验室、体育场所建设和教学仪器设备配备。支持片区推进人才培养模式多样化，鼓励普通高中办出特色、促进学生全面有个性地发展。

4. 重视发展特殊教育。改善片区特殊教育学校和接受残疾学生融合教育的普通学校办学条件。建立普惠和特惠政策相结合的资助体系，保证每一个残疾儿童不因贫困而失学。

5. 保障移民搬迁学生就学。配合实施片区区域发展与扶贫攻坚规划提出的易地扶贫搬迁、生态移民搬迁、地质灾害搬迁等措施，优先在移民安置区建设好学校并保障正常运转。

6. 加强双语教育和民族团结教育。片区的少数民族双语地区要将双语教育摆在重要位置。大力推广国家通用语言文字，尊重和保障少数民族使用本民族语言文字接受教育的权利。加大对双语寄宿制学校、双语幼儿园的支持力度。各地要通过扩大特岗教师规模、加强民语教师培训和增加核定编制的办法加快补充双语教师。在各级各类学校深入开展形式多样的民族团结教育活动，将党和国家的民族理论和民族政策教育作为教师培养培训的重要内容。

7. 鼓励教师到片区从教。研究制定教师到片区农村边远学校工作的奖励措施。各地要研究完善符合片区村小学和教学点实际的职务（职称）评定标准，职称晋升、荣誉奖励和绩效工资分配向村小学和教学点专任教师倾斜；城镇中小学教师在评聘高级职务（职称）时，同等条件下有在片区农村学校任教经历的优先。设立专项资金，对在片区乡、村学校和教学点工作的教师给予生活补助。边远艰苦地区农村学校教师周转宿舍建设工程优先在片区实施。实施好边远贫困地区、边疆民族地区和革命老区人才支持计划教师专项计划，选派优秀教师到连片特困地区支教，推动地方开展城乡教师交流活动并形成制度。鼓励免费师范生到片区从教。幼儿园和中小学教师国家和省级培训计划、农村学校教育硕士师资培养计划进一步向片区倾斜。合理配备寄宿制学校生活管理人员。

（二）加快发展现代职业教育。

1. 大力发展服务当地特色优势产业和基本公共服务的现代职业教育。在人口相对密集、当地产业发展具有一定潜力的地区，由省级人民政府统筹规划，结合城镇化规划，在产业集聚区、工业园区、经济开发区等区域办好一批中、高等职业学校。重点支持一批社会有需求、办学有质量、就业有保障的特色优势专业，更好满足片区产业发展对技术技能人才的需求。加大职业学校教师素质提高计划的倾斜支持力度。

2. 实施中等职业教育协作计划。支持东部和中西部城市职业院校扩大招收片区学生的规模，对口支持片区职业院校，培养片区经济社会发展急需人才。有计划地支持片区内限制开发和禁止开发区初中毕业生到省（区、市）内外经济较发达地区重点中等职业学校接受教育。加大对承担对口招生任务学校的支持。对西藏、新疆南疆三地州和青海藏区的对口招生任务，原则上由中央确定的对口支援省（市）承担，按程序纳入对口支援规划后组织实施。

3. 传承创新民族文化、民族技艺。结合片区民族地区的发展需要和文化遗产保护的要求，将民族文化、民族技艺传承创新纳入职业教育体系。重点支持一批体现片区民族文化特点、具有产业化前景的民间传统技艺专业。鼓励民间艺人、技艺大师、非物质文化遗产传承人参与职业教育办学。支持民族贸易企业、文化旅游企业参与校企合作。各级教育、文化、旅游、贸易等部门加大对民族文化、民族技艺职业教育的支持力度。

4. 广泛开展职业技能培训。各地人力资源社会保障、教育、扶贫、农业等部门要联合制定培训计划，安排有学习意愿的未升入普通高中和高等学校的毕业生、具备一定文化素质的社会青年进入职业院校、培训机构等学习。鼓励通过发放"教育券""培训券"等方式，让学习者自主选择培训项目和培训方式，提高培训效果。

（三）提高高等教育服务能力。

1. 提高片区高等教育质量。根据当地工业化、信息化、城镇化、农业现代化总体布局，优化片区高等学校布局，加快调整学科专业结构。片区高等学校要明确服务当地经济社会发展的办学定位，重点发展支撑当地特色优势产业的学科、专业。中央相关高等教育项目和资金要对片区给予适当倾斜。将片区高等学校纳入东部高等学校对口支援西部高等学校计划，建立对口支援长效机制。

2. 加大高等学校招生倾斜力度。实施面向贫困地区定向招生专项计划，扩大片区学生接受优质高等教育的机会。高校招生计划和支援中西部地区招生协作计划向片区所在省（区、市）倾斜。普通高等学校举办的民族预科班、民族班向片区中的民族地区倾斜。

3. 开展高等学校定点扶贫工作。发挥高等学校在人才扶贫、科技扶贫、智力扶贫、信息扶贫等方面的积极作用。中央部（委）属高校主要参与国家扶贫开发工作重点县的定点扶贫工作，省属高校根据省级人民政府统一安排参加本省级行政区域内的定点扶贫工作。

（四）提高学生资助水平。

1. 稳步推进农村义务教育学生营养改善计划。加强农村义务教育学生营养改善计划的组织管理，确保学生得到实惠。逐步完善青少年营养标准，建立学生营养监测网络，加强营养干预，提高学生的营养健康水平。加快片区农村义务教育学校伙房或食堂等生活配套设施的建设。

2. 健全家庭经济困难学生资助政策。完善农村义务教育家庭经济困难寄宿生生活费补助政策，加大对家庭经济困难幼儿、孤儿、残疾幼儿入园和普通高中家庭经济困难学生的资助力度。高等学校对来自片区农村家庭经济困难的学生优先予以资助，做到应助尽助，从制度上保障每一个学生不因家庭经济困难而失学。

3. 完善职业教育资助政策。实施好对片区中等职业学校符合条件的学生按国家规定实行免学费和给予国家助学金补助的政策。对有计划转移到省（区、市）外符合条件的中等职业学校学生，在按国家规定免学费和给予国家助学金的基础上，由生源地人民政府和接收地人民政府通过统筹教育、扶贫、农业和对口支援等资金落实住宿费、交通费等补助，中央财政对转移就学工作做得较好的接收地政府予以适当奖补。对未升学的农村初、高中毕业生免费提供农业技术技能培训。"农村劳动力转移培训计划"、"阳光工程"等各项资金，按国家规定优先对当地农民或已进城的农民工接受技术技能培训予以补贴。在国家奖助学金等资助政策上对高等职业院校涉农、艰苦、紧缺专业的农村家庭经济困难学生给予倾斜。

（五）提高教育信息化水平。

1. 加快学校信息基础设施建设。加快片区学校信息基础设施建设，到 2015 年基本解决片区内义务教育学校和普通高中、职业院校的宽带接入问题。

2. 推广优质数字教育资源应用。通过卫星、电视、互联网等远程教育平台将优质教育资源输送到片区学校，实现优质资源共享。开放大学和高等学校继续教育机构要开发适合片区的教育资源。加强片区学校教育信息技术应用能力培训。优先为村小学和教学点配置数字化优质教育资源。

3. 推进教育管理信息化建设。"国家教育管理信息系统建设"相关项目优先在片区实施。开展片区教育行政干部信息化管理能力培训，提高学校信息化管理的标准化、规范化水平。加强学生学籍、资助等重要基础信息管理系统的应用。

三、保障措施

（一）经费保障。

1. 加大教育扶贫工程资金保障力度。中央和省级人民政府加大对教育扶贫工程的投入，省级人民政府加强各项教育经费统筹，经费安排向扶贫开发任务较重的地区倾斜。加大中央一般性转移支付、教育专项转移支付等的增量资金向教育扶贫工程投入力度。

2. 加强教育扶贫工程资金的使用管理。完善管理办法，对重大事项实行公告公示制度，强化审计监督，坚决查处挪用、截留和贪污教育扶贫工程资金的行为。

（二）学生就业。

1. 切实加强毕业生就业工作。加强对学生的社会实践教育和就业创业教育，注重对学生进行职业生涯规划和就业指导。对转移就学的毕业生在就学地就业的，就学地政府人力资源社会保障部门按规定免费为其提供公共就业服务，将其纳入有关社会保险制度，并在人事档案、职称评定、教育培训、人员流动等方面予以政策保障。公安部门依照规定为转移就学就业学生办理户口迁移手续。鼓励就学地企事业单位优先接受转移学生实习和就业，按照国家有关规定对接受转移学生就业较多的用人单位予以表彰。完善转移学生就业创业帮扶和劳务输出组织工作机制，探索统一派送、劳务派遣、劳务外包等输出安置新模式。

2. 引导和支持高校、中等职业学校毕业生到贫困地区就业创业。制定为贫困地区培养人才的激励政策。加大各类国家级基层就业项目对片区的倾斜力度，鼓励地方政府设立省级基层就业项目。教育部门会同有关部门按国家规定落实到片区就业创业的高校毕业生学费补偿和助学贷款代偿办法，鼓励优秀高校和中等职业学校毕业生到贫困地区工作服务。

（三）对口支援。

1. 把人才培养作为对口支援的优先领域。承担对口支援西藏、新疆和青海藏区任务的省（市）、中央企业、高校和中等职业学校要把支持片区教育发展作为工作重点，按照结对关系和对口支援规划，加大教育帮扶力度。

2. 完善教育对口支援工作机制。将教育对口支援纳入到国家对口支援工作总体部署中统筹推进。国家和省级教育行政部门加强对教育对口支援的政策支持和业务指导，建立绩效评价机制。

（四）人才引进。

组织大中城市和东部地区学校的专家学者、优秀教师、离退休专业技术人员和志愿者到片区学校服务。制定优惠政策，吸引东部地区人才到片区从教，特别是对片区高校引进人才要予以倾斜支持。

四、组织领导

（一）落实各级政府的责任。

在国务院统一领导下，教育部、发展改革委、财政部、扶贫办、人力资源社会保障部、公安部、农业部等部门建立工作协调机制，研究解决教育扶贫工程实施过程中的重大问题，完善实施工程的配套措施和办法。鼓励和支持片区所属省级人民政府建立跨省级行政区域的组织协调机制。建立省、市、县级政府领导定点联系学校制度。

（二）动员社会力量支持。

鼓励社会各界参与教育扶贫工程。支持中国扶贫基金会、中国教育发展基金会等公益组织积极参与教育扶贫工程。引导各类企业、社会团体、非政府组织和有关国际组织在片区开展捐资助学活动。大力支持民办教育发展。鼓励共青团、妇联、工会和各类社会团体有序组织志愿者到贫困地区扶贫支教、培训当地技术技能人才。鼓励高等学校加强扶贫理论和政策研究，为扶贫开发科学决策提供依据。把扶贫纳入基本国情教育范畴，加大教育扶贫宣传力度，营造全社会参与支持教育扶贫的氛围。

（三）加强考核评估。

建立教育扶贫工程实施考核机制。省级政府要建立工作协调机制，统筹推进教育扶贫工程，对工程实施进展、质量和成效进行考核，作为对各级政府绩效考核和落实《中国农村扶贫开发纲要（2011—2020 年）》、《国家中长期教育改革和发展规划纲要（2010—2020 年）》、片区区域发展与扶贫攻坚规划的重点内容。对工程重点项目作为督查督办的重要事项，实行行政问责制。建立教育扶贫工作信息系统，跟踪监测教育扶贫工作。建立健全评估机制，开展第三方评估。

国务院办公厅转发教育部等部门关于实施教育扶贫工程意见的通知
2013 年 7 月 29 日

国家贫困地区儿童发展规划（2014—2020 年）

　　儿童发展关系国家未来和民族希望，关系社会公平公正，关系亿万家庭的幸福。改革开放特别是进入 21 世纪以来，我国儿童健康、教育水平明显提高，儿童生存、发展和受保护的权利得到有力保障，提前实现了联合国千年发展目标。但总体上看，我国儿童事业发展还不平衡，特别是集中连片特殊困难地区的 4000 万儿童，在健康和教育等方面的发展水平明显低于全国平均水平。进一步采取措施，促进贫困地区儿童发展是切断贫困代际传递的根本途径，是全面建成小康社会的客观要求，也是政府提供基本公共服务的重要内容。为进一步促进贫困地区儿童发展，编制本规划。

　　一、总体要求

　　（一）指导思想。以邓小平理论、"三个代表"重要思想、科学发展观为指导，深入贯彻党的十八大和十八届二中、三中、四中全会精神，认真落实党中央、国务院决策部署，坚持儿童优先原则，坚持儿童成长早期干预基本方针，以健康和教育为战略重点，以困难家庭为主要扶持对象，加大统筹协调、资源整合和推进发展力度，实行政府直接提供服务和向社会力量购买服务相结合的工作机制，切实保障贫困地区儿童生存和发展权益，实现政府、家庭和社会对贫困地区儿童健康成长的全程关怀和全面保障。

　　（二）实施范围。集中连片特殊困难地区 680 个县从出生到义务教育阶段结束的农村儿童。

　　（三）总体目标。到 2020 年，集中连片特殊困难地区儿童发展整体水平基本达到或接近全国平均水平。

　　——保障母婴安全。孕产妇死亡率下降到 30/10 万，婴儿和 5 岁以下儿童死亡率分别下降到 12‰和 15‰。出生人口素质显著提高。

　　——保障儿童健康。5 岁以下儿童生长迟缓率降低到 10%以下，低体重率降低到 5%以下，贫血患病率降低到 12%以下。以乡镇为单位适龄儿童国家免疫规划疫苗接种率达到并保持在 90% 以上。中小学生体质基本达到《国家学生体质健康标准》。特殊困难儿童的福利、关爱体系更加健全。

——保障儿童教育。学前三年毛入园率达到 75%。义务教育巩固率达到 93%，教育总体质量、均衡发展水平显著提高。视力、听力、智力残疾儿童少年义务教育入学率达到 90%。

二、主要任务

（一）新生儿出生健康。

1. 加强出生缺陷综合防治。落实出生缺陷综合防治措施，实施国家免费孕前优生健康检查项目，推进增补叶酸预防神经管缺陷等项目，做好孕期产期保健，逐步开展相关的免费筛查、诊断试点项目，提高出生人口素质。开展新生儿先天性甲状腺功能减低症、苯丙酮尿症、听力障碍等疾病筛查服务，加强儿童残疾筛查与康复的衔接，提高筛查确诊病例救治康复水平。

2. 加强孕产妇营养补充。开展孕前、孕产期和哺乳期妇女营养指导，制定孕产期妇女营养素补充标准，预防和治疗孕产妇贫血等疾病，减少低出生体重儿。

3. 加强孕产妇和新生儿健康管理。加强高危孕妇的识别与管理、早产儿的预防与干预，提高孕产妇和儿童系统管理率。继续实施农村孕产妇住院分娩补助项目，做好与新型农村合作医疗和医疗救助制度的有效衔接，加大贫困地区孕产妇住院分娩保障力度。建立危重孕产妇和新生儿急救绿色通道及网络。

4. 加强优生优育宣传教育。通过广播电视、公益广告、集中教育等多种方式，深入开展"婚育新风进万家活动"、"关爱女孩行动"、"新农村新家庭计划"等宣传活动。结合基本公共卫生和计划生育服务，针对贫困地区儿童发展特点，设计开发优生优育等方面的出版物和宣传品。教育、卫生计生部门要共同组织开展学生青春期教育。残联、卫生计生部门要共同组织开展残疾预防宣传活动。通过现场专题讲座、远程教育和多媒体专题辅导等方式，向育龄群众和孕产妇传授优生优育专业知识。

（二）儿童营养改善。

1. 改善婴幼儿营养状况。倡导 0—6 个月婴儿纯母乳喂养，加强母乳喂养宣传及相关知识培训。扩大贫困地区困难家庭婴幼儿营养改善试点范围，以低保家庭、低保边缘家庭为重点，逐步覆盖到集中连片特殊困难地区的 680 个县，预防儿童营养不良和贫血。

2. 完善农村义务教育学生营养改善工作机制。各地要进一步落实农村义务教育学生营养改善计划管理责任和配套政策，切实加强资金使用和食品安全管理。因地制宜新建或改扩建农村义务教育学校伙房或食堂等设施，逐步以学校供餐替代校外供餐。继续支持各地开展义务教育阶段学生营养改善试点。有条件的地方可结合实际，以多种方式做好学前教育阶段儿童营养改善工作。

3. 提高儿童营养改善保障能力。建立儿童营养健康状况监测评估制度。加强对各级妇幼保健机构、计划生育服务机构、疾病预防控制机构和基层医疗卫生机构人员的营养改善技能培训，提高预防儿童营养性疾病指导能力。加强对中小学幼儿园教师、食堂从业人员及学生家长的营养知识宣传教育，引导学生及其家庭形成健康饮食习惯。鼓励社会团体和公益组织积极参与儿童营养改善行动。

（三）儿童医疗卫生保健。

1. 完善儿童健康检查制度。对儿童生理状况、营养状况和常见病进行常规检查，建立儿童体检档案，定期对身高、体重、贫血状况等进行监测分析。将入学前儿童健康体检纳入基本公共卫生服务，由基层医疗卫生机构免费提供；义务教育阶段学生按中小学生健康检查基本标准进行体检，所需费用纳入学校公用经费开支范围。

2. 加强儿童疾病预防控制。切实落实国家免疫规划，为适龄儿童免费提供国家免疫规划疫苗接种服务，开展针对重点地区重点人群脊髓灰质炎、麻疹等国家免疫规划疫苗补充免疫或查漏补种工作。落实碘缺乏病、地方性氟中毒、大骨节病防治措施，有效控制地方病对儿童健康的危害。各级妇幼保健机构要加强新生儿健康和儿童疾病预防服务，加强儿童视力、听力和口腔保健工作，预防和控制视力不良、听力损失、龋齿等疾病发生。

3. 提高儿童基本医疗保障水平。完善城乡居民基本医疗保险制度，通过全民参保登记等措施，使制度覆盖全体儿童。全面推进城乡居民大病保险，逐步提高儿童大病保障水平。完善城乡医疗救助制度，加大儿童医疗救助力度，做好与大病保险制度、疾病应急救助制度的衔接，进一步提高儿童先天性心脏病、白血病、唇腭裂、尿道下裂、苯丙酮尿症、血友病等重大疾病救治费用保障水平。

4. 加强儿童医疗卫生服务能力建设。加强妇幼保健机构、妇产医院、儿童医院、综合性医院妇产科儿科和计划生育服务体系建设，提高基层医疗卫生机构孕产期保健、儿童保健、儿童常见病诊治、现场急救、危急重症患儿救治和转诊能力。

加强助产技术、儿童疾病综合管理、新生儿复苏等适宜技术培训和儿童临床疾病诊治及护理培训，提高妇幼保健人员、计划生育技术人员和医护人员服务能力和水平。寄宿制学校或者600人以上的非寄宿制学校要设立卫生室（保健室），配备人员器材。县级政府要建立健全学校突发公共卫生事件应急管理机制。

5. 保障学生饮水安全和学校环境卫生。结合实施国家农村饮水安全工程，多渠道加大投入，统筹考虑和优先解决集中连片特殊困难地区农村学校饮水问题，实现供水入校。对无法接入公共供水管网的学校，就近寻找安全水源或实行自备水井供水。定期检测学校饮用水，保障水质达标。加强农村学校卫生厕所、浴室等生活设施建设，为学生提供健康生活环境，从小培养文明生活习惯。

6. 加强体育和心理健康教育。加强学校体育设施建设和体育器材配备，在基层公共体育设施建设中统筹规划学校体育设施。切实加强学校体育工作，严格落实每天锻炼一小时的要求，大力开展符合农村特点的体育活动和群众性体育项目竞赛。建立健全儿童心理健康教育制度，重点加强对留守儿童和孤儿、残疾儿童、自闭症儿童的心理辅导。加强班主任和专业教师心理健康教育能力建设，使每一所学校都有专职或兼职的心理健康教育教师。在农村义务教育学校教师特设岗位计划和中小学教师国家级培训计划中加大对体育和心理健康教育骨干教师的补充和培训力度。

（四）儿童教育保障。

1. 开展婴幼儿早期保教。依托幼儿园和支教点，为3岁以下儿童及其家庭提供早期保育和教育指导服务。采取多种形式宣传普及早期保教知识，鼓励媒体开办公益性早教节目（栏目）。建立城乡幼儿园对口帮扶机制，组织专家和有经验的志愿者到边远地区开展科学早教服务。

2. 推进学前教育。坚持政府主导、社会参与、公办民办并举，多种形式扩大贫困地区普惠性学前教育资源。加大中央财政学前教育发展重大项目、农村学前教育推进工程和省级学前教育项目对集中连片特殊困难地区的倾斜支持力度。扩大实施中西部农村偏远地区学前教育巡回支教试点，在人口分散的山区、牧区设立支教点，通过政府购买服务和动员社会力量招募大中专毕业生志愿者开展巡回支教，中央财政予以适当补助。在需要的民族地区加强学前双语教育。地方政府要依法落实相关政策，稳定贫困地区幼儿园教职工队伍。完善学前教育资助制度，帮助家庭经济困难儿童、孤儿和残疾儿童接受普惠性学前教育。

3. 办好农村义务教育。明确各地巩固义务教育目标，将义务教育控辍保学责任分解落实到地方各级政府、有关部门和学校，并作为教育督导重点内容。推动各地制定义务教育阶段学校标准化的时间表、路线图，解决农村义务教育中寄宿条件不足、大班额、上下学交通困难、基本教学仪器和图书不达标等突出问题。支持各地制定实施贫困地区教师队伍建设规划，统筹教师聘任（聘用）制度改革、农村义务教育学校教师特设岗位计划、中小学教师国家级培训计划、教师合理流动、对口支援等政策，系统解决贫困地区合格教师缺乏问题。对已实施集中连片特殊困难地区乡、村学校和教学点教师生活补助政策的地方，中央财政予以奖补。综合考虑提高教育质量、物价上涨、信息化教育和学生体检等需要，适时提高农村义务教育学校生均公用经费标准。

4. 推进农村学校信息化建设。大力推进宽带网络校校通、优质资源班班通、网络学习空间人人通。各地要结合实施"宽带中国"战略和贫困村信息化工作，积极推动为贫困地区中小学接入宽带网络。将校内信息基础设施建设列入学校新建、改扩建和薄弱学校改造等项目建设内容。加强教师信息技术应用能力培训，建立面向农村的数字教育资源应用平台，扩大优质数字教育资源共享范围，提升农村学校教学质量。

5. 保障学生安全成长。学校要建立面向全体学生和家长的安全教育制度、安全管理制度和应急信息通报报告制度，落实校园安全责任制。改善学校安全条件，建设符合安全标准的校舍、围墙、栅栏等设施，加强视频监控、报警设施和安全防护设备的配备，落实专门人员做好相关工作。寄宿制学校要完善教师值班制度，配备必要的生活管理教师，落实学生宿舍安全管理责任。预防和控制儿童意外伤害。对儿童人身伤害案件依法从重查处。采取就近入学、建设寄宿制学校、发展公共交通、提供校车服务等措施，方便学生安全上下学。净化校园及周边治安环境，维护学生安全和校园稳定。

（五）特殊困难儿童教育和关爱。

1. 完善特殊困难儿童福利制度。重点支持在人口较多和孤儿数量多的县（市）建设一批儿童福利院或社会福利机构儿童部。探索适合孤儿身心发育的养育模式，鼓励家庭收养、寄养和社会助养。落实好为孤儿、艾滋病病毒感染儿童发放基本生活费的政策，探索建立其他困境儿童基本生活保障制度。为0—6岁残疾儿童提供康复补贴。保证适龄孤儿进入相应的学校就读，将义务教育阶段的孤儿寄宿生全面纳入生活补助范围。推进残疾人康复和托养设施建设，基本实现每个地级城市都建有一所专业化残疾人康复机构，并配备儿童听力语言康复、智力康复、孤独症康复、脑瘫康复等设施。

2. 保证残疾儿童受教育权利。逐步提高特殊教育学校生均公用经费标准，对残疾学生实行免学杂费、免费提供教科书、补助家庭经济困难寄宿生生活费等政策，进一步加大残疾学生资助力度。按实际需求配足配齐特殊教育教师，落实特殊教育教师倾斜政策，逐步提高工资待遇水平。加强特殊教育教师培养培训，提高专业化水平。积极创造条件，扩大普通学校随班就读规模，鼓励农村残疾儿童就近接受教育。积极推进全纳教育，使每个残疾儿童都能接受合适的教育。学校和医疗机构要相互配合推进医教结合，实施有针对性的教育、康复和保健。建立和完善服务机制，统筹学校、社区和家庭资源，在有条件的地区为不能进校就读的重度残疾儿童少年提供送教上门服务。支持和指导儿童福利机构特教班建设，落实儿童福利机构特殊教育教师的相应待遇。

3. 完善儿童社会保护服务体系。充分发挥现有流浪儿童救助保护制度的作用，探索建立儿童社会保护"监测预防、发现报告、帮扶干预"反应机制，推动建立以家庭监护为基础、社会监督为保障、国家监护为补充的监护制度。将儿童保护纳入社区管理和服务职能，动员社区学校、幼儿园、医院及其他社会组织参与儿童保护工作。各地可结合实际，依托城乡社区现有公共服务设施建立儿童活动场所。建立儿童社会保护工作机制和服务网络，将救助保护机构扩展为社会保护转介平台，面向社会开展儿童权益保护服务，最大限度改善困境儿童生存状况。进一步加大劳动保障监察执法力度，努力消除使用童工等违法行为。

4. 健全留守儿童关爱服务体系。加强农村寄宿制学校建设，优先满足留守儿童就学、生活和安全需要。学校对留守儿童受教育实施全程管理，注重留守儿童心理健康教育和亲情关爱，及早发现和纠正个别留守儿童的不良行为。强化父母和其他监护人的监护责任并提高其监护能力，加强家庭教育指导服务，引导外出务工家长以各种方式关心留守儿童。依托现有机构和设施，健全留守儿童关爱服务体系，组织乡村干部和农村党员对留守儿童进行结对关爱服务。开展城乡少年手拉手等活动，支持为农村学校捐建手拉手红领巾书屋，建设流动少年宫，丰富留守儿童精神文化生活。

三、保障措施

（一）加强整体规划和资源整合。在与现有规划、政策、项目等充分衔接基础上，按照整合资源、集中财力、聚焦重点的原则，统筹规划贫困地区儿童发展政策，充分利用一般性转移支付、现有项目资金、对口支援项目等，按照规划目标集中调配资源，支持贫困地区儿童发展。各有关部门要按照统一部署，把规划主要任务和重点工程纳入本部门发展规划、年度计划，并给予优先安排。

（二）落实经费投入和管理。建立健全以财政投入为主、社会力量参与、家庭合理分担的贫困地区儿童发展经费投入机制。中央和地方财政进一步加大儿童发展投入力度。对支持儿童发展的社会公益项目，有关部门和地方政府要加强协调支持，依法落实税收优惠政策。建立健全管理制度，确保用于贫困地区儿童发展的各项资金使用安全、规范和有效。审计部门要加强对贫困地区儿童发展专项资金和政府购买服务经费的审计。财政部门要加强经费监管和绩效考评。加大资金管理使用公开力度，接受社会监督。对管理中出现的问题，要依法追究相关责任人的责任。

（三）创新公共服务提供方式。鼓励采取政府向社会力量购买服务的方式实施儿童发展项目，对适合市场化方式提供的事项，交由具备条件、信誉良好的群团组织、社会组织和企业等承担，并和社会公益项目有机结合，扩大公共服务供给。规范政府购买服务程序，按照公开、公正、公平的原则，以竞争择优的方式确定承接主体，并通过委托、承包、采购等方式购买儿童健康、教育、福利、安全等领域的公共服务。严格政府购买服务资金管理，在既有预算中统筹安排，以事定费，规范透明。

（四）发挥社会力量作用。积极引导各类公益组织、社会团体、企业和有关国际组织参与支持贫困地区儿童发展。鼓励志愿者到贫困地区开展支教、医疗服务和宣传教育工作。加强政府相关部门、学校、公共卫生和医疗机构与家庭、社区的沟通，鼓励家长参与儿童发展项目的实施。

四、组织实施

（一）落实地方政府责任。贫困地区儿童发展工作在国务院统一领导下，实行地方为主、分级负责、各部门协同推进的管理体制。省级政府负责统筹组织，制订实施工作方案和推进计划。地市级政府要加强协调指导，督促县级政府和有关部门明确责任分工，细化政策措施。县级政府要统筹整合各方面资源，落实各项具体政策和工作任务，创新管理和运行方式，切实提高支持政策和项目的执行效率。

（二）明确部门职责分工。发展改革部门要将贫困地区儿童发展纳入国民经济和社会发展总体规划，完善贫困地区妇幼保健和儿童医疗、教育、福利服务等基础设施建设。财政部门要统筹安排财政资金，加强经费监管。教育、卫生计生、民政、公安、工业和信息化、水利、扶贫、妇儿工委等部门要切实履行职责，并加强协调和指导。妇联、共青团、残联等单位要积极参与做好促进儿童发展各项工作。

（三）开展监测评估。各级政府对规划实施进展、质量和成效进行动态监测评估，将规划重点任务落实情况作为政府督查督办重要事项，并将结果作为下一级政府绩效考核重要内容。建立健全评估机制，开展第三方评估。充分发挥卫生计生、教育和社会政策等领域专家作用，开展贫困地区儿童发展重大问题决策咨询。

（四）营造良好氛围。广泛宣传促进贫困地区儿童发展的重要性和政策措施，做好政策解读、回应群众关切，宣传先进典型、推广经验做法，动员全社会关心支持贫困地区儿童发展，为规划实施创造良好社会环境。

国务院办公厅《关于印发国家贫困地区儿童发展规划（2014—2020年）的通知》
2014年12月25日

教育部 国家发展改革委 财政部
人力资源社会保障部 国务院扶贫办
关于实施面向贫困地区定向招生专项计划的通知

各省、自治区、直辖市高校招生委员会、教育厅（教委）、发展改革委、财政厅（局）、人力资源社会保障厅（局）、扶贫办，新疆生产建设兵团教育局、发展改革委、财务局、人力资源社会保障局，有关部门（单位）教育司（局），中央部门所属高等学校：

为贯彻落实中央有关文件精神和《国家中长期教育改革和发展规划纲要（2010—2020 年）》，经研究决定，自 2012 年起，组织实施面向贫困地区定向招生专项计划（以下简称专项计划），即在普通高校招生计划中专门安排适量招生计划，面向集中连片特殊困难地区（以下统称贫困地区）生源，实行定向招生，引导和鼓励学生毕业后回到贫困地区就业创业和服务。现就有关要求通知如下：

一、充分认识实施专项计划的重要意义

党中央、国务院高度重视贫困地区发展，明确要求把集中连片特殊困难地区作为主战场，提高发展能力，缩小发展差距，加大高校对农村特别是贫困地区的定向招生力度。实施专项计划是贯彻落实党中央、国务院关于新阶段扶贫宏观战略部署、促进教育公平的重要举措，是招生制度改革的重要组成部分，也是贫困地区增强自我发展能力的客观需要。各省级教育、发展改革、财政、人力资源社会保障、扶贫等部门，招生考试机构和有关高校要充分认识实施专项计划的重大意义，增强责任感，努力为贫困地区选拔、培养更多的高层次专业人才，特别是应用型、复合型、技能型人才，推动贫困地区经济社会又好又快发展。

二、准确把握专项计划实施目标和工作原则

十二五期间，每年在全国招生计划中专门安排 1 万名左右专项计划，以本科一批招生计划为主。本科计划由中央部门高校和在本科一批招生的地方高校共同承担招生及培养任务，高职计划由国家示范性（含骨干）高等职业学校承担招生及培养任务。通过专项计划的实施，增加贫困地区学生接受高等教育的机会，促进教育公平；引导贫困地区基础教育健康发展，提高教育水平；鼓励学生毕业后回贫困地区就业创业和服务，为贫困地区发展提供人才和智力支撑。

专项计划实行动态管理，由国家进行总体规划和统一部署，集中组织部分高等教育资源，紧密结合贫困地区经济社会发展对相关专业人才的重点需求，定向招收贫困地区考生。

三、切实做好专项计划招生工作

（一）认真遴选高校，单独编列招生计划。专项计划由国家在全国年度招生计划中安排，纳入高校年度招生规模。教育部及各省级教育行政部门确定承担培养任务的高校。有关省级教育行政部门要商本省（区、市）有关部门，根据本省贫困地区特别是农村经济社会发展需要，以农林、水利、地矿、机械、师范、医学以及其他适农涉农等贫困地区急需专业为主，提出年度分专业计划需求建议。教育部根据需求建议，按贫困地区生源比例等因素安排分省计划数量。有关高校按要求编制分省分专业招生计划。

（二）加强资格审查，确保考生信息真实准确。具有贫困地区户籍和当地高中三年学籍、符合当年普通高校招生统一考试报名条件的学生，均可填报专项计划志愿。有关省（区、市）可根据本省情况制订专项计划具体的报考条件及实施办法。省级招办要会同当地教育、公安部门，采取有效措施加强对考生报考资格的审查，确保考生户籍、学籍真实可信。

（三）规范操作流程，严格录取管理。报考专项计划的考生均须参加当年全国统一考试。专项计划实行单报志愿、单设批次、单独划线，本科计划在本科提前批结束后、本科一批开始前进行投档录取，高职计划在本科批次结束后、高职批次开始前进行投档录取，录取分数原则上不低于招生学校所在批次录取控制分数线。有关省级招办按照高校专项计划120%的比例投档，高校在提档线上依据考生投档总分和专业志愿顺序录取。批次内生源不足时，省级招办可综合平衡本省贫困地区生源分布情况，确定补征志愿的考生条件及录取办法。有关高校按补征考生志愿，从高分到低分顺序录取。按专项计划录取的新生（以下简称专项生）名册，由各有关省级招办按规定寄送招生学校并报本省教育行政部门备案。

（四）加大信息公开，确保公平公正。各有关省级招办、高校和中学要按照高校招生"阳光工程"的要求，加大专项计划的招生政策、招生计划、报考条件、资格名单、录取分数、录取结果等信息的公开、公示力度，确保专项计划组织实施的公平公正、公开透明。

四、积极引导和鼓励专项生毕业后到贫困地区就业服务

（一）有关省（区、市）要根据本省实际情况，制定专项生毕业后回到贫困地区就业创业和服务的政策措施，积极引导和鼓励专项生毕业后到贫困地区多渠道、多形式就业创业。

（二）专项生入学报到时不迁转户口，户籍暂保留在原户籍所在地，就业报到后可按有关规定迁入工作所在地区。专项生在校学习期间不转学，不转专业，与其他学生同等享受奖助学金政策。

（三）对毕业后到贫困地区就业创业和服务的专项生，按照有关规定享受学费补偿和国家助学贷款代偿等优惠政策。有关省（区、市）要尽快制定或完善相关办法，确保各项优惠政策落实。

五、积极营造实施专项计划的良好社会氛围

各省级教育、发展改革、财政、人力资源社会保障、扶贫等部门要加强统筹协调，认真做好专项计划的各项组织实施工作。要充分发挥各类媒体的积极导向作用，加大对实施专项计划重要意义、政策措施、程序规则的宣传力度，积极营造实施面向贫困地区定向招生专项计划的良好社会氛围。

中华人民共和国教育部 中华人民共和国国家发展和改革委员会
中华人民共和国财政部 中华人民共和国人力资源和社会保障部
国务院扶贫开发领导小组办公室
2012 年 3 月 19 日

教育部 国家发展改革委 财政部
关于全面改善贫困地区义务教育薄弱学校
基本办学条件的意见

各省、自治区、直辖市人民政府：

为深入贯彻党的十八大和十八届三中全会精神，全面落实《国家中长期教育改革和发展规划纲要（2010—2020年）》，统筹城乡义务教育资源均衡配置，加快缩小区域、城乡教育差距，促进基本公共教育服务均等化，经国务院同意，现就全面改善贫困地区义务教育薄弱学校基本办学条件提出以下意见。

一、充分认识改善贫困地区义务教育薄弱学校基本办学条件的重要意义

近些年来，国家逐步健全农村义务教育经费保障机制，实施了农村义务教育薄弱学校改造计划、农村初中改造工程等一系列教育重大工程项目，改善了农村义务教育学校办学条件。但是，农村、边远、贫困和民族地区特别是集中连片特困地区经济社会发展相对滞后，办学成本较高，教学条件较差，寄宿制学校宿舍、食堂等生活设施不足，村小和教学点运转比较困难，教师队伍不够稳定，辍学率相对较高，仍然是我国义务教育事业发展的薄弱环节。全面改善贫困地区薄弱学校基本办学条件，推进义务教育学校标准化建设，不让贫困家庭孩子输在成长"起点"，既是守住"保基本"民生底线、推进教育公平和社会公正的有力措施，也是增强贫困地区发展后劲、缩小城乡和区域差距、推动义务教育均衡发展的有效途径，关乎国家长远发展。

二、改善贫困地区义务教育薄弱学校基本办学条件的总体要求

（一）指导思想。贯彻落实党的十八大和十八届三中全会精神，按照均衡发展九年义务教育的要求，统筹规划，突出重点，因地制宜，循序渐进，加强科学化精细化管理，着力提高资金使用绩效，全面改善薄弱学校基本办学条件，深入推进义务教育学校标准化建设，整体提升义务教育发展水平。

（二）实施原则。

覆盖贫困地区，聚焦薄弱学校。从困难地方做起，从薄弱环节入手，主要面向农村，立足改善薄弱学校基本办学条件，不得将教育资金资源向少数优质学校集中。

坚持勤俭办学，满足基本需要。按照勤俭办教育和"缺什么补什么"的原则，改善基本办学条件，满足教育教学和生活的基本需要，杜绝超标准建设。

加强省级统筹，分步逐校实施。由省级人民政府统筹使用中央、省级财政投入资金，根据省域内改善薄弱学校基本办学条件的任务和完成时限等因素合理分配；地市和县级人民政府以校为单位制定年度工作目标和分步实施计划，确保按期完成任务。

（三）实施范围和主要目标。以中西部农村贫困地区为主，兼顾东部部分困难地区；以集中连片特困地区为主，兼顾其他国家扶贫开发工作重点地区、民族地区、边境地区等贫困地区。经过3—5年的努力，使贫困地区农村义务教育学校教室、桌椅、图书、实验仪器、运动场等教学设施满足基本教学需要；学校宿舍、床位、厕所、食堂（伙房）、饮水等生活设施满足基本生活需要；留守儿童学习和寄宿需要得到基本满足，村小学和教学点能够正常运转；县镇超大班额现象基本消除，逐步做到小学班额不超过45人、初中班额不超过50人；教师配置趋于合理，数量、素质和结构基本适应教育教学需要；小学辍学率努力控制在0.6%以下，初中辍学率努力控制在1.8%以下。

三、改善贫困地区义务教育薄弱学校基本办学条件的重点任务

（一）保障基本教学条件。要保障教室坚固、适用、通风，符合抗震、消防安全要求，自然采光、室内照明和黑板材料符合规范要求。按照学校规模和教育教学要求配备必要的教学仪器设备、器材。每个学生都有合格的课桌椅。配备适合学生身心发展特点的图书，激发和培养学生阅读兴趣，有条件的地方逐步达到小学生均图书不低于15册，初中生均图书不低于25册。根据学校地理条件和农村体育特点，因地制宜地建设运动场地和配备体育设施，保障学生活动锻炼的空间和条件。

（二）改善学校生活设施。保障寄宿学生每人1个床位，消除大通铺现象。根据实际需要配备必要的洗浴设施和条件。食堂或伙房要洁净卫生，满足学生就餐需要。设置开水房或安装饮水设施，确保学生饮水安全便捷。厕所要有足够厕位。北方和高寒地区学校应有冬季取暖设施。设置必要的安全设施，保障师生安全。

（三）办好必要的教学点。对确需保留的教学点要配备必要设施，满足教学和生活基本需求。中心学校统筹教学点课程和教师安排，保障教学点教学质量。优先安排免费师范生和特岗教师到教学点任教。职称晋升和绩效工资分配向教学点专任教师倾斜。农村教师周转宿舍建设和使用要优先考虑教学点教师需要。对学生规模不足100人的村小学和教学点按100人的标准单独核定公用经费，由县级财政和教育部门按时足额拨付，不得截留挪用。

（四）妥善解决县镇学校大班额问题。要适应城镇化发展趋势，充分考虑区域内学生流动、人口出生和学龄人口变化等情况，科学规划学校布局，并充分利用已有办学资源，首先解决超大班额问题，逐步消除大班额现象。必要情况下，可以采取新建、扩建、改建等措施，对县镇义务教育学校进行改造。加强新建住宅区配套学校建设。对教育资源较好学校的大班额问题，积极探索通过学区制、学校联盟、集团化办学等方式扩大优质教育资源覆盖面，合理分流学生。对于大班额现象严重的学校，要限制其招生人数。

（五）推进农村学校教育信息化。要逐步提升农村学校信息化基础设施与教育信息化应用水平，加强教师信息技术应用能力培训，推进信息技术在教育教学中的深入应用，使农村地区师生便捷共享优质数字教育资源。稳步推进农村学校宽带网络、数字教育资源、网络学习空间建设。要为确需保留的村小学和教学点配置数字教育资源接收和播放设备，配送优质数字教育资源。加快学籍管理等教育管理信息系统应用，并将学生、教师、学校资产等基本信息全部纳入信息系统管理。

（六）提高教师队伍素质。要特别抓好农村教师队伍建设，通过实施农村义务教育学校教师特岗计划等多种方式，完善农村教师补充机制。推进县域内校长教师交流轮岗，提高城镇中小学教师到乡村学校任教的比例。面向乡镇以下农村学校培养能承担多门学科教学任务的小学教师和"一专多能"的初中教师。提高中小学教师国家级培训计划的针对性和有效性，省级教师培训要向农村义务教育教师、校长倾斜。要结合实际制定农村教师职称评审条件、程序和办法，农村学校教师职称晋升比例应不低于当地城区学校教师。要落实对在连片特困地区的乡、村学校和教学点工作的教师给予生活补助的政策。要积极推进农村教师周转宿舍建设，努力改善农村教师生活条件。

四、有关工作要求

（一）明确责任。全面改善贫困地区义务教育薄弱学校基本办学条件工作由国家统一部署、省级人民政府统筹安排、县级人民政府具体实施。教育部、发展改革委、财政部要加强组织协调，及时跟踪了解各地工作进展等情况，加强指导和推动。地方各级教育、发展改革、财政等部门要各负其责、加强协作、形成合力，确保各项工作落到实处。

（二）摸清底数。县级人民政府要在科学制定农村义务教育学校布局专项规划基础上，以校为单位，清查教室、桌椅、运动场地、体育设施等教学设施和宿舍、食堂、厕所等生活设施，立足"保基本、兜网底"，对照基本办学需要，分析确定每个学校（含教学点）办学条件缺口，列出现状和需求清单并编制账册，做好改善办学条件的基础工作。

（三）制定方案。县级人民政府及其教育、发展改革、财政等部门要根据在国家教育体制改革领导小组备案的农村义务教育学校布局专项规划，针对每一所存在基本办学条件缺口的学校制订专门方案，明确弥补缺口的途径、时间安排和资金来源，形成本地区改善薄弱学校基本办学条件的时间表、路线图。地市级人民政府要做好指导和协调工作。省级人民政府要从实际出发，分清轻重缓急，在汇总各县（区）方案的基础上制定本省（区、市）改善贫困地区薄弱学校基本办学条件的实施方案，并于 2014 年 4 月 30 日前将实施方案报送教育部、发展改革委、财政部。

（四）保障经费。中央通过完善农村义务教育经费保障机制、适当调整薄弱学校改造计划、继续实施初中改造工程等措施，加大项目统筹与经费投入力度，按照"总量控制、突出重点、动态调整、包干使用"的原则，对中西部贫困地区和东部部分困难地区改善薄弱学校基本办学条件予以倾斜支持。农村义务教育经费保障机制重点保障学校基本运行需要和校舍维修；在原有基础上扩充薄弱学校改造计划内容，将信息化建设和农村小学必要的运动场、学生宿舍、食堂、饮水设施、厕所、澡堂等教学和生活设施纳入支持范围；初中改造工程重点支持农村初中必要的运动场、学生宿舍、食堂、饮水设施、厕所、澡堂等教学和生活设施建设。省级人民政府要加大省级财政投入，优化财政支出结构，最大限度地向贫困地区义务教育倾斜，做好改善基本办学条件建设需求与相关资金的统筹和对接，防止资金、项目安排重复交叉或支持缺位。地市和县级人民政府要加大经费投入、严格经费管理，按规划确保各项资金落实到位和管理使用安全高效，抓好项目实施。

（五）规范实施。要运用信息技术加强基础数据管理，对每所学校的建设内容和项目实行动态监控和全程管理。新建工程项目要严格履行基本建设程序，确保工程质量和安全。要落实政府采购、招投标和国库集中支付等相关制度，确保各项工作"阳光操作"。要把"补短板"、满足基本需要放在首位，坚持勤俭节约，杜绝超标准建设和奢华浪费，不得将财政资金向少数学校过度集中，拉大教育差距。严禁举债建设义务教育学校和改善义务教育办学条件。要加强资金监管，保证专款专用，防止发生套取、挪用、截留资金等问题，切实提高资金使用效益。

（六）加强监督检查评估。教育部、发展改革委、财政部要对各地相关工作开展情况进行专项督查。省级人民政府要加强过程检查，及时发现和协调解决有关问题，督促地市和县级人民政府按照实施方案要求，依法依规实施工程项目，确保按时完成改善薄弱学校基本办学条件工作。对套取、挪用、截留资金以及举债建设、项目管理失职渎职等违纪违规问题，要严肃查处并依法依规追究相关单位和责任人的责任。各地要采取适当方式公开有关信息，自觉接受社会监督。各省（区、市）对改善薄弱学校基本办学条件工作要适时开展评估，并将评估报告报送教育部、发展改革委、财政部。

教育部　国家发展改革委　财政部
2013 年 12 月 31 日

构建利用信息化手段扩大优质教育资源
覆盖面有效机制的实施方案

为贯彻落实《中共中央关于全面深化改革若干重大问题的决定》提出的"构建利用信息化手段扩大优质教育资源覆盖面的有效机制，逐步缩小区域、城乡、校际差距"的战略部署，加快推进教育信息化工作，根据《国家中长期教育改革和发展规划纲要（2010—2020年）》《教育信息化十年发展规划（2011—2020年）》的工作部署，特制定此实施方案。

一、充分认识教育信息化的重大战略意义

新世纪以来，党和国家高度重视信息化工作，特别是十八大提出"四化"同步发展，把信息化上升为国家战略。习近平总书记强调"没有网络安全就没有国家安全，没有信息化就没有现代化"。"以教育信息化带动教育现代化"是推进我国教育事业改革与发展的战略选择，是深化教育领域综合改革的重要组成部分，是促进教育公平、提升教育质量的有效途径，有助于优化教育资源配置，促进优质教育资源共享、创新人才培养模式、转变教育发展方式。

我国教育信息化起步于上世纪90年代末，在国家实施的一系列重大规划和重大工程支持下，教育信息化已步入发展的快车道，特别是近年来，教育信息化被提升到新的战略高度，开始从分散建设向整体规划、统筹推进转型，促进教育改革发展的作用日益凸显。然而，教育信息化发展至今仍然面临着一些深层次问题，学校特别是中西部农村地区信息化基本环境建设尚未全面实现，优质教育资源的开发模式和有效应用机制尚未形成，信息技术与教育教学的融合仍不够深入，教师信息技术应用能力亟待提升，管理信息化在教育科学决策和精细化管理服务中的作用还未充分发挥。加快推进教育信息化必须从构建有效机制入手，坚持应用驱动的原则，制定切实可行的改革措施，促进信息技术与教育教学的深度融合，保障教育信息化快速、健康、可持续发展，为实现教育现代化和构建学习型社会提供有力支撑。

二、构建有效机制的总体要求

（一）总体思路

围绕解决教育改革发展的重大问题，以促进教育公平、提高教育质量为重点，根据教育规划纲要和全国教育信息化工作会议确定的"三通两平台"重点工作部署，以有效机制的构建为引领，引导资源共建共享、促进应用模式创新、鼓励社会广泛参与，注重处理好政府与市场的关系，注重发挥好师生的主体地位，使教育信息化在推进教育领域综合改革、教育治理体系和治理能力现代化进程中发挥更大作用，取得明显成效。

（二）总体目标

通过构建利用信息化手段扩大教育资源覆盖面的有效机制，加快推进教育信息化"三通两平台"建设与应用，实现各级各类学校宽带网络的全覆盖，优质数字教育资源的共建共享，信息技术与教育教学的全面深度融合，逐步缩小区域、城乡、校际之间的差距，促进教育公平，提高教育质量，支撑学习型社会建设，形成与国家教育现代化发展目标相适应的教育信息化体系。

（三）阶段目标

到 2015 年，全国基本实现各级各类学校互联网全覆盖，其中宽带接入比例达 50%以上，拥有网络教学和学习环境；初步建立起丰富多样的优质数字教育资源，实现包括基础性资源、个性化资源和校本资源在内的各级各类教育资源的普遍共享，并输送到全国具备网络教学条件的学校、班级，实现课堂教学的常态化、普遍性使用，让地处偏远、贫困地区的孩子能够就近接受良好的教育；网络学习空间应用覆盖各级各类教育，50%教师和 30%初中以上的学生拥有实名网络学习空间，高等学校要实现 90%以上师生拥有实名网络学习空间，开放大学要实现 100%师生拥有实名网络学习空间，并在教育教学中深入应用；建成国家教育资源公共服务平台与国家数字教育资源中心，形成数字教育资源市场化的汇聚和共享机制；建成贯穿学前教育至高等教育，覆盖全国各级教育行政部门和各级各类学校的学生学籍、教师和学校资产的管理信息系统及基础数据库；教师信息技术应用能力和水平显著提升。

到 2017 年，全国基本实现各级各类学校宽带网络接入，网络教学和学习环境完善，有条件的农村学校班均出口带宽应不小于 2M，城镇学校班均出口带宽应不小于 4M，义务教育阶段城镇和农村学校多媒体教室比例分别达 80%以上和 50%以上；基本建成数字教育资源与公共服务体系，为学习者享有优质数字教育资源提供方便快捷服务；网络学习空间应用普及化，教师普遍应用网络学习空间开展研修、备授课、批改作业、家访及指导学生学习，学生普遍应用网络学习空间开展自主学习，所有教师和初中以上学生基本实现"人人通"；国家平台与地方、企业平台互联互通、协同服务的数字教育资源云服务体系完备；教育管理信息系统不断完善，基础数据库动态更新，为教育管理和宏观决策提供支撑和服务；完成全国1000多万名中小学（含幼儿园）教师新一轮信息技术应用能力提升培训；信息化环境下学生自主学习能力明显增强，教学方式与教育模式创新不断深入，信息化对教育变革的促进作用充分显现。

到2020年，全面完成教育规划纲要和教育信息化十年发展规划提出的教育信息化目标任务，形成与国家教育现代化发展目标相适应的教育信息化体系；基本实现所有地区和各级各类学校宽带网络的全面覆盖，具备条件的教学点实现宽带网络接入，城镇学校班均出口带宽应不小于10M，有条件的农村学校班均出口带宽应不小于5M，有条件的教学点接入带宽达到4M以上，各级各类学校基本具备网络条件下的多媒体教学环境，基本建成人人可享有优质教育资源的信息化学习环境；基本形成学习型社会的信息化支撑服务体系；教育管理信息化水平显著提升；信息技术与教育融合发展的水平显著提升；教育信息化整体上接近国际先进水平，对教育改革和发展的支撑与引领作用充分显现。

三、推进改革的重点任务

（一）加快推进"宽带网络校校通"。逐步建设满足学校信息化教育教学应用需要的必备基础设施，主要包括宽带网络接入和校内网络教学环境；继续支持中国教育科研与计算机网、下一代互联网建设和核心关键技术研发，保持和提升我国教育科研信息基础设施在国际上的领先地位。重点推进义务教育阶段学校"宽带网络校校通"，一是探索"政府统筹引导、企业参与建设、学校购买服务"的机制。国家实施"宽带中国"战略、农村扶贫开发纲要等重大规划加大对农村中小学扶持的力度，"村村通"工程优先解决农村中小学宽带接入；国家民用空间基础设施部署的通讯卫星优先满足教育教学双向交互应用需求。二是逐步将信息化纳入义务教育阶段学校建设标准和基本办学条件，把中西部农村中小学网络条件下的教学环境建设纳入"全面改善贫困地区义务教育薄弱学校基本办学条件"工作，引导地方统筹部署落实。三是逐步提高农村义务教育阶段学校公用经费基准定额，满足学校宽带租用、设备运行维护、购买信息化服务等基本需求。

（二）全面推进"优质资源班班通"。面向教育教学主战场开发优质数字教育资源，提升教师信息技术应用能力和水平，推动在课堂教学活动中经常性、普遍性使用，通过"专递课堂""名师课堂""名校网络课堂"等多种形式，促进教育公平、提升教学质量。一是探索优质数字教育资源开发、应用、服务机制，建立"基础性资源靠政策、个性化资源靠市场"的资源开发机制；探索"企业竞争提供、政府评估准入、学校自主选择"的机制，组织、鼓励教材出版企业建设并提供教师备课和学生学习的基础性资源；开展"一师一优课、一课一名师"活动，充分发挥学校和教师个性化资源建设的主体作用，研究鼓励优质校本资源广泛共享的政策，形成系统开发基础性资源、有计划开发个性化资源的新格局。二是巩固深化"教学点数字教育资源全覆盖"项目成果，更新、改进并适时推送满足教学点需求的数字教育资源；推广"中心学校带教学点""一校带多点、一校带多校"的教学组织模式，逐步形成强校带弱校、优秀教师带其他教师制度化安排，帮助教学点开齐开好国家规定课程，帮助所有学校提高教学质量。三是全面实施中小学教师信息技术应用能力提升工程，建立教师信息技术应用能力标准体系，将教师信息技术应用能力纳入教师资格认定、职称评聘和考核奖励等教师管理体系；将信息化水平列入中小学办学水平评估和校长考评的指标体系；大力开展教师信息技术应用能力培训，提升教师信息化教学能力和水平。四是加大"信息惠民工程"中优质教育信息惠民行动计划的实施力度，先期启动职业教育资源建设。五是进一步丰富在线开放课程资源内容与形式，建立在线开放课程的知识产权保护和服务共享机制，推动开放大学建设，实现校内传统课堂与在线课程的有机整合，有效提高高校教学质量，在满足高等教育教学需求的同时，为全民学习、终身教育提供方便、灵活、个性化的学习资源和服务，满足社会学习者多样化的学习和发展需求。

（三）大力推进"网络学习空间人人通"。建立基于云服务模式实名制、组织化、可控可管的网络学习空间，开展教师研修模式、教与学方式的变革探索，促进校内外教育的有机结合，实现师生、生生、家校的多元互动。一是探索"政府规范引导、企业建设运营、学校购买服务"的机制，按照"教师率先使用、职业教育率先部署、发达地区率先示范"的原则，加快推动网络学习空间建设，为学校和相关教育机构建立机构网络空间，为师生建立个人网络空间，鼓励家长建立家长网络空间。二是鼓励教师利用网络学习空间开展协同备课和网络研修，形成共同备课、教学研究、资源共享等一体化协作交流机制；鼓励学生使用网络学习空间中的数字资源、网络作业、网上自测、拓展阅读、网络选修课等开展自主学习，教师提供学习指导服务、探究式学习支持，帮助学生养成自我管理、自主学习的良好习惯，促进教与学的方式变革。

（四）建设教育资源公共服务平台。依托平台为所有学校和师生提供数字教育资源共享与服务，有力支撑"优质资源班班通、网络学习空间人人通"。一是充分依托国有大型电信企业的基础设施，通过政府购买服务，加快国家教育资源公共服务平台与国家数字教育资源中心建设。二是探索形成数字教育资源市场化的汇聚与使用机制，把国家教育资源公共服务平台建成最具规模与影响力的"数字教育资源超市"和导航网站，促进优质教育资源的共建共享。三是推进建立国家平台与地方、企业平台互联互通与协同服务，建设覆盖全国的数字教育资源云服务体系。四是扎实推进国家教育资源公共服务平台规模化应用试点，探索形成基于网络学习空间的"优质资源班班通"应用服务模式。

（五）建设教育管理公共服务平台。建立覆盖全国各级教育行政部门和各级各类学校的管理信息系统及基础数据库，为加强教育监管、支持教育宏观决策、全面提升教育公共服务能力提供支撑。一是围绕国家教育改革发展的中心任务，按照国家和省级数据中心"两级建设"，国家、省、市（地）、县和学校"五级应用"的基本思路，建设覆盖全国各级各类教育的学校、教师、学生的信息管理系统。二是在全国推行学生和教师"一人一号"、学校"一校一码"，实现全国各级各类教育学生、教师、教育机构、学校资产及办学条件数据全面入库，形成集中统一和数据共享的基础数据库，为国家重大项目实施提供监管和支撑。三是着重推动各地和各级各类学校全面应用系统功能，做好学生升级、升学、转学、毕业和教师调动等日常管理工作，并通过系统应用实现数据动态更新。四是构建的国家教育决策与服务支持系统，实现部内相关数据资源的整合与集成、教育与经济社会数据的关联与分析，为教育决策提供及时和准确的数据支持，促进教育治理体系和治理能力现代化水平的提升。

四、保障措施

（一）建立跨部门协调推进机制。教育部、财政部、国家发展改革委、工业和信息化部、中国人民银行等有关部门建立跨部门协调推进机制，加强顶层设计，统筹进度安排，协调解决机制改革创新的重点、难点问题，督促检查任务落实情况，合力推进目标的实现。

（二）建立健全政策环境。加快推进教育信息化法制建设，将教育信息化列为教育督导内容。推动国家有关部门制定相关政策，鼓励引导企业积极参与教育信息化基础设施建设、资源开发与服务、设施设备运维保障等。推动建立健全网络安全保障机制和数据、资源共享办法。各地应将教育信息化纳入地方发展规划，制定教育信息化优先发展的配套政策措施。

（三）形成多元化投入格局。各地充分整合现有经费渠道，优化经费支出结构，保障教育信息化建设和运行维护经费。研究探索金融支持教育信息化的政策，创新机制调动社会各方的积极性，吸引社会团体、企业支持和参与，形成多渠道筹集教育信息化经费的投入机制。中央财政加大对中西部地区教育信息化的投入力度，引导地方加强对农村、边远地区教育信息化的经费支持力度。

（四）完善教育信息化管理体系。推动各地进一步完善教育信息化组织领导体系、职能管理部门和支持服务体系，健全工作机制，加强统筹规划和部门协调。各级各类学校加强信息化专业队伍建设，在高校和具备一定规模的其他各类学校设立信息化管理与服务机构。完善技术支持机构，推进相关机构的分工与整合。

（五）营造良好的舆论环境氛围。充分发挥新闻宣传的先导和服务作用，围绕教育信息化工作的方针政策、重大部署和新进展、新成效，加大宣传的广度与深度，通过传统媒体和新媒体等新闻媒介开展全方位、多角度、立体化的宣传工作。加快教育信息化走出去的步伐，积极参与国际教育信息化论坛、研究、活动等，分享经验和做法，提升我国教育信息化的国际地位和影响力。

教育部、财政部、国家发展改革委、工业和信息化部、中国人民银行《关于印发〈构建利用信息化手段扩大优质教育资源覆盖面有效机制的实施方案〉的通知》

2014 年 11 月 16 日

教育脱贫攻坚"十三五"规划

打赢脱贫攻坚战，是党中央、国务院作出的重大决策部署，也是实现全面建成小康社会目标的重要标志。为深入贯彻中央扶贫开发工作会议精神，全面落实《中共中央国务院关于打赢脱贫攻坚战的决定》，完成发展教育脱贫一批重要任务，阻断贫困代际传递，特制定本规划。

一、总体要求

（一）指导思想。全面贯彻党的十八大及十八届三中、四中、五中、六中全会精神和习近平总书记系列重要讲话精神，落实党中央、国务院决策部署，按照"五位一体"总体布局和"四个全面"战略布局，牢固树立和贯彻落实创新、协调、绿色、开放、共享的新发展理念，充分发挥政治优势和制度优势，把精准扶贫、精准脱贫作为基本方略，以国家扶贫开发工作重点县和集中连片特困地区县（以下简称贫困县）及建档立卡等贫困人口（含非建档立卡的农村贫困残疾人家庭、农村低保家庭、农村特困救助供养人员，下同）为重点，采取超常规政策举措，精确瞄准教育最薄弱领域和最贫困群体，实现"人人有学上、个个有技能、家家有希望、县县有帮扶"，促进教育强民、技能富民、就业安民，坚决打赢教育脱贫攻坚战。

（二）基本原则。

加快发展，服务全局。坚持教育优先发展，尽快补齐贫困地区教育发展短板，全面提升建档立卡等贫困人口受教育水平，积极推进教育参与产业发展、公共服务的深度和广度，拓展教育服务区域脱贫攻坚的空间和能力。

分类施策，精准发力。坚持量力而行、尽力而为原则，准确把握不同地区、不同群体教育需求，分类制定教育脱贫举措，找准教育脱贫实施路径，推动教育脱贫政策精准实施、脱贫资金精准投放。

就业导向，重在技能。大力发展职业教育和培训，以提升建档立卡等贫困人口的基本文化素质和技术技能水平为重点，全面提升贫困地区人口就业创业、脱贫致富能力。

政府主导，合力攻坚。落实地方政府主体责任，充分发挥教育系统人才优势，广泛动员社会力量参与，激发贫困地区内生动力，构建多方参与、协同推进的教育脱贫大格局。

二、主要目标

发展学前教育，巩固提高义务教育，普及高中阶段教育，到 2020 年，贫困地区教育总体发展水平显著提升，实现建档立卡等贫困人口教育基本公共服务全覆盖。保障各教育阶段从入学到毕业的全程全部资助，保障贫困家庭孩子都可以上学，不让一个学生因家庭困难而失学。每个人都有机会通过职业教育、高等教育或职业培训实现家庭脱贫，教育服务区域经济社会发展的能力显著增强。

对建档立卡学龄前儿童，确保都有机会接受学前教育；对建档立卡义务教育阶段适龄人口，确保都能接受公平有质量的义务教育；对建档立卡高中阶段适龄人口，确保都能接受高中阶段教育特别是中等职业教育；对建档立卡高等教育阶段适龄人口，提供更多接受高等教育的机会；对建档立卡学龄后人口，提供适应就业创业需求的职业技能培训。

三、任务举措

（一）夯实教育脱贫根基。

发展学前教育。省级统筹学前教育资金向贫困县倾斜。以县为单位编制学前教育规划，通过举办托儿所、幼儿园等，构建学前教育体系，重点保障留守儿童。贫困地区每个乡镇至少办好一所公办中心幼儿园，在有条件的大行政村独立建园或设分园，小行政村联合办园，逐步形成贫困地区农村学前教育服务网络。采取多种方式鼓励普惠性民办幼儿园招收建档立卡等贫困家庭子女。健全学前教育资助制度，帮助农村贫困家庭幼儿接受学前教育。加强民族地区幼儿园建设。

巩固提高九年义务教育水平。加快推进贫困地区全面改善农村薄弱学校基本办学条件，引导和支持地方于 2017 年底前完成贫困县全面改善义务教育薄弱学校基本办学条件任务，各地不得超标准建设豪华学校。办好贫困地区必要的村小学和教学点，建设好农村寄宿制学校，保障学生就近上学。中小学校布局建设要满足易地扶贫搬迁的需要，根据学生规模新建、改扩建移民学校，确保搬迁学生就学。落实好"两免一补"政策，完善控辍保学机制，保障建档立卡等贫困家庭学生顺利完成义务教育。鼓励地方扩大营养改善计划试点范围，实现贫困县全覆盖，中央财政给予奖补支持。加强教育教学质量和学生学业质量的监测评价，推动提高贫困地区义务教育办学质量。

加强乡村教师队伍建设。落实好乡村教师支持计划。特岗计划优先满足贫困县的需要，国培计划优先支持贫困县乡村教师校长培训。建立省级统筹乡村教师补充机制，依托师范院校开展"一专多能"乡村教师培养培训，着力解决幼儿园教师不足、音体美外语教师短缺等问题。加强民族地区师资培训。建立城镇优秀教师向乡村学校流动制度，城镇教师晋升高级职称（职务）应有在乡村学校任教 1 年以上的经历。提高农村教师信息素养，强化信息技术应用能力，转变教育教学方式。全面落实集中连片特困地区乡村教师生活补助政策，推进边远艰苦地区农村学校教师周转宿舍建设，切实改善乡村教师工作和生活条件。实施边远贫困地区、边疆民族地区和革命老区人才支持计划教师专项计划，每年向"三区"选派 3 万名支教教师。

加大特殊群体支持力度。建立建档立卡等贫困家庭留守儿童台账，构建家庭、学校、政府和社会力量相衔接的留守儿童关爱服务网络。在农村留守儿童集中地区加强农村寄宿制学校建设，促进寄宿制学校合理分布，提高农村留守儿童入住率。支持和指导中小学校对农村留守儿童受教育情况实施全过程管理，加强心理健康教育，帮助监护人掌握农村留守儿童学习情况，提升监护人责任意识和教育管理能力。发展特殊教育，加大对各类残疾人进入各类相应学校的支持力度。提高贫困地区残疾儿童教育普及水平，按照"一人一案"的要求，针对建档立卡的未入学适龄残疾儿童少年，采用多种形式安排其接受义务教育。

（二）提升教育脱贫能力。

加快发展中等职业教育。坚持把中等职业教育作为普及高中阶段教育的重点。优化中等职业学校布局结构，在人口集中和产业发展需要的贫困地区建好一批中等职业学校。省级统筹现代职业教育质量提升计划等中央资金和地方相关资金，重点支持贫困地区每个地级市（州、盟）建设好至少一所符合当地经济社会发展需要的中等职业学校（含技工学校）。启动实施职教圆梦行动计划，省级教育行政部门会同人力资源社会保障部门统筹协调国家示范和国家重点中等职业学校（含技工学校），选择就业好的专业，单列招生计划，针对建档立卡等贫困家庭子女招生，确保他们至少掌握一门实用技能。实施中等职业教育协作计划和技能脱贫千校行动，支持建档立卡等贫困家庭初中毕业生到省（区、市）外经济较发达地区接受中等职业教育，在享受免学费和国家助学金政策的基础上，各地给予必要的住宿费、交通费等补助，帮助这些学生完成学业，实现就业。订单式、学徒制等校企联合培养类职业教育优先招收建档立卡等贫困家庭子女。逐步对建档立卡等贫困家庭学生接受中等职业教育实现免学费和国家助学金补助政策的全覆盖。

广泛开展公益性职业技能培训。人力资源社会保障、教育部门会同扶贫部门，加大职业技能提升计划和贫困户教育培训工程实施力度，引导企业扶贫与职业教育相结合，鼓励职业院校面向建档立卡等贫困家庭开展多种形式的职业教育和培训。人力资源社会保障、教育部门配合农林部门，积极发展贫困地区现代农林职业教育，建立公益性农民培养培训制度，大力培养新型职业农民。支持职业院校联合人力资源社会保障、旅游、林业、能源、工会等部门（单位），面向未升学初高中毕业生、进城农民工、农村富余劳动力等群体开展劳务输出、乡村旅游、生态护林、林下经济、节能环保等相关职业技能培训，实现脱贫举措与技能培训精准对接。

（三）拓宽教育脱贫通道。

积极发展普通高中教育。普通高中改造计划和教育基础薄弱县普通高中建设项目优先支持贫困县普通高中改善办学条件，保障建档立卡等贫困家庭学生接受普通高中教育的机会。各地要加大对贫困地区普通高中的投入力度，逐步建立健全普通高中生均拨款制度，为实现 2020 年普及高中阶段教育兜住底线。继续实施普通高中国家助学金政策，实现对建档立卡等贫困家庭学生的全覆盖。免除公办普通高中建档立卡等家庭经济困难学生学杂费。

继续实施高校招生倾斜政策。加快推进高职院校分类考试招生，同等条件下优先录取建档立卡等贫困家庭学生。继续实施国家、地方、高校三个专项计划，国家专项计划由中央部门高校和部分地方高校承担，地方专项计划由各省（区、市）所属高校承担，高校专项计划由教育部直属高校和其他自主招生试点高校承担，面向贫困地区和农村学生招生，同等条件下优先录取建档立卡等贫困家庭学生。民族预科班、民族班招生计划向贫困地区、向符合条件的建档立卡等贫困家庭学生倾斜。

完善就学就业资助服务体系。进一步完善高校国家奖助学金、国家助学贷款、新生入学资助、研究生"三助"岗位津贴、勤工助学、校内奖助学金、困难补助、学费减免等贫困大学生资助政策体系，确保覆盖全部建档立卡等贫困大学生。落实贫困高校毕业生就业创业帮扶政策，建立贫困毕业生信息库，实行"一对一"动态管理和服务。利用高校毕业生就业信息服务平台，为贫困毕业生推送就业岗位，组织开展就业见习、职业技能和创业培训并按规定给予补贴。贫困地区实施高校毕业生基层服务项目时，优先选拔招募本地户籍毕业生，落实各项优惠政策措施，构建毕业生到贫困地区基层"下得去、留得住、干得好、流得动"的长效机制。

（四）拓展教育脱贫空间。

加强决策咨询服务。发挥高校思想库、智囊团的作用，结合贫困地区经济社会发展重大问题，围绕城乡规划、行业规划、道路规划、民居设计、水资源利用、生态保护、社会安全治理等领域，提供战略咨询、规划编制、专题研究、法律服务、国际支持等形式多样的智力帮扶，为当地党委、政府科学管理和决策提供咨询服务。依托高校专业特色，组织开展行政领导干部、行业人才、技术技能人才专题培训，帮助贫困地区干部加强执政能力、提升管理水平、增强业务素养。

助推特色产业发展。发挥高校学科优势和科技优势，帮助贫困地区加强产业发展顶层设计，制定符合当地实际的产业发展规划。组织动员专家教授、科技服务团、博士服务团等专业力量，深入贫困地区一线，找准高校科研项目与当地资源禀赋、区位优势的结合点，动员企业、校友等多方力量促进科技成果转化落地并产业化，帮助贫困地区打造新的经济增长点。依托贫困地区特有的自然人文、民族特色、民间文化、地方特产等资源，培育发展乡村旅游、中草药、民族文化用品、民间传统技艺等特色产业。助推贫困地区种养业、手工业、农产品加工业等传统产业发展升级，提高产品档次，提升产品附加值。鼓励高校特别是涉"三农"高校助力贫困地区农村一二三产业融合发展，在延伸农业产业链、拓展农业多种功能、发展农业新型业态等方面提供支持。通过提供信息服务、支持搭建电商平台等方式，帮助贫困地区拓展产品市场，打造品牌产品。

提高公共卫生服务水平。发挥高校医学专业及附属医院资源优势，帮助贫困地区群众树立公共卫生意识，倡导健康生活方式，预防和减少疾病发生。多种形式帮助贫困地区培养培训医务人员，继续实施农村订单定向医学生免费培养工作，为贫困地区乡镇卫生院及以下的医疗卫生机构培养从事全科医疗的医学类本专科学生。以巡回医疗、远程医疗、对口帮扶等方式，让优质医疗资源辐射到贫困地区，提升其医疗服务能力。加强贫困地区地方病、传染病科研攻关，加强源头控制，提升疾病防治水平。

推进乡风文明建设。动员高校共青团、学生会、志愿服务组织、校友会等多方力量，弘扬中华民族扶贫济困的传统美德，帮助贫困地区群众树立现代文明理念，倡导现代生活方式，改变落后风俗习惯。通过大学生村官、"三支一扶"计划、农技特岗计划、大学生志愿服务西部计划等高校毕业生基层服务项目，引导鼓励高校毕业生到贫困地区农村服务。丰富贫困地区群众文化生活，挖掘当地民间艺术和传统技艺，用现代理念凝练升华，借助新型传播手段传承推广。发挥学校作为乡村文化中心的重要功能，打造新农村传播知识、文化交流、科技推广的新平台。

（五）集聚教育脱贫力量。

激发贫困地区内生动力。引导贫困地区处理好国家、社会帮扶和自身努力的关系，引导贫困群众树立"宁愿苦干、不愿苦熬"的观念，发扬自力更生、艰苦奋斗、勤劳致富精神，传承中华民族重视家庭教育的优秀传统，注重扶贫先扶智，不断增强贫困地区造血功能和贫困群众自我发展能力。家庭是社会的细胞，要发挥好家庭在教育中的重要作用。强化贫困群众主体地位，充分调动贫困群众积极性和创造性，激发贫困群众主动脱贫、积极脱贫意识，靠辛勤劳动改变贫困落后面貌。

加大财政支持力度。中央财政一般性转移支付、专项转移支付资金向贫困地区和贫困人口倾斜。结合脱贫攻坚任务和贫困人口变化情况，完善资金安排使用机制，精准有效使用教育资金，把教育经费花在刀刃上。各地要切实把教育脱贫作为财政支出重点予以优先保障，资金安排向教育脱贫任务较重的地区倾斜。加强财政监督检查和审计、稽查等工作，提高资金使用绩效。

实施教育扶贫结对帮扶行动。在县域内实施城区优质幼儿园对口帮扶乡镇中心幼儿园。在市域范围内实施优质义务教育学校对口帮扶农村薄弱义务教育学校，鼓励东部地区开展义务教育结对帮扶。在省域内实施省市优质普通高中对口帮扶贫困县普通高中。除在省域内实施职业教育对口帮扶外，组织东部地区职教集团对口帮扶集中连片特困地区地市（州、盟）职业教育发展。依托东部高校对口支援西部高校计划对口帮扶集中连片特困地区高校。

加大现代信息技术应用。对接建档立卡贫困人口数据库，建设学龄人口就学和资助状况数据库，加强动态跟踪，为保证贫困学龄人口应学在学、应助尽助提供技术支撑。加大贫困地区信息化基础设施建设投入力度，提高贫困地区教育信息化水平，加快实现"三通两平台"。运用"互联网+"思维，推进"专递课堂""名师课堂""名校网络课堂"建设与应用，促进贫困地区共享优质教育资源，全面提升办学质量。积极推动线上线下学习相结合，努力办好贫困地区远程教育。

鼓励社会力量广泛参与。支持中国扶贫基金会、中国教育发展基金会等公益组织参与教育脱贫工作。积极引导各类社会团体、企业和有关国际组织开展捐资助学活动。发挥好工会、共青团、妇联等群团组织的作用，继续实施"金秋助学计划""春蕾计划""研究生支教团"等公益项目或志愿服务项目，组织志愿者到贫困地区开展扶贫支教、技能培训和宣传教育等工作。积极发挥金融助力教育脱贫作用。落实社会力量投入教育脱贫的激励政策，通过公益性社会团体或者县级以上人民政府及其部门向贫困地区学校进行捐赠的，其捐赠按照现行税收法律规定在税前扣除。

四、组织实施

落实各级政府责任。教育部、国家发展改革委、民政部、财政部、人力资源社会保障部、国务院扶贫办会同有关部门建立工作协调机制，加强制度设计，研究解决教育脱贫有关重大问题，统筹推进教育脱贫工作。各有关部门把支持贫困地区教育事业发展摆上重要议事日程，在各自领域做好涉及教育脱贫的相关工作。省级政府负责统筹组织，制订实施工作方案和推进计划。地市级政府加强协调指导，督促县级政府和有关部门明确责任分工，细化政策措施。县级政府统筹整合各方面资源，落实各项具体政策和工作任务，切实提高支持政策和项目的执行效率。

严格考核督查评估。把教育脱贫攻坚"十三五"规划落实情况作为教育督导重点任务，将教育脱贫成效纳入地方脱贫攻坚工作考核范围，以建档立卡等贫困家庭子女就学状况、资助状况和就业状况为重点，对各地及各学校教育脱贫工作实施进展和成效进行监测评价。根据脱贫攻坚督查巡查工作总体安排，对教育脱贫攻坚工作实行国家重点督查、省市定期巡查、县级经常自查的督查机制，督查结果作为评价各地教育脱贫工作成效的重要内容，对落实不力的地区和单位进行问责。用好精准扶贫第三方评估机制。

加强信息公开公示。加大教育脱贫重大政策、重大项目、重大资金安排、工作进展等重要信息的公开力度，及时通报教育脱贫工作督查情况并适时向社会公开。完善学生资助、定向招生、公益培训等教育惠民事项的公示制度，着力保障贫困地区群众的知情权，主动接受社会监督。在实施教育脱贫重大政策的过程中要积极回应社会关切，充分尊重群众意愿，问需、问计、问效于群众，确保贫困群众真正得到实惠，鼓励全社会积极参与教育脱贫工作。

营造良好舆论环境。加大对教育脱贫的宣传力度，组织新闻媒体广泛宣传教育脱贫各项惠民、富民政策措施，宣传先进典型、推广经验做法。把扶贫纳入基本国情教育范畴，鼓励高校加强扶贫脱贫理论和政策研究，进一步丰富完善中国特色扶贫开发理论，为脱贫攻坚注入强大思想动力。动员社会各界关心支持教育脱贫工作，形成人人知晓教育脱贫政策、人人参与教育脱贫的良好氛围。

教育部等六部门《关于印发〈教育脱贫攻坚"十三五"规划〉的通知》

2016 年 12 月 16 日

推普脱贫攻坚行动计划（2018—2020年）

为贯彻落实习近平总书记关于脱贫攻坚工作的重要指示精神，充分发挥普通话在提高劳动力基本素质、促进职业技能提升、增强就业能力等方面的重要作用，采取更加集中的支持、更加精准的举措、更加有力的工作，为打赢脱贫攻坚战、全面建成小康社会奠定良好基础，特制定本计划。

一、目标定位

扶贫先扶智，扶智先通语。到2020年，贫困家庭新增劳动力人口应全部具有国家通用语言文字沟通交流和应用能力，现有贫困地区青壮年劳动力具备基本的普通话交流能力，当地普通话普及率明显提升，初步具备普通话交流的语言环境，为提升"造血"能力打好语言基础。

二、基本原则

（一）坚持政府主导，健全机制。落实地方政府主体责任，动员社会各方面力量参与贫困地区国家通用语言文字推广普及工作。引导和支持有条件的企业向贫困地区转移产能，形成"造血"能力，提供更多的就业机会。将普通话普及率的提升纳入地方扶贫部门、教育部门扶贫工作绩效考核，列入驻村干部和驻村第一书记的主要工作任务，力求实效。

（二）坚持精准聚焦，精准发力。综合人口、经济、教育、语言等基础因素和条件保障，聚焦普通话普及率低的地区和青壮年劳动力人口，将普通话学习掌握情况记入贫困人口档案卡，消除因语言不通而无法脱贫的情况发生。

（三）坚持因地制宜，分类指导。综合考虑地域差别和文化差异，制定适合不同地区、不同情况的具体推普措施，统筹规划，稳步实施。"三区三州"等深度贫困地区，要率先行动，统筹安排好普通话培训所需经费，以确保攻坚目标如期实现。

（四）坚持统筹兼顾，融合发展。结合乡村振兴战略，在大力推广普及国家通用语言文字的同时，尊重各民族使用本民族语言文字的自由，创造性地发展当地特色文化产业，促进各民族交流交往交融，牢固树立中华民族共同体意识。

三、具体措施

（一）组织开展青壮年农牧民普通话培训。要创造学习条件，创新学习方式，结合当地旅游服务、产业发展、劳务输出等需求，对不具备普通话沟通能力的青壮年农牧民进行专项培训，使其具有使用普通话进行基本沟通交流的能力。每个行政村举办"人人通"推普脱贫培训班，由驻村干部和村民委员会负责组织村民集中开展普通话专项学习培训。鼓励村民借助信息化学习工具和资源自主学习普通话。由当地县级教育（语言文字工作）部门协助组织师资定期给培训班授课。经过培训考试合格的学员，落实相关资助政策，并由扶贫部门优先推荐就业、学习机会。

（二）同步推进职业技术培训与普通话推广。在各级各类扶贫职业技能培训项目中，要把学习掌握普通话作为培训的重要内容，把普通话推广与职业技能培训相结合，显著提高国家通用语言文字应用能力和职业技术技能水平，提高就业竞争力，促进就业脱贫。

（三）切实发挥公务员的表率作用。各级新录用公务员应当具备相应的普通话水平，同时要加强基层干部国家通用语言文字意识的培养和应用能力的培训。采取多种措施，通过集中学习、"一对一"互帮互学等有效方式，对不具备国家通用语言文字沟通能力的县以下基层干部进行专门培训，力争在"十三五"期内使所有在职干部具备国家通用语言文字应用能力。

（四）大力加强学校语言文字工作。将国家通用语言文字方针政策、法律法规和基本规范标准纳入各级各类校长综合培训和教师业务培训，强化校长、教师和学生自觉规范使用国家通用语言文字和自觉传承弘扬中华优秀语言文化的意识。确保国家通用语言文字作为教育教学的基本用语用字，尊重和保障少数民族学生接受本民族语言文字教育的权利，按期完成语言文字规范化达标建设任务，确保各民族中学毕业生具有较好的国家通用语言文字应用能力，能够熟练使用普通话进行沟通交流。

（五）严把教师语言关。新录用的各级各类学校教师普通话水平必须达到国家规定的等级标准。大力提升教师的国家通用语言文字应用能力，通过脱产培训、远程自学、校本研修、帮扶结对等方式，使所有现任教师的普通话达标，少数民族双语教师具有使用国家通用语言文字进行教育教学的能力，普通话水平达到相应等级。

（六）加强普通话培训资源和培训能力建设。支持各地教育（语言文字工作）部门组织编写针对当地语言和语音特点的普通话培训教材，免费向村民和有学习需要的人群发放。研究开发或引进普通话学习辅助学具或软件，帮助提升学习效率。依托各地师范院校，加强培训基地建设，确保学有所教、教有所据。

（七）加强对口地区语言文字工作支援。参与东西扶贫协作、对口支援建设的省市、高校和有关单位，要将语言文字工作列入援助工作的内容，摸清受援地教师、学生、干部、青壮年农牧民的普通话培训需求底数，制订时间表和路线图，保证人员和经费，力争在"十三五"期内帮助受援地完成各项培训任务，切实促进当地普通话普及率的提升。

（八）积极发挥各方面力量。积极发挥学校对社会和家庭的辐射带动作用，鼓励学生帮助家长学习提高普通话水平。制定政策，提供条件，鼓励教师、播音员主持人、寒暑假返乡大学生等积极参与"人人通"推普扶贫培训工作。搭建平台网络，鼓励和吸引企事业单位、社会团体和个人支持语言文字扶贫工作。

（九）加强督导检查。教育部、国家语委会同国务院扶贫办对各地执行情况进行不定期检查或抽查，对行动迅速、措施得当、成效显著的地区给予表扬，对推诿卸责、措施不力、进展缓慢的地区通报批评。

教育部、国务院扶贫办、国家语委《关于印发〈推普脱贫攻坚
行动计划（2018—2020 年）〉的通知》
2018 年 1 月 15 日

深度贫困地区教育脱贫攻坚实施方案（2018—2020 年）

攻克深度贫困堡垒，是打赢脱贫攻坚战必须完成的任务。为全面贯彻落实《中共中央办公厅、国务院办公厅关于支持深度贫困地区脱贫攻坚的实施意见》要求，进一步聚焦深度贫困地区教育扶贫，用三年时间集中攻坚，确保深度贫困地区如期完成"发展教育脱贫一批"任务，特制定本实施方案。

一、总体要求

1. 指导思想。深入学习贯彻落实党的十九大精神和习近平总书记扶贫开发重要战略思想，全面贯彻落实党中央关于深度贫困地区脱贫攻坚的总体部署，坚持精准扶贫、精准脱贫基本方略，以"三区三州"为重点，以补齐教育短板为突破口，以解决瓶颈制约为方向，充分调动各方面积极性、主动性和创造性，采取超常规举措，推动教育新增资金、新增项目、新增举措进一步向"三区三州"倾斜，切实打好深度贫困地区教育脱贫攻坚战。

2. 工作目标。到 2020 年，"三区三州"等深度贫困地区教育总体发展水平显著提升，实现建档立卡贫困人口教育基本公共服务全覆盖。保障各教育阶段建档立卡学生从入学到毕业的全程全部资助，保障贫困家庭孩子都可以上学，不让一个学生因家庭经济困难而失学。更多建档立卡贫困学生接受更好更高层次教育，都有机会通过职业教育、高等教育或职业培训实现家庭脱贫，教育服务区域经济社会发展和脱贫攻坚的能力显著增强。

二、精准建立"三区三州"教育扶贫台账

1. 建立建档立卡贫困教育人口底数台账。落实《教育部办公厅关于印发〈建立建档立卡贫困教育人口信息比对工作协调机制的实施方案〉的通知》要求，每年春季、秋季学期进行建档立卡贫困教育人口信息比对，精准定位每个建档立卡贫困学生，为精准实施教育扶贫政策、精准投放教育扶贫资金提供依据。建立建档立卡贫困学生教育和资助状况年度报告制度，有关结果作为监测各地教育扶贫工作成效的重要依据。

2. 建立教育扶贫基本情况台账。以县为单位建立各级各类教育统计数据台账，摸清现状和需求，测算基本建设、设备购置、教师队伍、学生资助等方面缺口，完善各类教育扶贫项目储备库。建立教育扶贫财政投入年度报告制度，及时掌握各地财政教育扶贫相关经费安排情况。

3. 建立教育扶贫工作推进台账。将"三区三州"教育脱贫攻坚各项工作全部纳入工作台账。把东西部扶贫协作、中央单位定点扶贫、携手奔小康等工作纳入台账化管理，开发教育扶贫地图，多种方式掌握"三区三州"教育对口支援动态。

三、稳步提升"三区三州"教育基本公共服务水平

1. 保障义务教育。统筹推进县域内城乡义务教育一体化改革发展，着力解决"三区三州"义务教育"乡村弱、城镇挤"问题。优化学校布局，强化义务教育投入，加大对"三区三州"倾斜支持力度。全面改善贫困地区义务教育薄弱学校基本办学条件工作优先支持"三区三州"，确保所有义务教育学校如期达到"20条底线要求"。加强"三区三州"乡村小规模学校和乡镇寄宿制学校的建设和管理，提高农村教育质量。继续实施农村义务教育学生营养改善计划，不断扩大地方试点范围。落实《国务院办公厅关于进一步加强义务教育控辍保学提高巩固水平的通知》，完善控辍保学工作机制，因地因人施策，对贫困家庭子女、留守儿童、残疾儿童等特殊困难儿童接受义务教育实施全过程帮扶和管理，防止适龄儿童少年失学辍学。

2. 发展学前教育。省级统筹学前教育资金向"三区三州"倾斜，实施好第三期学前教育行动计划。鼓励在"三区三州"实施"幼有所育"计划，大力发展公办园，支持每个乡镇至少办好一所公办中心幼儿园，大村独立建园，小村联合办园或设分园，完善农村学前教育服务网络，帮助农村贫困家庭幼儿就近接受学前教育，解放农村劳动力。采取多种方式鼓励普惠性民办幼儿园招收建档立卡贫困学生。落实幼儿园教职工配备标准，配足配齐幼儿园教职工，加大对农村幼儿园教师特别是小学转岗教师的培训力度。

3. 普及高中阶段教育。深入实施《高中阶段教育普及攻坚计划（2017—2020年）》，把"三区三州"尚未普及高中阶段教育的地区作为攻坚的重中之重。教育基础薄弱县普通高中建设项目、普通高中改造计划、现代职业教育质量提升计划、职业教育产教融合工程等优先支持"三区三州"扩大教育资源，改善办学条件，保障建档立卡贫困家庭学生接受高中阶段教育的机会。推动基本消除普通高中大班额现象，减少超大规模学校。各地要完善财政投入机制，加大投入力度，建立完善普

通高中生均拨款制度和中等职业学校生均拨款制度，积极化解"三区三州"普通高中债务，制定债务偿还计划。

4. 加快发展职业教育。省级统筹职业教育资金，支持"三区三州"每个地级市（州、盟）建设好一所中等职业学校。在"三区三州"率先实施职业教育东西协作行动计划，建立工作协调机制和管理平台，全面落实东西职业院校协作全覆盖行动、东西协作中职招生兜底行动、职业院校参与东西劳务协作等三大任务。为就读职业学校的"三区三州"贫困家庭学生，开辟招生绿色通道，优先招生，优先选择专业，优先安排在校企合作程度较深的订单定向培训班或企业冠名班，优先落实助学政策，优先安排实习，优先推荐就业。广泛开展公益性职业技能培训，实现脱贫举措与技能培训的精准对接。

5. 加强乡村教师队伍建设。深入实施乡村教师支持计划，继续加大国培计划、特岗计划、公费师范生培养、中小学教师信息技术应用能力提升工程等政策对"三区三州"的支持力度，资助教师开展学历继续教育能力提升，提高教师整体素质和能力水平。落实好连片特困地区乡村教师生活补助政策，指导"三区三州"所在省份用好中央奖补政策，逐步提高补助标准，自主扩大实施范围，稳定和吸引优秀人才长期在乡村学校任教。加大边远贫困地区、边疆民族地区和革命老区人才支持计划教师专项计划倾斜力度，优先向"三区三州"选派急需的优秀支教教师，缓解"三区三州"师资紧缺、优秀教师不足的矛盾，提高当地学校教育教学水平。

6. 实施好"三区三州"现有免费教育政策。全面落实西藏教育"三包"政策，支持新疆南疆四地州14年免费教育政策。各相关省份要按照"尽力而为、量力而行"的原则，审慎开展四省藏区及三州的免费教育政策。推广民族地区"9+3"免费教育计划。

7. 确保建档立卡贫困学生资助全覆盖。学前教育按照"地方先行、中央补助"的原则，建立并实施学前教育资助政策，义务教育实施"两免一补"政策，中等职业教育实施免学费和国家助学金政策，普通高中免除建档立卡等家庭经济困难学生学杂费并实施国家助学金政策，高等教育及研究生教育实施"奖助贷勤补免"及入学绿色通道等"多元混合"的资助方式，务必保障"三区三州"建档立卡贫困家庭学生享受学生资助政策。对通过职业教育东西协作到东部地区省（市）接受中职教育的建档立卡贫困家庭学生，西部地区省（市）从财政扶贫资金中按照每生每年3000元左右的标准给予资助，东部地区省（市）从东西扶贫协作财政援助资金中按照不少于每生每年 1000 元的标准给予资助，用于学生的交通、住宿、课本教材、服装等方面费用。

8. 加大少数民族优秀人才培养力度。继续实施内地西藏班、新疆班、少数民族预科班、少数民族高层次骨干人才培养计划，招生计划向"三区三州"倾斜。实施好在普通高校招生录取中南疆各民族实行同等教育优惠政策，面向南疆单列部分招生计划。实施定向西藏、新疆公共管理人才培养工作。

四、面向"三区三州"实施推普脱贫攻坚行动

1. 组织开展基层干部和青壮年农牧民普通话培训。通过集中学习、"一对一"互帮互学等方式，加强"三区三州"基层干部国家通用语言文字意识的培养和应用能力的培训，帮助所有在职干部都能具备使用国家通用语言文字开展工作的能力。结合"三区三州"旅游服务、产业发展、劳务输出等需求，对不具备普通话沟通能力的青壮年农牧民进行专项培训，使其具有使用普通话进行基本沟通交流的能力。由驻村扶贫干部负责组织教师、返乡大学生等对村民集中开展普通话专项学习培训，在每个行政村举办"人人通"推普脱贫培训班，带动推普工作进村、入户、到人。

2. 同步推进职业技能培训与普通话推广。结合"国家通用语言文字普及攻坚工程"，统筹经费面向"三区三州"青壮年农牧民提供更加精准的公益性培训，把普通话推广与职业技能培训相结合，重点支持少数民族学习掌握使用普通话，显著提高应用通用语言文字能力和职业技术技能水平，解决因语言不通而无法就业创业脱贫的问题。

3. 强化学校推广普及国家通用语言文字的基础性作用。在学前和义务教育阶段全面推广国家通用语言文字授课，确保少数民族学生基本掌握和使用国家通用语言文字。强化"三区三州"的学校校长和教师自觉规范使用国家通用语言文字的意识和能力，努力使普通话成为校园语言，为学生创设良好的国家通用语言文字学校使用环境。严把教师入口关，所有新进教师的普通话水平应达到国家规定的相应等级。加大对现有双语教师国家通用语言文字培训力度，大力提高使用国家通用语言文字进行教育教学的能力，普通话水平达到相应等级。

五、多渠道加大"三区三州"教育扶贫投入

1. 发挥政府投入的主体和主导作用。中央相关教育转移支付存量资金优先保障、增量资金更多用于"三区三州"教育发展和建档立卡贫困学生受教育的需要。"三区三州"所在省级政府要加强经费统筹，切实把教育扶贫作为财政支出重点予以优先保障，经费安排向"三区三州"倾斜。

2. 发挥金融资金的引导和协同作用。联合国家开发银行等政策性金融机构，在"三区三州"先行先试，引入政策性信贷资金，精准对接教育扶贫多元化融资需求。在甘肃省教育精准扶贫示范区探索开展金融助力教育脱贫工作，及时总结经验并适时在更大范围示范推广。探索金融助力职业教育东西协作工作模式。

3. 集聚"三区三州"教育对口支援力量。建立教育扶贫工作联盟，统筹东西部扶贫协作、对口支援、中央单位定点扶贫、携手奔小康等方面帮扶力量，形成对口帮扶"三区三州"教育脱贫攻坚的合力。大力推进教育援藏、援疆、援青等工作，加强援受双方教育部门、各级学校、教师、学生之间的全领域对口帮扶。支持高水平大学对口支援"三区三州"高校。充分发挥国家开放大学办学体系优势，对口帮扶"三区三州"广播电视大学改善办学条件。鼓励社会力量广泛参与，引导支持各类社会团体、公益组织、企业和个人参与"三区三州"教育扶贫工作。

六、加大保障力度

1. 落实各级政府责任。教育部、国务院扶贫办会同有关部门建立工作协调机制，建立工作台账，定期召开调度会，研究解决"三区三州"教育脱贫攻坚有关重大问题，统筹推进相关工作。省级政府承担"三区三州"教育脱贫攻坚的主体责任，加强统筹组织，制订实施工作方案。地市级政府加强协调指导，县级政府统筹整合各方面资源，落实各项具体政策和工作任务。

2. 严格考核督查评估。把实施方案落实情况作为教育督导重点任务，以建档立卡贫困家庭学生就学状况、资助状况、就业状况为重点，对"三区三州"教育扶贫工作实施进展和成效进行监测评价。根据脱贫攻坚督查巡查工作总体安排，将"三区三州"教育扶贫工作成效作为重要内容，对落实不力的地区和单位进行问责。用好精准扶贫第三方评估机制。

3. 营造良好舆论环境。加大对"三区三州"教育脱贫攻坚宣传力度，组织新闻媒体广泛宣传教育扶贫各项惠民、富民政策措施，宣传先进典型，推广经验做法，形成常态化宣传工作机制。动员社会各界多种形式关心支持"三区三州"教育扶贫工作。

教育部、国务院扶贫办《关于印发〈深度贫困地区教育脱贫攻坚
实施方案（2018—2020 年）〉的通知》
2018 年 1 月 15 日

关于进一步加强财政投入管理深入推进
"三区三州"教育脱贫攻坚的指导意见

四川、云南、西藏、甘肃、新疆、青海省（自治区）财政厅、教育厅，新疆生产建设兵团财政局、教育局：

为贯彻落实党的十九大和《中共中央国务院关于打赢脱贫攻坚战三年行动的指导意见》等精神，着力支持推进"三区三州"（西藏、四省藏区、南疆四地州和四川凉山州、云南怒江州、甘肃临夏州，以及新疆生产建设兵团地处南疆四地州的团场）教育脱贫攻坚工作，现提出以下意见。

一、总体要求

（一）指导思想。以习近平新时代中国特色社会主义思想为指导，坚持精准扶贫精准脱贫基本方略，坚持脱贫攻坚目标和现行扶贫标准，聚焦"三区三州"，以保障义务教育为核心，突出问题导向，全面落实教育扶贫政策，加大财政投入，严格资金管理，支持解决特殊困难和薄弱环节，稳步提升深度贫困地区义务教育质量，确保如期完成教育脱贫攻坚任务。

（二）基本原则。

1. 坚持雪中送炭补短板。准确把握"三区三州"教育脱贫攻坚的突出困难和薄弱环节，坚持量力而行、尽力而为，坚决守住底线，着力补齐义务教育"短板"。

2. 坚持聚焦目标不发散。因地制宜确定教育脱贫攻坚目标，严格执行现行扶贫标准和贫困退出标准，科学规划、突出重点，靶向治疗、精准发力，集中力量攻坚克难。

3. 坚持科学管理讲绩效。强化中央统筹、省负总责、市县抓落实的工作机制，充分发挥省级职能作用，建立健全资金监管和绩效评价机制，切实把钱花在刀刃上、用在关键处、管出成效来。

（三）主要目标。

到2020年，巩固教育脱贫成果，"三区三州"教育总体发展水平稳步提升，实现建档立卡等贫困人口教育基本公共服务全覆盖。守住底线"有学上",贫困地区义务教育学校达到基本办学条件,完善控辍保学工作机制,保障贫困家庭孩子接受九年义务教育;提高能力"强质量",贫困地区义务教育教育信息化水平逐步提升,乡村教师队伍素质、国家通用语言文字能力不断增强;精准助学"促公平",健全覆盖各级各类教育的资助政策体系,学生资助政策实现应助尽助;强化技能"有出路",在人口集中和产业发展需要的贫困地区办好中等职业学校,支持贫困家庭学生利用好现有特殊帮扶政策获得一技之长,增强谋生技能。

二、主要举措

(一)实化细化工作方案。相关省份要在本省(区)深度贫困地区脱贫攻坚总体框架下,进一步实化细化2018—2020年"三区三州"教育脱贫攻坚实施方案,处理好常规性工作与精准扶贫的关系,突出补短板的重点事项,明确可考核的工作任务,因地制宜确定教育脱贫攻坚目标。要坚持实事求是、量力而行,既不能降低标准,也不能擅自拔高标准、提不切实际目标,对超出"两不愁、三保障"的验收指标,予以剔除或不作为硬性指标,坚决避免陷入"福利陷阱"和产生"悬崖效应"。

(二)加大财政投入力度。2018—2020年,中央财政继续通过现行渠道新增安排资金,重点支持"三区三州"教育脱贫攻坚;中央财政其他相关教育转移支付资金继续将"贫困人口"、"贫困发生率"等作为重要因素,向"三区三州"所在省份倾斜。相关省份应优化完善省以下转移支付制度,在保持原有支持力度不减的基础上,根据实施方案确定的工作任务,统筹安排中央相关补助资金和地方自有财力,加大对"三区三州"教育支持力度,防止出现"等、靠、要"和"挤出效应"。执行好教育脱贫攻坚工作财政投入信息报告制度,按规定报送教育脱贫攻坚工作进展及用于教育脱贫攻坚经费情况。

(三)合理统筹安排资金。相关省份省级教育、财政部门要切实发挥省级职能作用,优化教育扶贫资金支出结构,聚焦深度贫困地区和建档立卡等贫困学生,切实把钱花在刀刃上、用到关键处,严禁搞平均主义。用于改善学校基本办学条件方面的资金,要把满足基本需要放在首位,优先解决薄弱学校基本办学条件问题,确保实现义务教育学校基本办学条件达到"20条底线"要求(《教育部办公厅国家发展改革委办公厅财政部办公厅关于印发全面改善贫困地区义务教育薄弱学校基本办学条件底线要求的通知》),严禁超标准豪华建设。用于学生资助方面的资金,要进一步提高资助精准度，实现学生资助政策应助尽助，坚决防止义务教育学生因贫失学辍学。用于加强乡村教师队伍建设方面的资金，要优先满足"三区三州"村小教学点特岗教师补充和乡村教师校长培训等需要。"三区三州"市县级教育、财政部门要会同相关部门，按照职责细化资金管理要求，指导资金使用或项目实施单位承担具体责任，加快预算执行进度。同时，统筹好社会教育扶贫资金。

三、工作要求

（一）加强组织领导。相关省份教育、财政部门要强化责任担当，切实对"三区三州"教育脱贫攻坚工作的指导，及时掌握方案实施、资金使用管理、重要工作任务进展等情况。市县级教育、财政部门要落实好各项具体政策和工作任务，根据当地实际筹措资金和安排项目，推动各项政策措施落实落地。

（二）强化绩效管理。相关省份要坚持增加投入与提高绩效并重，健全部门间的沟通协调和信息共享机制，严格资金分配管理，建立健全资金监管和绩效评价机制，强化主管部门常态化监管责任，落实资金使用者的绩效主体责任，建立健全公示公告制度，切实提高资金使用绩效。

（三）加强监督管理。相关省份省级教育、财政部门应当根据《财政部关于全面加强脱贫攻坚期内各级各类扶贫资金管理的意见》（财办〔2018〕24号）要求，依托扶贫资金动态监控平台，按照相关资金管理办法，切实加强教育扶贫资金动态监控和项目管理，强化资金监督，确保教育扶贫资金特别是学生资助资金落到实处。

除"三区三州"所在省份外，其他深度贫困地区所在省份可参照执行。

财政部　教育部

2018 年 11 月 1 日

教育部关于做好新时期直属高校
定点扶贫工作的意见

各省、自治区、直辖市教育厅（教委），新疆生产建设兵团教育局，部属有关高等学校：

为深入贯彻党的十九大精神和习近平总书记关于扶贫工作的重要论述，进一步落实《中共中央国务院关于打赢脱贫攻坚战的决定》《中共中央国务院关于打赢脱贫攻坚战三年行动的指导意见》，按照《中共中央办公厅国务院办公厅关于进一步加强中央单位定点扶贫工作的指导意见》和中央关于定点扶贫工作的总体部署要求，现就加强新形势下直属高校定点扶贫工作，提出如下意见。

一、重要意义

打赢脱贫攻坚战，是全面建成小康社会最艰巨的任务，是以习近平同志为核心的党中央向国内外作出的庄严承诺。习近平总书记在重庆主持召开解决"两不愁三保障"突出问题座谈会上强调，脱贫攻坚战进入决胜的关键阶段，各地区各部门务必高度重视，统一思想，抓好落实，一鼓作气，顽强作战，越战越勇，着力解决"两不愁三保障"突出问题，扎实做好今明两年脱贫攻坚工作，为如期全面打赢脱贫攻坚战、如期全面建成小康社会作出新的更大贡献。

开展中央单位定点扶贫工作，是中国特色扶贫开发事业的重要组成部分，也是社会主义制度优越性的重要体现。自2012年44所直属高校纳入国家定点扶贫工作体系以来，各直属高校认真贯彻落实党中央、国务院的决策部署，把高校特色优势与定点扶贫县发展短板相结合，把先进的理念、人才、技术、经验等要素传播到贫困地区，开展了一系列卓有成效的工作，树立了高校扶贫的品牌，已经成为脱贫攻坚不可或缺的重要力量。

直属高校开展定点扶贫工作，联系到县，帮扶到村到户，有利于把党和国家各项方针政策落实到基层；有利于帮助解决贫困群众最关心最直接最现实的利益问题，把党和国家的温暖直接送到贫困群众身上；有利于更好了解国情民情，问政于民、问需于民、问计于民，促进各单位更好改进工作、转变作风。各直属高校要进一步深入学习贯彻习近平总书记关于扶贫工作的重要论述，把定点扶贫工作作为服务国家、服务社会、服务人民的重要阵地，作为贴近基层、了解民情的重要渠道，作为扎根中国大地办大学的重要途径，作为培养锻炼干部、转变作风的重要方式，强化政治担当，创新工作机制，拓宽工作领域，在推进脱贫攻坚上做出表率、做出引领、做出示范，为打赢脱贫攻坚战作出更大贡献。

二、主要任务

（一）落实帮扶责任，聚焦脱贫攻坚

开展脱贫攻坚调研。深入定点扶贫县开展调查研究，和贫困县干部群众共商脱贫之策，共谋致富之路。指导定点扶贫县制定实施脱贫攻坚规划和年度减贫计划。助力定点扶贫县结合实际、整合资源，精准实施教育扶贫、产业扶贫、健康扶贫、易地扶贫搬迁、劳务输出扶贫等重点工作，帮助贫困群众稳定脱贫。

履行定点扶贫责任。各直属高校每年向国务院扶贫开发领导小组签订定点扶贫责任书，明确年度工作任务，定期报告工作进展情况，年底接受工作成效考核。研究制定本校定点扶贫工作年度计划，加强工作力量，明确具体工作机构和责任人。充分发挥高校优势，加强工作对接，立足定点扶贫县实际，围绕精准扶贫精准脱贫，提高对口帮扶匹配度，在技术、信息、人才、资金、政策等方面积极想办法、出实招、见实效。

选派干部挂职扶贫。直属高校向定点扶贫县至少选派1名优秀挂职扶贫干部，时间一般为2至3年。挂职扶贫干部可担任县委或县政府副职，分管或协助分管扶贫工作，将主要精力放在帮扶建档立卡贫困村和贫困户精准脱贫上。直属高校至少选派1名优秀干部到定点扶贫县贫困村担任第一书记，时间一般应干满2年。加强对挂职扶贫干部和第一书记的培训、管理、考核、监督、服务，给予挂职扶贫干部适当生活补助，按规定落实第一书记工作经费。

加强扶贫工作指导。指导定点扶贫县坚持扶贫开发和农村基层组织建设相结合，突出抓好贫困村党支部书记、创业致富带头人、实用科技人才等队伍建设。帮助村"两委"班子提高带领群众脱贫致富能力和水平，重视抓党建促扶贫，充分发挥村党组织在脱贫攻坚中的战斗堡垒作用和党员的先锋模范作用。指导和帮助驻村工作队和第一书记履行职责、发挥作用，扎实开展精准扶贫精准脱贫工作。

加大督促检查力度。督促定点扶贫县党委和政府加强领导、加大力度、完善机制，承担好脱贫攻坚主体责任，保质保量完成减贫任务。帮助定点扶贫县创新扶贫资金和项目管理运行机制，严格扶贫资金管理，保障扶贫资金公平公正使用、扶贫项目真正造福贫困群众。帮助定点扶贫县党委和政府及时发现和纠正扶贫工作中存在的形式主义等苗头性倾向性问题，推进扶贫领域作风建设专项治理，确保扶贫领域风清气正。

巩固脱贫攻坚成果。定点扶贫县摘帽后，要继续完成剩余贫困人口脱贫任务，做到摘帽不摘责任、摘帽不摘政策、摘帽不摘帮扶、摘帽不摘监管。把防止返贫摆到重要位置，采取有效举措，帮助定点扶贫县及时帮扶返贫人口和新发生贫困人口。把脱贫攻坚与乡村振兴相结合，压茬推进，提前谋划做好 2020 年后扶贫工作和乡村振兴工作。

（二）发挥高校优势，创新帮扶形式

推进教育扶贫。聚焦"两不愁三保障"义务教育有保障的目标标准，充分发挥直属高校教学资源丰富、师资力量雄厚等优势，采取设立志愿者支教服务基地、选派骨干教师支援当地中小学、开设远程课堂等多种形式，提高定点扶贫县教育教学水平。依托直属高校优质培训资源，开展各种形式教师培训，支持定点扶贫县教师队伍建设。把定点扶贫与国情民情教育结合起来，在定点扶贫县建立学生社会实践基地，从学校选派优秀学生到当地实习，鼓励大学生到当地创新创业。继续实施好贫困地区定向招生专项计划和高校农村单独招生专项计划，畅通农村和贫困地区学子纵向流动渠道。综合运用奖、助、贷等多种措施，加大建档立卡贫困大学生的资助力度，保障其顺利完成学业。

推进产业扶贫。发挥直属高校学科优势和科技优势，帮助定点扶贫县加强产业发展顶层设计，制定符合当地实际的产业发展规划。组织动员专家教授、科技服务团、博士服务团等专业力量，深入定点扶贫县，找准高校科研项目与当地资源禀赋、区位优势的结合点，动员企业、校友等多方力量促进科技成果转化落地并产业化。依托定点扶贫县特有的自然人文、民族特色、民间文化、地方特产等资源，培育发展乡村旅游、中草药、民族文化用品、民间传统技艺等特色产业。助推定点扶贫县种养业、手工业、农产品加工业等传统产业发展升级，提高产品档次，提升产品附加值。助力定点扶贫县农村一二三产业融合发展，在延伸农业产业链、拓展农业多种功能、发展农业新型业态等方面提供支持。通过协助地方政府开展招商引资活动、提供信息服务、支持搭建电商平台等方式，帮助定点扶贫县拓展产品市场、销售农产品。

推进智力扶贫。发挥高校思想库、智囊团的作用，结合定点扶贫县经济社会发展重大问题，围绕城乡规划、行业规划、道路规划、民居设计、水资源利用、生态保护、社会安全治理等领域，提供战略咨询、规划编制、专题研究、法律服务、国际支持等形式多样的智力帮扶，为当地党委、政府科学管理和决策提供咨询服务。依托高校专业特色，组织开展行政领导干部、行业人才、技术技能人才专题培训，帮助贫困地区干部加强执政能力、提升管理水平、增强业务素养。

推进健康扶贫。发挥直属高校医学专业及附属医院资源优势，帮助定点扶贫县群众树立公共卫生意识，倡导健康生活方式，预防和减少疾病发生。多种形式帮助定点扶贫县培养培训医务人员，继续实施农村订单定向医学生免费培养工作，为贫困地区乡镇卫生院及以下的医疗卫生机构培养从事全科医疗的医学类本专科学生。以巡回医疗、远程医疗、对口帮扶等方式，让优质医疗资源辐射到定点扶贫县，提升其医疗服务能力。加强定点扶贫县地方病、传染病科研攻关，加强源头控制，提升疾病防治水平。

推进消费扶贫。推广以购代捐的扶贫模式，通过"点对点"对接供应、"面对面"联合采购等形式，在质量安全可控的前提下，逐步加大直属高校面向贫困地区采购农产品的比重，同等条件下优先采购贫困地区农产品，优先从贫困地区聘用工勤人员，引导干部职工自发购买贫困地区产品和到贫困地区旅游，促进定点扶贫县产业发展和农户稳定增收。鼓励学校工会按照有关规定组织职工到贫困地区开展工会活动，在同等条件下优先采购贫困地区产品。组织开展贫困地区农产品定向直供直销直属高校食堂活动，使其成为高校食堂原材料采购的渠道。支持定点扶贫县依托龙头企业建设一批高校"订单式"农产品直供基地，建立完善农产品仓储、检测、物流等相关配套服务体系，产出符合高校需求的优质优价产品。

推进精神扶贫。动员直属高校共青团、学生会、志愿服务组织、校友会等多方力量，弘扬中华民族扶贫济困的传统美德，帮助定点扶贫县群众树立现代文明理念，倡导现代生活方式，改变落后风俗习惯。通过大学生村官、"三支一扶"计划、农技特岗计划、大学生志愿服务西部计划等高校毕业生基层服务项目，引导鼓励高校毕业生到定点扶贫县农村服务。丰富贫困地区群众文化生活，挖掘当地民间艺术和传统技艺，用现代理念凝练升华，借助新型传播手段传承推广。发挥农村学校作为乡村文化中心的重要功能，打造新农村传播知识、文化交流、科技推广的新平台。

推进语言扶贫。发挥高校师资和人才优势，帮助定点扶贫县推广普及国家通用语言文字。通过开展专项培训、派员下乡进村、组织大学生暑期社会实践、鼓励大学生假期返乡等途径，利用农民夜校、农民讲习所、乡村文化站、普通话学习手机APP 等平台，组织开展青壮年农牧民普通话培训和职业技能培训、普通话水平不达标教师国家通用语言文字能力培训、基层干部普通话应用能力培训等。充分利用全国推广普通话宣传周等平台，宣传推广国家通用语言文字和中华优秀传统文化。

（三）广泛宣传动员，汇聚多方合力

激发内生动力。广泛宣传习近平总书记关于扶贫工作的重要论述和党中央、国务院脱贫攻坚方针政策，帮助定点扶贫县干部群众知晓政策、理解政策、用好政策。推动实施扶贫扶志行动，发挥贫困群众脱贫致富的主体作用，指导定点扶贫县把外部帮扶与激发贫困群众内生动力结合起来，组织贫困群众全程参与扶贫项目，增强脱贫致富的积极性、主动性、创造性。发挥好家庭在教育中的重要作用，传承中华民族重视家庭教育的优秀传统，增强贫困群众自我发展能力。

发动全校力量。组织本校师生员工积极参与定点扶贫工作，广泛开展支部共建、结对帮扶、捐款捐物、志愿服务、体验走访等形式多样的帮扶活动。推动校办企业以资源开发、产业培育、市场开拓等形式，到定点扶贫县投资兴业、培训技能、吸纳就业、捐资助贫。充分调动校友力量，搭建校友参与平台，以设立公益基金、开展投资合作洽谈、组织志愿者服务等多种形式参与定点扶贫工作，引导各类资金、人才、技术、管理等要素向定点扶贫县聚集。

鼓励社会参与。积极引导各类公益组织、社会团体、企业、爱心人士等参与定点扶贫工作，开展形式多样的捐资助学活动，组织志愿者到定点扶贫县开展扶贫支教、技能培训和宣传教育等工作。深入开展"青年红色筑梦之旅"活动，充分利用众创空间、科技创新大赛等创新创业平台，鼓励大学生用创新创业成果助力脱贫攻坚，引导大学生到贫困地区就业创业。

宣传推广典型。把定点扶贫县作为转变作风、调查研究的基地，通过解剖麻雀，加强扶贫脱贫理论和政策研究，进一步丰富完善中国特色扶贫开发理论。尊重基层干部群众首创精神，及时挖掘基层脱贫攻坚的先进典型和成功案例，总结推广行之有效的做法经验。积极探索高校扶贫的有效方式和途径，把高校特色优势与定点扶贫县需求相结合，推动脱贫攻坚体制机制不断创新，形成高校扶贫的"中国方案"。

三、工作要求

（一）加强组织领导。各直属高校要把定点扶贫工作摆上重要议事日程，成立定点扶贫工作领导小组或联系会议机制，定期研究帮扶工作。学校主要领导要亲自抓，切实承担第一责任人职责，单位领导每年至少要到定点扶贫县调研一次，研究部署工作，看望慰问贫困群众及挂职干部。定点扶贫县所在省、市、县级教育部门要进一步完善工作机制，主动对接直属高校做好定点扶贫工作。

（二）加强考核评估。按照《中央单位定点扶贫工作考核办法》要求，教育部牵头开展直属高校定点扶贫年度考核，考核结果经国务院扶贫开发领导小组审定后报党中央、国务院。国务院扶贫开发领导小组将向直属高校通报考核情况，指出存在的问题，提出改进工作的要求，考核结果送中央组织部。对考核等次为"较差"的直属高校，将予以通报并约谈学校负责同志。

（三）加强作风建设。落实《教育系统扶贫领域作风问题专项治理实施方案》要求，围绕"四个意识"不强、责任落实不到位、工作措施不精准、资金管理使用不规范、工作作风不扎实等问题，全面清除定点扶贫领域作风问题形成根源，较真碰硬压缩作风问题滋生空间，严惩严治形成对作风问题的强大震慑，标本兼治构建定点扶贫领域作风建设长效机制，确保定点扶贫工作风清气正，展现直属高校良好形象。

（四）加强工作交流。各直属高校要做好工作协同，联手开展"组团式"对口帮扶，共享各自优势资源，协力推进定点扶贫工作。加强定点扶贫的信息报送工作，每季度定期报送工作进展、成效及典型做法，并于每年年底前将年度工作总结和次年工作计划报送教育部。教育部将加强直属高校定点扶贫工作调研指导，及时传达党中央、国务院关于脱贫攻坚决策部署，督促做好定点扶贫工作；搭建工作交流平台，组织开展直属高校精准扶贫精准脱贫典型项目推选活动，总结扶贫经验，宣传先进典型，为直属高校定点扶贫营造良好氛围。

本意见适用于承担定点扶贫任务的直属高校。各省（区、市）教育厅（教委）、新疆生产建设兵团教育局要参照本意见要求，组织开展好本行政区域内的高校扶贫工作。

教育部

2019 年 4 月 17 日

教育部 国家发展改革委 财政部
关于切实做好义务教育薄弱环节改善
与能力提升工作的意见

各省、自治区、直辖市人民政府，新疆生产建设兵团：

2014—2018 年，教育部、国家发展改革委、财政部启动实施了全面改善贫困地区义务教育薄弱学校基本办学条件工作，极大改善了贫困地区义务教育学校基本办学条件。但在部分地区，义务教育学校"城镇挤、乡村弱"现象还比较突出，与加快推进教育现代化、发展公平有质量的教育要求还有一定差距。为进一步巩固全面改善贫困地区义务教育薄弱学校基本办学条件工作成果，经国务院同意，现就做好义务教育薄弱环节改善与能力提升工作提出如下意见。

一、指导思想

以习近平新时代中国特色社会主义思想为指导，全面贯彻党的十九大和十九届二中、三中全会精神，落实全国教育大会部署，坚持以人民为中心，坚持新发展理念，落实发展教育脱贫一批要求，坚决打赢教育脱贫攻坚战。坚持底线思维与能力提升并重，统筹推进城乡义务教育一体化改革发展，切实做好控辍保学，实现义务教育有保障的目标，为到 2020 年教育现代化取得重要进展奠定坚实基础。

二、总体要求

（一）基本原则。

突出重点，科学规划。紧密围绕整体改善义务教育办学条件和提升教育质量，重点解决现阶段人民群众反映强烈的突出问题，进一步巩固和提高义务教育均衡发展水平。坚持城乡并重，科学规划，合理布局，推进义务教育学校标准化建设。

对照标准，补齐短板。根据省级人民政府确定的义务教育学校基本办学标准，结合本地实际，按照"缺什么补什么"的原则，补齐义务教育基本办学条件短板，改善教书育人环境，满足教育教学和生活基本需要，坚决防止超标准建设。

结合发展，提高质量。坚持基本办学条件改善与办学内涵质量建设相结合、相促进，坚持教育信息化应用驱动和机制创新，推进教育信息化建设，不断提升办学质量和办学能力，促进学校内涵发展。

省级统筹，有序推进。由省级统筹中央和省级义务教育学校建设相关资金和项目，加大对贫困地区的补助力度，地市和县级确定轻重缓急和优先次序，合理制定工作目标，量力而行，明确具体任务，确保按时完成。

（二）实施范围。

各地要因地制宜，实事求是，针对各重点任务要求，进一步聚焦实施范围，其中，消除大班额应以城镇为主，寄宿制学校建设以乡镇为主，小规模学校建设应为规划长期保留的乡村学校。

（三）主要目标。

用两年时间，争取到 2020 年底，全部消除 66 人以上超大班额，基本消除现有 56 人以上大班额，全国大班额比例控制在 5% 以内；科学合理设置乡镇寄宿制学校和乡村小规模学校，基本补齐两类学校短板，办学条件达到所在省份基本办学标准；实现农村义务教育学校网络教学环境全覆盖，不断提升农村学校教育信息化应用水平。

三、重点任务

（一）消除城镇学校大班额。各地要采取"倒排任务"的方式，将省级人民政府审定的消除大班额专项规划 2019—2020 年工作任务进一步细化，制定详细的路线图和时间表。对于整体教育资源不足的地区，新建和改扩建学校校舍项目要提早实施，并先期启动征地、立项审批、招投标等前期准备工作，力争在 2019 年底校舍建设项目都能开工建设，2020 年底前建设项目基本竣工。对于整体教育资源虽然符合要求，但因结构不合理造成大班额的地区，要引导生源合理流动，避免产生新的大班额。

（二）加强乡镇寄宿制学校和乡村小规模学校建设。各地要按照"实用、够用、安全、节俭"原则，合理确定两类学校基本办学标准，进一步修订完善农村义务教育学校布局专项规划。对于乡镇寄宿制中心学校，要按照标准化要求，加强宿舍、食堂、厕所和体育运动场地建设，配齐洗浴、饮水、取暖等学生生活必需的设施设备，全面改善学生吃、住、学、文化活动等基本条件，满足偏远地区学生和留守儿童的寄宿需求。对于规划保留的乡村小规模学校，要结合实际设置必要的功能教室，配备必要的设施设备，保障基本教育教学需要，防止盲目撤并乡村小规模学校人为造成学生辍学和生源流失，避免出现新的校舍闲置问题。同时，按照标准为边远艰苦地区两类学校教师建设必要的周转宿舍，统筹做好扶贫移民搬迁学校规划建设工作。

（三）推进农村学校教育信息化建设。各地要按照教育信息化"三通"要求，通过光纤、双向宽带卫星等方式，加快推进农村学校宽带网络接入，实现全覆盖。完善学校网络教学环境，为确需保留的乡村小规模学校建设专递课堂、同步课堂，共享优质教育资源，提高应用服务水平和信息化教学能力。开展"互联网+教育"试点，探索构建高速泛在、开放共享、安全可靠的教育信息化环境，进一步提升农村学校教育信息化应用水平。

四、工作要求

（一）明确责任。义务教育薄弱环节改善与能力提升工作由中央统一部署，省级人民政府统筹安排，县级人民政府具体实施。教育部、国家发展改革委、财政部按照中央简政放权要求，进一步加强目标管理和绩效管理，借鉴全面改善贫困地区义务教育薄弱学校基本办学条件工作机制和管理经验，建立、完善目标约束和工作推进机制。地方各级教育、发展改革、财政等部门要各负其责、加强协作、形成合力，确保各项工作落实。

（二）编制规划。县级人民政府及其教育、发展改革、财政等部门要以消除大班额专项规划、修订完善后的农村义务教育学校布局规划、扶贫移民搬迁学校规划，以及实现中小学校网络教学环境全覆盖需求为基础，针对每一项重点工作内容，明确细化每一所不达标学校应采取的措施和时间安排、资金来源，编制2019—2020年工作规划和分年度实施计划。地市级人民政府做好协调指导工作。省级人民政府要从实际出发，分清轻重缓急，组织制定本省《义务教育薄弱环节改善与能力提升工作规划（2019—2020年）》，并报教育部、国家发展改革委、财政部备案。

（三）保障经费。在继续安排农村义务教育学校校舍安全保障长效机制、教育现代化推进工程等资金基础上，中央财政通过安排义务教育薄弱环节改善与能力提升补助资金，支持中西部地区和东部部分困难地区。补助资金采取因素法分配，首先按照西部、中部、东部各占50%、40%、10%的区域因素确定分地区资金规模，在此基础上再按基础因素、投入因素、绩效因素各占60%、20%、20%的权重分配到具体省份，重点向基础薄弱、财力困难的省份特别是"三区三州"等深度贫困地区倾斜，并对教育脱贫攻坚、前期化解大班额、推进两类学校建设、加强教育信息化应用等方面工作力度大、成效显著的省份予以适当奖励。各省级发展改革、财政部门要加强中央相关补助资金统筹使用，结合实际加大资金投入力度，优化支出结构，最大限度向贫困地区倾斜，同时做好各渠道资金的统筹和对接，防止资金、项目安排重复交叉或缺位。地市和县级有关部门要切实加强预算绩效管理，科学制定绩效目标，强化项目管理，做好绩效运行监控和绩效评价，提高资金使用效益。

（四）督导检查。教育部、国家发展改革委、财政部对各地相关工作开展情况进行督导督查。省级人民政府及其教育、发展改革、财政等部门要加强过程检查，及时发现和协调解决有关问题，督促市县按照工作规划和年度计划，依法依规实施工程项目，确保按时完成义务教育薄弱环节改善与能力提升工作。对套取、挪用、截留资金以及举债建设、项目管理失职渎职等违纪违规问题，要严肃查处并依法依规严肃追究相关单位和责任人的责任。各地要采取适当方式公开有关信息，自觉接受社会监督。

教育部 国家发展改革委 财政部
2019 年 7 月 8 日

教育部等十部门关于进一步加强控辍保学工作
健全义务教育有保障长效机制的若干意见

各省、自治区、直辖市教育厅（教委）、扶贫办（局）、党委统战部、发展改革委、公安厅（局）、民政厅（局）、司法厅（局）、财政厅（局）、人力资源社会保障厅（局）、卫生健康委，新疆生产建设兵团教育局、扶贫办、党委统战部、发展改革委、公安局、民政局、司法局、财政局、人力资源社会保障局、卫生健康委：

在党中央、国务院坚强领导下，随着脱贫攻坚战的深入实施，义务教育有保障工作取得了重要进展和显著成绩。但受思想观念、自然条件等多种因素影响，一些地区防止学生辍学新增和反弹的任务依然十分艰巨。为贯彻落实习近平总书记在决战决胜脱贫攻坚座谈会上的重要讲话精神，认真抓好中央脱贫攻坚专项巡视"回头看"反馈意见的整改工作，历史性地解决义务教育阶段学生辍学问题，现就进一步加强控辍保学工作，健全义务教育有保障长效机制提出如下意见。

一、把握总体要求

坚持以习近平新时代中国特色社会主义思想为指导，认真贯彻落实党中央脱贫攻坚总体部署，对标对表脱贫攻坚目标任务，突出问题导向，强化责任落实，加强资源统筹，坚持精准施策，聚焦重点地区、重点人群、重点环节，立足当前、着眼长远，查漏补缺、攻坚克难，确保除身体原因不具备学习条件外，贫困家庭义务教育阶段适龄儿童少年不失学辍学，确保2020年全国九年义务教育巩固率达到95%，持续常态化开展控辍保学工作，形成义务教育有保障长效机制。

二、打好攻坚决战

1. 挂牌督战重点地区。各地要以52个未摘帽县为主战场，以"三区三州"为决战地，以控辍保学为主攻点，认真落实"中央统筹、省负总责、市县抓落实"的脱贫攻坚工作机制，从政策、资金、项目上继续加大倾斜支持，组织精锐力量梳理问题、分工包片、强力帮扶、挂牌督战，切实做好重点地区义务教育有保障攻坚工作。已脱贫摘帽和正在进行退出检查的县，要保持工作力度不减，确保打赢教育脱贫攻坚战。

2. 继续加大劝返力度。各地要依托控辍保学工作台账，全面梳理已复学和仍辍学学生情况，一人一案制定工作方案，切实做好仍辍学学生劝返复学工作，确保建档立卡贫困家庭辍学学生今年秋季学期全部应返尽返。完善残疾儿童接受义务教育制度，对身体具备学习条件的，要采取多种方式做好就学安置；对不具备学习条件的，经县级残疾人教育专家委员会评估认定，可以办理延缓入学或休学，并按规定纳入相关救助保障范围。认真做好随迁子女就学工作，户籍所在地应掌握随迁子女就学情况，随迁子女在流入地（即其学籍所在地）辍学的，原则上由流入地负责组织劝返；辍学后跨省流动的，原流入地应书面通知户籍所在地省份，由户籍所在地会同新流入地做好劝返复学工作。对于少数经相关部门联合劝返三次以上或经司法部门判决裁定、监护人已履行相应法定义务，但学生本人拒不返校的辍学学生，经县级扶贫工作领导小组核实同意，可以认定为达到"义务教育有保障"贫困退出条件，准许先办理延缓入学或休学手续，并继续做好劝返复学工作。

3. 坚决防止因疫辍学。各地要统筹做好新冠肺炎疫情防控和控辍保学工作，坚决防止因疫情影响造成新的辍学。开学前，县级教育部门和学校要通过电话、互联网等多种途径加强与家长及学生的沟通联系，及时掌握学生去向和身心状况，督促做好复学准备，按开学时间返校复课。开学后，要对学生复学情况进行全面摸排，对未返校复课的学生，要及时联系沟通，掌握学生情况，确认为辍学的要纳入工作台账管理，立即启动劝返复学工作。

三、突出工作重点

1. 切实解决因学习困难而辍学问题。各地教育部门和学校要深化教育教学改革，优化教学方式，帮助学生树立学习信心，提高学习兴趣，增强学习动力。要建立学有困难学生帮扶制度，精准分析学情，重视差异化教学和个别化指导，通过课后辅导服务、教师"一对一"帮扶、同学"手拉手"学习等方式，加大对学有困难学生的帮扶力度，特别是做好农村留守儿童的心理辅导和教育关爱，坚决防止因学习困难而辍学。各地要大力加强民族地区、贫困地区学前儿童普通话教育，促进适龄儿童在接受义务教育前能听懂、会说普通话，保障他们入学后能够熟练使用国家通用语言文字接受义务教育。各地各校要根据劝返复学学生的实际情况，有针对性地制定教学计划，通过插班、单独编班、普职融合、个别辅导等多种方式，切实做好教育安置工作，确保劝返复学学生留得住、学得好，坚决防止辍学反复反弹。

2. 切实解决因外出打工而辍学问题。各地公安、人力资源社会保障部门要通过各种执法检查活动严厉打击使用童工违法犯罪行为。各地教育、公安、人力资源社会保障部门要建立协作劝返机制，及时相互通报辍学学生外出打工信息。教育部门发现外出打工的未满十六周岁辍学学生，要会同务工地教育部门做好劝返复学工作，并及时向务工地公安、人力资源社会保障部门通报，由务工地公安、人力资源社会保障部门依法依规查处；公安、人力资源社会保障部门依法查处使用童工违法犯罪行为时，要将童工信息通报给当地教育部门，并由当地教育部门通报给其户籍地教育部门。各地乡（镇）人民政府、城市街道办事处以及村民委员会、社区居民委员会，要依法依规对允许子女辍学打工的父母或其他监护人进行批评教育。

3. 切实解决因早婚早育而辍学问题。各地民政部门要通过各种途径积极宣传健康文明的婚姻观念和早婚早育的危害性，引导适龄青年依法办理婚姻登记，加大对未成年人违法婚姻的治理力度，坚决防止未成年人早婚早育的现象。严禁利用传统风俗、家族或宗教仪式为未成年人证明婚姻关系或变相鼓励未成年人早婚早育；对造成义务教育阶段适龄儿童少年早婚早育的，各地要依法依规对父母或其他监护人等相关责任人员给予批评教育、行政处罚，情节严重的追究法律责任。各地应从实际出发，积极做好因早婚早育而辍学适龄儿童少年的劝返复学工作，给予特殊关怀，保障接受义务教育。

4. 切实解决因信教而辍学问题。国家实行教育与宗教相分离，各地要严格落实宪法和法律相关规定，严禁利用宗教妨碍国家教育制度的实施，坚决防止适龄儿童少年因信教而辍学。各地统战、宗教事务部门要切实加强对宗教界的教育引导，积极宣传宪法和法律有关规定，讲清适龄儿童少年接受义务教育的重要意义，禁止强迫适龄儿童少年信仰宗教或者因信教而辍学，争取宗教界的配合和支持。对于目前因信教而辍学的适龄儿童少年，各地教育部门要会同统战、宗教事务等部门依法依规做好劝返复学工作，妥善安排其入学接受义务教育。

四、加强组织保障

1. 健全联控联保责任机制。各地要将控辍保学工作作为打赢脱贫攻坚战、全面建成小康社会的重大任务，务必予以高度重视，切实加强组织领导，认真履行政府控辍保学法定职责，健全政府及有关部门、学校、家庭多方联控联保责任制，不断完善"一县一案"控辍保学工作方案，构建义务教育持续有保障的长效机制。要将控辍保学工作作为专项整治漠视侵害群众利益问题重点内容，强化督导检查和考核问责，确保中央要求不折不扣落到实处。认真总结控辍保学工作成果，积极推广好经验好做法，大力宣传表彰先进事迹和先进典型，不断营造良好氛围。

2. 健全定期专项行动机制。紧紧抓住招生入学关键环节，坚持控辍保学与招生入学工作同部署同落实，在每学期开学前后集中开展控辍保学专项行动，加大行政督促劝返复学力度，综合运用感情的、经济的、行政的、法律的等多种方式做好劝返复学工作，防止辍学新增和反弹。加强中小学学籍信息系统建设与管理，及时登记更新学生辍学复学信息；每年精准摸排辍学学生情况，完善与户籍、扶贫数据比对制度，实现部门数据共享，实行控辍保学工作台账动态销号管理。

3. 健全应助尽助救助机制。各地要将符合条件的贫困人口全部纳入社会救助范围。全面落实义务教育"两免一补"政策，依照有关规定将义务教育阶段建档立卡等家庭经济困难非寄宿学生全部纳入生活补助范围。深入实施贫困地区农村义务教育学生营养改善计划，切实改善学生营养健康状况。对符合条件的劝返复学适龄儿童少年，要落实社会救助政策措施，保障必要的生活条件和教育条件，促进学生顺利完成九年义务教育。

4. 健全依法控辍治理机制。各地要通过各种途径，加强对《中华人民共和国义务教育法》《中华人民共和国未成年人保护法》《中华人民共和国劳动法》《中华人民共和国民法典》《宗教事务条例》等法律法规的宣传教育，切实增强人民群众的法律意识，引导广大群众尊重和保护适龄儿童少年依法接受义务教育的权利，坚决禁止各种违法违规导致的辍学现象。认真排查并严厉查处社会培训机构以"国学班""读经班""私塾"等形式替代义务教育的非法办学行为。鼓励各地依照法律法规规定，结合实际完善运用法律手段做好劝返复学的工作举措，切实提高依法控辍工作水平。

5. 健全办学条件保障机制。各地要统筹利用义务教育各类工程建设项目，大力改善农村特别是贫困地区义务教育办学条件，重点加强乡镇寄宿制学校和乡村小规模学校建设，着力打造乡村温馨校园，切实做到基本消除大班额、全面消除超大班额，加快解决"大通铺"。大力加强义务教育学校教师队伍建设，统筹优化城乡义务教育教师资源配置，要针对劝返复学后的教育教学实际需要，配足配齐学科教师，并不断提高教师教育教学能力。进一步巩固深化中小学线上教育教学工作，加大优质教育资源开发利用力度，服务农村学校开足开齐课程，不断提高教育教学质量。

教育部　国务院扶贫办　中共中央统战部

国家发展改革委　公安部　民政部

司法部　财政部

人力资源社会保障部　国家卫生健康委

2020 年 6 月 19 日

教育部等六部门关于加强新时代
乡村教师队伍建设的意见

各省、自治区、直辖市教育厅（教委）、党委组织部、党委编办、发展改革委、财政厅（局）、人力资源社会保障厅（局），新疆生产建设兵团教育局、党委组织部、党委编办、发展改革委、财政局、人力资源社会保障局：

为全面贯彻习近平总书记关于教育的重要论述和全国教育大会精神，深入落实《中国教育现代化 2035》和《中共中央国务院关于全面深化新时代教师队伍建设改革的意见》，加强新时代乡村教师队伍建设，努力造就一支热爱乡村、数量充足、素质优良、充满活力的乡村教师队伍，现提出如下意见。

一、准确把握时代进程，深刻认识加强新时代乡村教师队伍建设的重要意义和总体要求

1. 重要意义。乡村教师是发展更加公平更有质量乡村教育的基础支撑，是推进乡村振兴、建设社会主义现代化强国、实现中华民族伟大复兴的重要力量。面对新形势新任务新要求，乡村教师队伍还存在结构性缺员较为突出、素质能力有待提升、发展通道相对偏窄、职业吸引力不强等问题，必须把乡村教师队伍建设摆在优先发展的战略地位。

2. 总体要求。紧紧抓住乡村教师队伍建设的突出问题，促进城乡一体、加强区域协同，定向发力、精准施策，破瓶颈、强弱项，大力推进乡村教师队伍建设高效率改革和高质量发展。力争经过 3—5 年努力，乡村教师数量基本满足需求，质量水平明显提升，队伍结构明显优化，地位大幅提高，待遇得到有效保障，职业吸引力持续增强，贫困地区乡村教师队伍建设明显加强。

二、加强师德师风建设，激发教师奉献乡村教育的内生动力

3. 提升思想政治素质。加强乡村学校教师党支部标准化、规范化建设，注重选拔党性强、业务精、有情怀、有担当、有威信、肯奉献的党员教师担任党支部书记，鼓励书记、校长一肩挑。做好在乡村优秀青年教师中发展党员工作。鼓励乡村

学校党组织与乡镇党委、村党支部开展联学联建活动。建强乡村学校思政教师队伍。创新思想政治教育方式，强化社会实践参与，引导乡村教师真正深入当地百姓生活，通晓乡情民意，增强教育实效。

4. 厚植乡村教育情怀。探索小班化教学模式，充分融合当地风土文化，跨学科开发校本教育教学资源，引导教师立足乡村大地，做乡村振兴和乡村教育现代化的推动者和实践者。培育乡村教师爱生优秀品质，特别关注留守儿童、特殊困难学生。引导乡村教师通过家访、谈心谈话等方式，帮助学生健康成长。注重加强与家长交流沟通，指导开展家庭教育，形成家校共育合力。注重发挥乡村教师新乡贤示范引领作用，塑造新时代文明乡风，促进乡村文化振兴。

三、创新挖潜编制管理，提高乡村学校教师编制的使用效益

5. 创新乡村教师编制配备。充分考虑新型城镇化、全面二孩政策、新课程改革、教育扶贫等情况，落实城乡统一的中小学教职工编制标准，科学合理核定教职工编制，向乡村小规模学校适当倾斜，按照班师比与生师比相结合的方式核定。对民族地区、寄宿制、承担较多教学点管理任务等的乡村学校，按一定比例核增编制。各地要结合实际制定小规模学校和寄宿制学校教职工编制的具体核定标准和实施办法。鼓励地方在符合现行编制管理规定的前提下，探索建立教职工编制"周转池"制度，妥善解决中小学教职工编制需要。鼓励有条件的地区制定公办幼儿园教职工编制标准，在配备时向乡村倾斜。

6. 挖潜调整乡村学校编制。挖潜调剂出来的各类事业编制资源优先用于补充中小学教职工编制，保障乡村教育事业发展需要。根据乡村学校布局结构调整、城乡区域人口流动、乡村学生规模变化等情况，调整人员编制配置，满足乡村教育需要。加大教职工编制统筹配置和跨市县调整力度，原则上以省为单位，每2—3年调整一次，市县根据生源变化情况可随时调整。鼓励地方探索教师跨学科、跨学段转岗机制，并为转岗教师提供专业化的转岗培训，缓解英语、音体美、综合实践等学科（领域）教师短缺矛盾。鼓励地方通过跨校兼课、教师走教等方式实现区域内教师资源共享。超编学校确需补充专任教师的，要加大现有人员编制跨校结构性调整统筹力度，保障开齐开足国家规定课程。

7. 规范乡村学校人员管理。加强乡村教师编制使用效益评估，严禁挤占、挪用、截留乡村教师编制，严禁长期空编和有编不补、编外用人。逐步压缩使用编制的非教学人员比例，安保、后勤等事项，可通过政府购买服务等方式满足，所需经

费由县级财政承担，对于财政能力确实薄弱的县（市、区），由市级或省级财政统筹。教师配置尚未达标的地区可通过政府购买服务等多种形式支持乡村教育事业，鼓励体育社会组织和专业艺术人才为乡村中小学提供体育、艺术教育服务。

四、畅通城乡一体配置渠道，重点引导优秀人才向乡村学校流动

8. 健全县域交流轮岗机制。深入推进县（区）域内义务教育学校教师"县管校聘"管理改革。县级教育行政部门在核定的教职工编制总额和岗位总量内，按照班额、生源等情况，充分考虑乡村小规模学校、寄宿制学校和城镇学校的实际需要，统筹分配各校教职工编制和岗位数量，并向同级机构编制部门、人力资源社会保障部门和财政部门备案。完善交流轮岗激励机制，将到农村学校或薄弱学校任教1年以上作为申报高级职称的必要条件，3年以上作为选任中小学校长的优先条件。城镇教师校长在乡村交流轮岗期间，按规定享受当地相关补助政策。村小、教学点新招聘的教师，5年内须安排到县城学校或乡镇中心校任教至少1年。

9. 加强城乡一体流动。各地应采取定期交流、跨校竞聘、学区一体化管理、集团化办学、学校联盟、对口支援、乡镇中心学校教师走教、"管理团队+骨干教师"组团输出等多种途径和方式，重点引导城镇优秀校长和骨干教师向乡村学校流动。统筹安排乡镇中心学校和所辖村小、教学点教师交流任教。城镇学校要专设岗位，接受乡村教师入校交流锻炼。

10. 多种形式配备乡村教师。结合乡村教育需要，探索构建招聘和支教等多渠道并举，高端人才、骨干教师和高校毕业生、退休教师多层次人员踊跃到乡村从教、支教的格局。创新教师公开招聘办法，鼓励人才到乡村任教。继续实施并完善"特岗计划"，各地应保障特岗教师工资待遇，并按时发放工资。各地可根据实际情况实施地方特岗教师计划。组织招募优秀教师到民族地区、艰苦边远地区支教服务，加大对贫困地区教师队伍建设的帮扶。

五、创新教师教育模式，培育符合新时代要求的高质量乡村教师

11. 加强定向公费培养。各地要加强面向乡村学校的师范生委托培养院校建设，高校和政府、学生签订三方协议，采取定向招生、定向培养、定向就业等方式，精准培养本土化乡村教师。面向乡村幼儿园、小学的师范生委托培养以地方专科、本科师范院校为主，面向乡村中学的师范生委托培养以地方本科师范院校为主，鼓励支持师范院校为乡村高中培养教育硕士。坚持以乡村教育需求为导向，加强师范生"三字一话"教学基本功和教学技能训练，强化教育实践和乡土文化熏陶，促进师

范生职业素养提升和乡村教育情怀养成。鼓励师范院校协同县级政府，参与当地中小学教育教学实践指导，建立乡村教育实践基地，构建三方共建、共管、共享机制，确保教育质量。

12. 抓好乡村教师培训。积极构建省、市、县教师发展机构、教师专业发展基地学校和名校（园）长、名班主任、名教师"三名"工作室五级一体化、分工合作的乡村教师专业发展体系。鼓励师范院校采取多种方式，长期跟踪、终身支持乡村教师专业成长，引导师范院校教师与乡村教师形成学习共同体、研究共同体和发展共同体。按照乡村教师的实际需求改进培训内容和方式，严把语言关，提升乡村教师自觉推广国家通用语言文字和中华传统文化的意识。加大送教下乡力度，推动名师名校长走进乡村学校讲学交流。注重开展"走出去"培训，让更多乡村教师获得前往教育发达地区研修、跟岗学习的机会。

13. 发挥5G、人工智能等新技术助推作用。深化师范生培养课程改革，优化人工智能应用等教育技术课程，把信息化教学能力纳入师范生基本功培养。实施中小学教师信息技术应用能力提升工程2.0，建设教师智能研修平台，智能遴选、精准推送研修内容与资源，支持教师自主选学，为教师提供同步化、定制化、精准化的高质量培训研修服务，五年内对全国乡村教师轮训一遍。加强县域内教育资源公共服务平台建设，组织城乡学校结对建立智能同步课堂，实现教师"智能手拉手"。鼓励有条件的地区先行探索，促进信息技术、智能技术与教育教学的深度融合。完善全国教师管理信息系统，推动系统数据的转化和应用，更好服务乡村教师发展。

六、拓展职业成长通道，让乡村教师获得更广阔的发展空间

14. 职称评聘向乡村倾斜。对长期在乡村和艰苦边远地区从教的中小学教师，职称评审放宽学历要求，不作论文、职称外语和计算机应用能力要求，坚决破除"唯论文、唯帽子"不良导向，提高教育教学实绩的评价权重。实行乡村教师和城镇教师分开评审。允许乡村小学教师按照所教学科评聘职称，不受所学专业限制。适当提高中小学中高级岗位结构比例，向乡村教师倾斜，乡村学校中高级专业技术岗位设置比例不低于当地城镇同类学校标准。对长期在乡村学校任教的教师，职称评聘可按规定"定向评价、定向使用"，并对中高级岗位实行总量控制、比例单列，可不受所在学校岗位结构比例限制。

15. 培育乡村教育带头人。加强乡村校（园）长队伍建设，在"国培计划""省培计划"等各级培训中专门设立研修项目，全面提升乡村校（园）长队伍整体

素质。实施名师名校长培养工程，在遴选时向乡村学校倾斜，搭建阶梯式成长平台，确保持续性培养。鼓励各地在乡村中小学遴选优秀教师校（园）长，支持他们立足乡村、大胆探索，努力成为教育家型乡村教师、校（园）长。全面实施中西部乡村中小学首席教师岗位计划，鼓励各地完善首席教师保障措施。重视乡村学校班主任队伍建设，加大推选表彰优秀班主任力度。积极探索"多校联聘""一校长多校区""乡村校长联盟"等机制，深入推进校长职级制改革，建立乡村校（园）长后备人才制度，加快乡村校（园）长职业成长。

16. 拓展多元发展空间。乡村教师是乡村人才的重要来源，要加大从优秀乡村教师中培养选拔乡村振兴人才的力度。实施好"农村学校教育硕士师资培养计划"，扩大培养院校范围，让更多符合条件的乡村教师有学习深造的机会。实施教育系统"鹊桥工程"，对两地分居的乡村教师，由人力资源社会保障、教育部门联合实施，通过在省域内跨区域协商对调等交流方式，解决两地分居问题。

七、提高地位待遇，让乡村教师享有应有的社会声望

17. 提高社会地位。开展多种形式的乡村教师服务慰问活动。建立乡镇党委和政府组织、村委会和乡村学校等参加的联席会议制度，重点研究和解决乡村教师队伍建设的困难和问题。研究涉及中小学重大事项时，应吸收教师代表参加，听取教师意见。为更多优秀乡村教师参与乡村治理、推动乡村振兴提供多种渠道。

18. 提高生活待遇。完善乡村教师待遇保障机制，确保平均工资收入水平不低于或高于当地公务员平均工资收入水平。完善绩效工资政策，在核定绩效工资时，对乡村小规模学校、寄宿制学校、民族地区、艰苦边远地区学校给予适当倾斜；支持各地因地制宜调整绩效工资结构，合理确定奖励性绩效工资占比；加大课时量和教学实绩在考核评价和绩效工资分配中的权重，绩效工资分配向班主任、教学一线和教育教学效果突出的教师倾斜。全面落实集中连片特困地区乡村教师生活补助政策，依据学校艰苦边远程度实行差别化的补助标准。将符合条件的乡村学校教师纳入当地政府住房保障体系，鼓励各地采取多种形式对符合条件的乡村教师在城镇购买住房给予一定优惠。同时，通过改建、配建和新建等渠道建设好乡村教师周转宿舍。各地按照有关规定使符合条件的乡村教师享受医疗救助等政策。保障基本医疗卫生服务，定期对乡村教师进行身体健康检查，以学区为单位建立心理辅导中心。

19. 完善荣誉制度。国家继续对在乡村学校从教 30 年以上的教师颁发荣誉证书，各地结合实际给予奖励。在各类人才项目、荣誉表彰、评奖评优中，向乡村教

师倾斜。鼓励各地加大育人先进事迹和教学典型经验的宣传推介力度，组织开展集体外出学习交流。鼓励和引导社会力量建立专项基金，对长期在乡村学校任教的优秀教师给予物质奖励、培训机会和荣誉表彰。

八、关心青年教师工作生活，优化在乡村建功立业的制度和人文环境

20. 促进专业成长。优化乡村青年教师发展环境，在培训、职称评聘、表彰奖励等方面向乡村青年教师倾斜，实施多种形式的乡村青年教师成长项目，加快乡村青年教师成长步伐。健全传帮带机制，充分发挥名师、名校长、骨干教师的示范引领作用，通过结对子、组建学科小组、纳入工作室等方式，主动为青年教师当导师、作榜样，帮助青年教师提高专业发展能力。继续实施乡村优秀青年教师培养奖励计划，提供更多学习机会。

21. 丰富精神文化生活。在保障教育教学的情况下，组织青年教师参加乡村各种文化活动，主动融入当地百姓生活。关心乡村青年教师婚恋问题，发挥工会、共青团、妇联等群众组织的作用，帮助他们幸福成家、美满生活。

九、强化组织领导，确保各项政策措施落到实处

22. 明确责任主体。地方党委和政府是乡村教师队伍建设的责任主体。实行一把手负责制，把乡村教师队伍建设成效列入地方党委教育工作领导小组议事日程和地方政府工作考核指标体系，把解决乡村教师队伍建设问题作为县、乡党委和政府为民办实事的重点考量内容。加强统筹力度，建立教育部门牵头，编制、发展改革、财政、人力资源社会保障等部门协同机制，形成工作合力。各地要把乡村教师队伍建设纳入对地方政府履行教育职责评价内容，对落实不到位的严肃问责。

23. 加强经费保障。健全以政府投入为主、多渠道筹集经费的投入机制。中央财政继续对中西部地区予以重点支持，地方要切实发挥省级统筹作用，强化县级政府管理主体责任，将乡村教师队伍建设作为教育投入重点予以优先保障。严格经费管理，规范经费使用，提高资金使用效益。

教育部　中央组织部　中央编办
国家发展改革委　财政部　人力资源社会保障部
2020 年 7 月 31 日

贯彻落实《职业教育东西协作行动计划（2016—2020 年）》实施方案

为全面落实《教育部国务院扶贫办关于印发〈职业教育东西协作行动计划（2016—2020 年）〉的通知》（教发〔2016〕15 号，以下简称《行动计划》）等部署，完善职业教育扶贫工作机制，更好发挥职业教育助力脱贫攻坚的重要作用，特制定本实施方案。

一、工作目标

按照中央确定的东西部扶贫协作关系和教育部推动相关省（区、市）建立的教育对口支援关系，全面落实东西职业院校协作全覆盖行动、东西协作中职招生兜底行动、职业院校参与东西劳务协作各项工作任务，确保不让一个地方掉队。

二、工作原则

（一）全面覆盖与重点推动相结合。教育部、国务院扶贫办统筹协调、督促推进，东西部省（区、市）全面落实对口帮扶任务，实现帮扶对象、协作领域的全覆盖。针对特殊困难地区，采取超常规的方式合力攻坚，不留贫困死角。

（二）教育扶贫和产业发展相结合。围绕中央实施"五个一批"的要求，发挥职业教育在精准脱贫中的特殊优势，以教育促产业、以产业助脱贫，推广"教育+产业+就业""学校+合作社+农户"等模式，实现造血式扶贫。

（三）精准脱贫与职教发展相结合。以职业教育助推精准脱贫，以精准脱贫带动职业教育发展。围绕脱贫攻坚的部署和需求，盘活、扩大优质职业教育资源，进一步做强中职、做优高职、做大培训，增强职业教育办学的针对性，形成精准脱贫与职教发展相互促进的良好局面。

（四）职业教育与继续教育相结合。既重视学历教育，确保贫困地区有需求的青少年至少掌握一门实用技能；也重视继续教育，面向贫困地区党政人才、企业经营管理人才、专业技术人才等开展培训，整体提升当地人力资源水平。

三、协作关系

（一）按照中央确定的东西部扶贫协作关系，东西部地区省（区、市）开展对口协作。

（二）新疆、西藏、四省藏区依照现行的对口支援关系，相关省（区、市）继续推进对口协作。

（三）东部 10 个职教集团与滇西 10 州市，双方有继续合作意愿的，保持现有的对口帮扶关系；双方有调整意愿的，结合中央确定的东西部扶贫协作关系，及其他省份的合作意向，重新选择建立对口帮扶关系。

（四）各省（区、市）也可结合教育扶贫结对帮扶行动的实施，在落实上述协作关系的基础上，按照自愿原则，搭建省（区、市）内外学校间的结对帮扶关系。

（五）鼓励吸收开放大学（电大）教学点参与行动计划，纳入结对协作关系。

四、协作内容

1. 落实东西职业院校协作全覆盖行动。东西部地区省（区、市）按照《行动计划》要求，统筹安排符合条件的职业教育集团、职业院校等建立结对合作关系，开展互派挂职干部、共建特色专业和实训基地、师生交流等协作，探索委托管理、共建分校、组建职教集团或学校联盟等深度合作形式。各地 2017 年 9 月底前完成部署和启动，后续年度持续实施。

2. 落实东西协作中职招生兜底行动。东西部地区省（区、市）按照《行动计划》要求，统筹安排符合条件的中职学校，兜底式支持西部地区省（区、市）建档立卡贫困家庭应、往届初、高中毕业生，到东部地区省（市）接受优质中等职业教育。教育部每年上半年结合部署高中阶段学校招生工作，组织东西部地区对口省（区、市）开展兜底招生合作，相关省（区、市）按照招生通知要求落实招生任务。中西部扶贫部门要配合教育部门做好招生组织动员工作，充分发挥贫困村第一书记、驻村工作队、帮扶负责人的作用，组织动员贫困家庭子女到东部发达地区接受优质职业教育。东部发达地区的扶贫部门要配合教育部门出台并落实对中西部贫困家庭子女到本地接受职业教育的特惠扶持政策。

3. 支持职业院校全面参与东西劳务协作。各省（区、市）利用财政扶贫资金、东西扶贫协作财政援助资金等经费，设计实施公益性职业培训项目，支持职业院校开展劳动预备制培训、就业技能培训、岗位技能提升培训、创业培训等。各地编制培训计划、持续实施，在保证培训覆盖面的同时，力争推出一批品牌培训项目。

五、组织实施

（一）工作协调。按照《行动计划》确定的工作协调机制，教育部、国务院扶贫办会同有关部门共同推进相关工作，建立考核评估制度。各地要按照要求建立相应的工作协调推进机制，层层落实责任，确保各项任务的按时有效落实。将贫困家庭子女接受优质职业教育作为国家扶贫督查巡查重要内容，纳入东西扶贫协作的考核内容。

（二）任务对接。东西部地区省（区、市）对口协商制定落实《行动计划》的工作方案，逐条进行细化分解任务，制定全周期计划和年度计划，拟定对口合作协议，并于2017年9月底前将工作方案和协议文本报送教育部。教育部将召开工作部署和推进会，组织东西部地区省（区、市）对口签约。

（三）定期调度。教育部、国务院扶贫办依托专门机构，搭建《行动计划》工作推进管理平台，建立动态实时填报和定期汇总分析制度。实行年度工作报告制度，各地每年12月前向教育部、扶贫办报送年度计划执行情况。

教育部办公厅、国务院扶贫办综合司《关于印发〈贯彻落实《职业教育东西协作行动计划（2016—2020年）》实施方案〉的通知》

2017年5月22日

附录二
教育脱贫攻坚大事记

2011 年

11 月 23 日　国务院办公厅印发《关于实施农村义务教育学生营养改善计划的意见》，要求以贫困地区和家庭经济困难学生为重点，启动实施农村义务教育学生营养改善计划。

12 月　中共中央、国务院印发《中国农村扶贫开发纲要（2011—2020 年）》，明确扶贫总体目标之一是"到 2020 年，稳定实现扶贫对象不愁吃、不愁穿，保障其义务教育、基本医疗和住房"。教育扶贫的任务是"到 2015 年，贫困地区学前三年教育毛入园率有较大提高；巩固提高九年义务教育水平；高中阶段教育毛入学率达到 80%；保持普通高中和中等职业学校招生规模大体相当；提高农村实用技术和劳动力转移培训水平；扫除青壮年文盲。到 2020 年，基本普及学前教育，义务教育水平进一步提高，普及高中阶段教育，加快发展远程继续教育和社区教育"。14个地区被正式列为新阶段扶贫攻坚主战场。

2012 年

1 月 3 日　国务院办公厅印发《农村残疾人扶贫开发纲要（2011—2020 年）》，提出要加大对农村残疾人扶贫开发力度。到 2015 年，农村适龄残疾儿童少年普遍接受义务教育，入学率达到 90% 以上，并逐步提高巩固率。切实保障残疾儿童少年和贫困残疾人家庭子女顺利完成学业。积极发展残疾儿童学前康复教育、残疾人职业教育、普通高中教育和高等教育。减少农村残疾人青壮年文盲。到 2020 年，农村适龄残疾儿童少年和残疾人家庭子女受教育状况达到当地平均教育水平。基本消除农村残疾人青壮年文盲发生的现象。到 2015 年，为 100 万名农村残疾人提供实用技术培训。到 2020 年，有劳动能力和愿望的农村残疾人普遍得到实用技术培训和职业技能培训，增加生产经营和就业收入，家庭自我发展能力明显提高。

1 月 6 日至 7 日　2012 年全国教育工作会议在京召开，教育部部长袁贵仁发表重要讲话，要求印发关于加快推进民族教育发展的决定，召开第六次全国民族教育工作会议；研究制定进一步加强少数民族双语教育工作指导意见，积极稳妥、科学有序推进双语教育，重点支持双语教师队伍建设；启动新一轮教育对口支援西藏和四省藏区工作，召开教育援藏会议，印发关于进一步加强教育对口支援西藏的意见；继续做好教育对口支援新疆和青海工作；实施教育扶贫工程，通过生态保护区转移就学、扩大中等职业教育对口招生、开展劳动力技能培训、改善办学条件、加大教育资助力度、支持高校面向贫困地区定向招生等措施，提高集中连片特困地区教育发展水平。

1月20日 教育部印发《县域义务教育均衡发展督导评估暂行办法》，要求建立县域义务教育均衡发展督导评估制度，开展对义务教育发展基本均衡县（市、区）的评估认定工作。

3月19日 教育部、国家发展改革委、财政部、人力资源社会保障部、国务院扶贫办发布《关于实施面向贫困地区定向招生专项计划的通知》，要求自2012年起，组织实施面向贫困地区定向招生专项计划，即在普通高校招生计划中专门安排适量招生计划，面向集中连片特困地区生源，实行定向招生，引导和鼓励学生毕业后回到贫困地区就业创业和服务。

4月16日 教育部印发《关于推进新疆中等职业教育发展的意见》，提出深入贯彻落实中央关于推进新疆教育跨越式发展的重大决策部署，坚持中等职业教育服务于区域经济发展和社会长治久安的战略定位，拓宽发展思路，创新中等职业教育发展模式，采取特殊政策措施，举全国之力，着力提升新疆中等职业教育办学水平和培养能力，促进新疆中等职业教育整体迈上新台阶，加快培养一支靠得住、留得下、用得上的高素质劳动者和技能型人才队伍，支持新疆经济社会跨越式发展。

4月17日至19日 教育部赴云南省德宏、保山等地开展调研，指导云南省编制滇西边境山区区域发展与脱贫攻坚规划，建立第一批东部地区10个职业教育集团与滇西10州市中等职业学校一对一对口联系帮扶合作机制。

4月20日 云南大学滇西发展研究中心成立，教育部副部长鲁昕发表讲话，希望研究中心加强调查研究，破解区域发展与扶贫开发的热点难点问题，为滇西边境山区扶贫开发提供智力支持。

4月 教育部启动东部地区职业教育集团对口帮扶滇西边境山区中等职业学校。东部地区10个职业教育集团覆盖了20多家行业协会、300多家企业、近20家科研机构、80 多所中等职业学校、20 多所高等职业院校，具有良好的办学资源和声誉。10 个职业教育集团将围绕建设现代职业教育体系，重点帮扶滇西地区 10 所中等职业学校。

5 月 14 日 教育部办公厅、财政部办公厅印发《关于做好 2012 年农村义务教育阶段学校教师特设岗位计划有关实施工作的通知》，将中央特岗计划实施范围扩大为《中国农村扶贫开发纲要（2011—2020 年）》确定的 11 个集中连片特困地区和四省藏区县、中西部地区国家扶贫开发工作重点县、西部地区原"两基"攻坚县（含新疆生产建设兵团的部分团场）、纳入国家西部开发计划的部分中部省份的少数民族自治州以及西部地区一些有特殊困难的边境县、少数民族自治县和少小民族县。

5 月 23 日 教育部等十五部门联合印发《农村义务教育学生营养改善计划实施细则》《农村义务教育学生营养改善计划食品安全保障管理暂行办法》《农村义务教育学校食堂管理暂行办法》《农村义务教育学生营养改善计划实名制学生信息管理暂行办法》《农村义务教育学生营养改善计划信息公开公示暂行办法》等五个配套文件，从实施细则、专项文件和工作制度三个层级指导各地科学有效地实施营养改善计划。

6 月 14 日 国务院扶贫办公布 14 个全国连片特困地区 680 个分县名单，按照"集中连片、突出重点、全国统筹、区划完整"的原则，以 2007—2009 年 3 年的人均县域国内生产总值、人均县域财政一般预算收入、县域农民人均纯收入等与贫困程度高度相关的指标为基本依据，考虑对革命老区、民族地区、边疆地区加大扶持力度的要求，在全国共划分了 11 个集中连片特困地区，加上已明确实施特殊扶持政策的西藏、四省藏区、新疆南疆三地州，共 14 个片区、680 个县，作为新阶段扶贫攻坚的主战场。

6 月 14 日至 15 日 教育部在新疆喀什召开推进新疆教育跨越式发展第三次会议暨教育援疆工作会议，会议前后，印发了《教育部关于推进新疆中等职业教育发展的意见》《教育部关于进一步加强少数民族双语教育科研工作的意见》《教育部办公厅关于推进新疆高校学科专业建设的意见》，全方位促进新疆教育的发展。

7 月 4 日 《教育部定点联系滇西边境山区工作方案》印发，指出教育部定点联系滇西边境山区的主要职责是：加强与各部委和片区的联系，在片区与各部委之间发挥桥梁纽带作用；开展调查研究，针对片区情况，提出意见建议；参与制定片区区域发展与扶贫攻坚规划，指导并督促规划实施。

7月24日 财政部、教育部印发《农村义务教育学生营养改善计划专项资金管理暂行办法》，提出对实施农村义务教育学生营养改善计划国家试点地区和学校的专项资金进行进一步规范管理。

8月8日至10日 教育部部长袁贵仁率调研组赴滇西边境山区调研，围绕教育改革发展、农村基层党建、特色产业发展、基础设施建设、扶贫开发项目实施等问题，与基层干部群众深入探讨脱贫致富的思路和举措，与云南省主要党政领导共同研究推进工作的思路与办法。

9月5日 国务院印发《关于深入推进义务教育均衡发展的意见》，指出要着力提升农村学校和薄弱学校办学水平，中央财政加大对中西部地区的义务教育投入，省级政府加大对农村地区、贫困地区以及薄弱环节和重点领域的支持力度，重点为民族地区、边疆地区、贫困地区和革命老区培养和补充紧缺教师，保障特殊群体平等接受义务教育。

11月8日 中共中央总书记胡锦涛代表十七届中央委员会向中共第十八次代表大会做《坚定不移沿着中国特色社会主义道路前进为全面建成小康社会而奋斗》的报告，要求大力促进教育公平，合理配置教育资源，重点向农村、边远、贫困、民族地区倾斜，支持特殊教育，提高家庭经济困难学生资助水平，积极推动农民工子女平等接受教育，让每个孩子都能成为有用之才。

11月8日 国务院扶贫办、中组部、教育部等八部门印发《关于做好新一轮中央、国家机关和有关单位定点扶贫工作的通知》，首次实现定点扶贫工作对国家扶贫开发工作重点县的全覆盖。

11月27日 教育部等五部门印发《边远贫困地区、边疆民族地区和革命老区人才支持计划教师专项计划实施方案》，提出从2013年起至2020年，每年选派3万名优秀幼儿园、中小学和中等职业学校教师到"三区"支教1年，每年为"三区"培训3000名骨干教师和紧缺专业教师，提升学校教师队伍素质，为"三区"教育改革和发展提供人才支持。

12月3日 国务院扶贫开发领导小组在云南省普洱市召开滇西边境片区区域发展与扶贫攻坚启动会，强调集中力量推进该区域发展与扶贫攻坚，对于促进各族群众共同富裕与边疆和谐稳定、加强生态建设和环境保护具有极其重要的意义。

12月3日　教育部委托云南大学设计"滇西开发网",展示滇西山川风貌、民情风俗、旅游景点、特色资源、产业发展状况,为滇西招商引资、推介特色产品服务,为滇西经济发展搭建信息交流平台。

12月29日至30日　中共中央总书记习近平在河北省阜平县考察扶贫开发工作时发表讲话,指出治贫先治愚,要把下一代的教育工作做好,特别是要注重山区贫困地区下一代的成长,把贫困地区孩子培养出来,这才是根本的扶贫之策。

2013 年

1月4日　教育部、中华全国妇女联合会、中央社会管理综合治理委员会办公室、共青团中央、中国关心下一代工作委员会联合印发《关于加强义务教育阶段农村留守儿童关爱和教育工作的意见》,要求切实改善留守儿童教育条件,力争做到"三优先":优先满足留守儿童教育基础设施建设,优先改善留守儿童营养状况,优先保障留守儿童交通需求。要建立16周岁以下学龄留守儿童登记制度,将其纳入教育等基本公共服务体系。

1月21日　教育部组织召开滇西边境山区区域发展与扶贫攻坚部际联系会,标志着滇西边境山区区域发展与扶贫攻坚部际联系会制度正式建立。教育部部长袁贵仁主持会议并讲话。

1月28日　教育部印发《关于做好直属高校定点扶贫工作的意见》,要求直属高校参与定点扶贫要立足自身优势,结合定点帮扶县实际,发挥高校扶贫的最大功效,重点在教育、人才、智力、科技、信息、专业六个方面开展扶贫工作。

3月26日至28日　华东理工大学与云南省寻甸县共同拟定《定点扶贫实施方案》,要求通过干部挂职锻炼、干部培训交流、学生赴寻甸县就业实践、开展志愿服务等方式推动人才扶贫;通过支教帮教活动、发展远程继续教育和社区教育等推动教育扶贫;通过联合申请项目、促进成果转化等方式推动科技扶贫;通过文化交流、捐赠文化用品、文化宣传等推动文化扶贫。

3月28日　教育部首批54名干部赴滇西10州市的49个县(市、区)开展挂职扶贫工作,教育部与云南省共同组织了首批挂职干部岗前培训班。

4月25日　教育部党组印发《全国教育系统干部培训规划(2013—2017年)》,提出实施中西部教育干部培训支持计划,采取政策倾斜、对口支持和社会公益项目参与等举措，加大对中西部农村、边远、贫困和民族地区干部培训支持力度。

5月13日 《教育部云南省人民政府加快滇西边境山区教育改革和发展共同推进计划（2012—2017年）》下发，提出到2017年，将滇西建设成为集中连片特困地区教育改革先行区、教育开放试验区和人力资源开发扶贫示范区，教育普及程度和质量与全国平均水平的差距显著缩小，劳动者素质明显提高，教育服务区域发展、扶贫开发和建设面向西南开放桥头堡的能力大幅提升。

5月27日至29日 西安交通大学与云南省施甸县签订扶贫挂钩帮扶及战略合作框架协议。

5月29日 首批教育部滇西挂职干部座谈会在云南省大理州召开，云南省相关部门负责人和教育部挂职滇西的49名干部就挂职后的工作开展情况、工作体会开展交流。

5月30日 教育部印发《关于2013年扩大实施农村贫困地区定向招生专项计划的通知》，要求扩大规模，扩大区域，增加高校，鼓励地方所属重点高校进一步提高招收农村学生比例。

6月9日 《教育部机关干部能力提升计划（2013—2017年）》印发，要求积极推动干部实践锻炼，有计划地选派机关干部到教育部定点扶贫县或地方挂职锻炼。

6月14日 天津大学与甘肃省签署战略合作协议。双方决定本着"优势互补、互惠互利、平等合作、共同发展"的原则开展战略合作，共同推进甘肃省脱贫攻坚和经济社会发展。

6月28日 重庆大学与云南省绿春县签订《定点帮扶合作备忘录》，决定设立重庆大学现代远程教育绿春县校外学习中心，并以"请进来"和"走出去"的方式开展基层干部和技术人员培训。

7月29日 国务院办公厅转发教育部等七部门《关于实施教育扶贫工程的意见》。《关于实施教育扶贫工程的意见》强调要发挥教育在扶贫开发中的重要作用，促进集中连片特困地区脱贫，到2020年使这些地区的基本公共教育服务水平接近全国平均水平。实施教育扶贫工程的范围为《中国农村扶贫开发纲要（2011—2020年）》所确定的连片特困扶贫攻坚地区。

8月23日 教育部办公厅印发《〈教育部云南省人民政府加快滇西边境山区教

育改革和发展共同推进计划（2012—2017年）〉任务分解方案》，要求履行定点联系滇西边境山区工作职责，尽快把滇西建设成为教育改革先行区、教育开放试验区和教育对口支援示范区，加强组织领导，严格按照分解方案分工，认真研究制订具体落实方案，扎实推进相关工作。

8月25日至26日　中山大学与云南省凤庆县签署定点帮扶框架协议，为定点扶贫做好顶层设计。

8月　上海外国语大学与云南省墨江县签订合作备忘录，为深入推进帮扶工作打下良好基础。

9月7日至13日　国家教育督导检查组对四川省成都市19个县（市、区）义务教育均衡发展督导检查反馈意见。检查组分6个组对四川省成都市的19个县（市、区）进行了分路连片检查，共随机抽查学校137所，其中小学69所，初中47所，九年一贯制学校21所。

9月12日　西安电子科技大学与陕西省蒲城县人民政府签署定点扶贫全面合作框架协议，开启西安电子科技大学定点帮扶蒲城县之路。

9月12日　教育部、财政部印发《关于落实2013年中央1号文件要求对在连片特困地区工作的乡村教师给予生活补助的通知》，决定从2013年起，中央财政对实施乡村教师生活补助政策的连片特困地区给予综合性奖补。

9月　上海交通大学与云南省洱源县签署定点帮扶合作协议，标志着上海交通大学定点帮扶洱源县工作进入了制度化、规范化阶段。

10月15日　教育部部长袁贵仁在中国特色社会主义和中国梦宣传教育系列报告会第八场做《努力让全体人民享有更好更公平的教育》专题报告，就国家持续加大对家庭经济困难学生、特殊群体和农村地区、中西部地区的倾斜力度，解决好困难群体、特殊群体上学面临的实际困难等答记者问。

10月17日　全国农村义务教育学生营养改善计划2013年秋季视频调度会召开，教育部副部长鲁昕出席会议并讲话，指出营养改善计划实施顺利，进展明显，农村学生营养健康状况明显改善。

10月24日　北京大学与云南省弥渡县正式签署对口帮扶协议，举办第一期弥渡县干部培训班。

10月30日　北京化工大学在内蒙古自治区科左中旗成立"科技扶贫产业园"，组织教授服务团为当地政府部门和企业提供无偿咨询服务，结合当地资源情况研发科技支农项目，积极发挥学校人才优势和科技优势，推动贫困地区经济产业发展。

11月3日 中共中央总书记、国家主席习近平到湘西土家族苗族自治州调研扶贫攻坚，强调扶贫要实事求是，因地制宜。习近平强调三件事要做实：一是发展生产要实事求是，二是要有基本公共保障，三是下一代要接受教育。习近平还指出要切实办好农村义务教育，让农村下一代掌握更多知识和技能。

11月5日 教育部定点联系滇西边境山区扶贫交流会在云南省大理州召开，教育部副部长鲁昕出席会议并讲话。国家开放大学"滇西学习网"开通，初步计划开放的课程达3800门，将对提升滇西广大劳动者职业技术和文化素养发挥积极作用。

12月2日 北京交通大学帮扶内蒙古自治区科左后旗制定交通、旅游、物流三项规划，帮助科左后旗强化交通区位优势、打造特色旅游产业、完善现代物流体系，以战略规划为突破口，扎实有效开展帮扶工作。

12月23日 教育部办公厅印发《关于进一步加强和规范高校人才引进工作的若干意见》，明确提出支持高层次人才向中西部高校流动，东部高校不得到中西部高校招聘长江学者。

12月27日 教育部部长袁贵仁在《人民日报》发表署名文章《办好人民满意教育》，指出要更加关注教育相对落后地区和特殊群体，要对困难地区和群体给予格外关注、格外关爱、格外关心；要合理配置教育资源，重点向农村、边远、贫困、民族地区倾斜，支持特殊教育，提高家庭经济困难学生资助水平，积极推动农民工子女平等接受教育，切实促进教育公平，保住民生底线，让每个孩子都能成为有用之才。

12月31日 教育部、国家发展改革委、财政部联合印发《关于全面改善贫困地区义务教育薄弱学校基本办学条件的意见》，明确贫困地区义务教育薄弱学校基本办学条件改善以中西部农村贫困地区为主，兼顾东部部分困难地区；以集中连片特困地区为主，兼顾其他国家扶贫开发工作重点地区、民族地区、边境地区等贫困地区。该文件要求经过3—5年的努力，使贫困地区农村义务教育学校教室、桌椅、图书、实验仪器、运动场等教学设施满足基本教学需要；学校宿舍、床位、厕所、食堂（伙房）、饮水等生活设施满足基本生活需要；留守儿童学习和寄宿需要得到基本满足，村小学和教学点能够正常运转；县镇超大班额现象基本消除，逐步做到小学班额不超过45人、初中班额不超过50人；教师配置趋于合理，数量、素质和结构基本适应教育教学需要；小学辍学率努力控制在 0.6% 以下，初中辍学率努力控制在 1.8% 以下。

2014 年

1 月 6 日 湖南大学开启花瑶语言保护工作，研发花瑶语言数据库及花瑶语言学习机，该数据库是全国花瑶语言调查研究中的唯一权威有声语料数据资源。

3 月 7 日 教育部印发《关于做好 2014 年提高重点高校招收农村学生比例工作的通知》，要求扩大实施农村贫困地区定向招生专项计划，拓宽农村学生就读重点高校的升学渠道，做好招生录取及信息公开工作。

3 月 14 日 全面改善贫困地区义务教育薄弱学校基本办学条件工作启动，国务院副总理刘延东在"全面改薄"电视电话会议上做重要讲话，强调要加大支持力度，全面改善贫困地区义务教育薄弱学校基本办学条件。

3 月 20 日 教育部召开滇西边境片区区域发展与扶贫攻坚第二次部际联系会，教育部副部长鲁昕听取"教育部定点联系滇西边境片区工作情况"的专题汇报，专门研究滇西片区的区域发展和扶贫攻坚工作。

4 月 11 日至 12 日 教育部第二批 56 名挂职干部赴滇西开展挂职工作。教育部人事司在昆明举办滇西边境山区挂职干部培训班，教育部人事司、教育部发展规划司、云南省委组织部、云南省扶贫办、云南省教育厅、云南大学等有关单位领导出席并授课，110 名赴滇西挂职干部参加了培训。

4 月 23 日 教育部办公厅、国家发展改革委办公厅、财政部办公厅印发《关于制定全面改善贫困地区义务教育薄弱学校基本办学条件实施方案的通知》，要求各地制定实施方案，明确地方政府"全面改薄"的目标任务和财政投入责任，初步形成 2014—2018 年"全面改薄"的时间表和路线图。

5 月 13 日 财政部、教育部印发《关于下达 2014 年第一批义务教育等转移支付预算的通知》。2014 年将农村义务教育公用经费基准定额提高 40 元，年生均费用标准中西部地区小学达到 600 元，初中达到 800 元；东部地区小学达到 650 元，初中达到 850 元，从 2014 年起，在提高基准定额的基础上，进一步提高农村寄宿制学校公用经费。

6 月 23 日 中共中央总书记、国家主席习近平在全国职业教育工作会议上做出重要指示，指出要牢牢把握服务发展、促进就业的办学方向，深化体制机制改革，创新各层次各类型职业教育模式，坚持产教融合、校企合作，坚持工学结合、知行合一，引导社会各界特别是行业企业积极支持职业教育，努力建设中国特色职业教育体系，要求加大对农村地区、民族地区、贫困地区职业教育支持力度，努力让每个人都有人生出彩的机会。

7月18日 教育部办公厅、国家发展改革委办公厅、财政部办公厅印发《全面改善贫困地区义务教育薄弱学校基本办学条件底线要求》，要求将全面改善贫困地区义务教育薄弱学校基本办学条件作为优先保障的项目、必须完成的建设内容予以优先落实。因要求共计20条，也称"20条底线"要求。

7月18日 财政部、教育部、中国人民银行、银监会印发《关于调整完善国家助学贷款相关政策措施的通知》，决定自2014年7月1日起，调整国家助学贷款相关政策措施：国家助学贷款资助标准为全日制本专科学生（含第二学士学位、高职学生）每人每年不超过8000元，全日制研究生每人每年不超过12000元。全日制普通本专科学生（含第二学士学位、高职学生）资助比例参照国家助学金资助比例确定；全日制研究生资助比例根据研究生国家奖学金、学业奖学金等奖助政策覆盖范围和家庭经济困难学生情况确定。

7月25日 教育部等十二部门联合印发《关于切实加强有关内地民族班学生教育管理服务工作的若干意见》，要求建立健全工作机制、强化思想政治教育、加强教育教学管理、加强教师队伍建设、完善投入机制和资助体系、加强毕业生就业指导服务、切实加强制度保障等。

7月30日 国务院印发《关于进一步推进户籍制度改革的意见》，要求结合随迁子女在当地连续就学年限等情况，逐步使随迁子女享有在当地参加中考和高考的资格；保障农业转移人口及其他常住人口随迁子女平等享有受教育权利；将随迁子女义务教育纳入各级政府教育发展规划和财政保障范畴；逐步完善并落实随迁子女在流入地接受中等职业教育免学费和普惠性学前教育的政策以及接受义务教育后参加升学考试的实施办法。

8月8日 教育部、国家发展改革委、财政部印发《关于加快西藏和四省藏区中等职业教育发展的指导意见》，提出要调整优化中等职业学校布局结构及专业结构，大力推广"9+3"免费中职教育，建立多渠道经费投入机制。2014年，西藏和甘肃、云南、四川、青海四省藏区共建成各类中等职业学校29所（不含附设中职班），在校生 46944 人。

8 月 29 日　教育部召开第五次推进新疆教育发展工作部署会，进一步明确了推进新疆教育发展的目标任务、具体政策措施、工作体制机制，对全面落实第二次中央新疆工作座谈会精神，着力推进新疆教育科学发展进行了部署。2014 年，中央财政和 19 个援疆省市支持新疆教育事业发展经费 121.2 亿元。中央财政下达南疆中等职业学校和普通高中免学费、免教科书费和生活费补助金 3.8 亿元，受益学生 24.2 万人。启动南疆农村寄宿制初中学校标准化建设项目，初步落实了南疆实行各民族同等教育优惠政策，实现南疆四地州从学前到高中阶段全免费。

9 月 10 日　教育部印发《关于东中部职教集团、民办本科学校对口支援西藏和四省藏区中等职业教育的通知》，推动西藏和四省藏区中等职业教育发展。2014 年，中央财政支持西藏教育事业发展有关专项资金达 58.6 亿元。

9 月　国务院授予西南大学校地合作处"全国民族团结进步模范集体"称号，表彰其多年来为重庆、四川、云南、贵州等地的少数民族地区脱贫攻坚做出的贡献。

10 月 8 日　教育部印发《2014 年教育系统扶贫日活动方案》，要求开展扶贫日集中宣传活动，开展扶贫日国情教育活动，动员各学校开展形式多样的扶贫活动，强化直属高校扶贫工作。

10 月 17 日　华中农业大学"本禹志愿服务队"被国务院扶贫开发领导小组授予"全国社会扶贫先进集体"称号。"本禹志愿服务队"志愿者安玥琦代表全国青年扶贫志愿者发言。

11 月 16 日　教育部、财政部、国家发展改革委、工业和信息化部、中国人民银行印发《构建利用信息化手段扩大优质教育资源覆盖面有效机制的实施方案》，明确细化了以"三通两平台"为核心的重点任务，并提出五个方面的保障措施。11 月，以西藏教学点完成设备安装调试为标志，"教学点数字教育资源全覆盖"项目全面完成，有效保障国家规定课程开齐开好。

11 月 24 日　西南财经大学与云南省福贡县人民政府签署对口帮扶合作框架协议，进一步加强帮扶规划、细化帮扶目标、丰富帮扶项目，促进福贡县经济社会的可持续发展。

11 月 25 日　财政部、教育部、人力资源社会保障部印发《关于下达 2014 年第四批义务教育等转移支付预算的通知》。从 2014 年起调整完善中职教育免学费财政补助方式，进一步完善中等职业教育免学费政策，提高中职学校运转水平，促进民办中等职业教育发展。

12月9日　中共中央总书记、国家主席习近平在中央经济工作会议上讲话，指出抓好教育是扶贫开发的根本大计，要让贫困家庭的孩子都能接受公平有质量的教育，起码学会一项有用的技能，不要让孩子输在起跑线上，尽力阻断贫困代际传递。

12月25日　国务院办公厅印发《国家贫困地区儿童发展规划（2014—2020年）》，要求对涉及680个县的集中连片特困地区从出生开始到义务教育阶段结束的农村儿童的健康和教育，实施全过程的保障和干预，编织保障贫困地区儿童成长的安全网，实现到2020年集中连片特困地区儿童发展整体水平基本达到或接近全国平均水平的目标。

12月　山东大学与河南省确山县人民政府签署定点扶贫工作协议，将在教育领域、医疗卫生领域、科技领域、文化广电领域等对确山县实施全面帮扶。

2015 年

2月　教育部选派第三批54名援滇干部赴滇西挂职锻炼。第三批挂职干部分赴保山、楚雄、红河、普洱、西双版纳、大理、德宏、怒江、临沧9州市，为当地资源开发、教育改革、经济发展做出贡献。

4月1日　中央全面深化改革领导小组第十一次会议审议通过《乡村教师支持计划（2015—2020年）》，中共中央总书记、国家主席习近平主持会议，提出要把乡村教师队伍建设摆在优先发展的战略位置。

4月1日　教育部印发《关于做好2015年重点高校招收农村学生工作的通知》，要求继续实施农村贫困地区定向招生专项计划，继续实施农村学生单独招生，继续实施地方重点高校招收农村学生专项计划，确保考试招生工作公平公正。

4月21日　教育部、中国残疾人联合会印发《残疾人参加普通高等学校招生全国统一考试管理规定（暂行）》，要求各级招生考试机构为残疾人参加高考提供平等机会和合理便利，对听力残疾考生参加考试的相关事项、盲文试卷、大字号试卷的制卷、评卷等问题进行了详细规定。

5月19日　教育部等六部门印发《关于进一步做好农村订单定向医学生免费

培养工作的意见》，要求继续实施农村订单定向医学生免费培养工作，统筹做好免费医学生招生录取工作，落实好免费医学生培养经费，切实做好免费医学毕业生就业安排，加强免费医学毕业生就业履约管理等。

6月1日　国务院办公厅印发《乡村教师支持计划（2015—2020年）》，全面部署乡村教师队伍建设工作，要求到2017年，力争使乡村学校优质教师来源得到多渠道扩充，乡村教师资源配置得到改善，教育教学能力水平稳步提升，各方面合理待遇依法得到较好保障，职业吸引力明显增强，逐步形成"下得去、留得住、教得好"的局面；到2020年，努力造就一支素质优良、甘于奉献、扎根乡村的教师队伍。该文件还提出，要全面提高乡村教师思想政治素质和师德水平，拓展乡村教师补充渠道，提高乡村教师生活待遇，统一城乡教职工编制标准，职称（职务）评聘向乡村学校倾斜，推动城镇优秀教师向乡村学校流动，全面提升乡村教师能力素质，建立乡村教师荣誉制度。

6月2日　国务院扶贫办、教育部、人力资源和社会保障部印发《关于加强雨露计划支持农村贫困家庭新成长劳动力接受职业教育的意见》，提出逐步提高农村贫困家庭子女初、高中毕业后接受中、高等职业教育的比例，确保每个孩子起码学会一项有用技能，贫困家庭新成长劳动力创业就业能力得到提升，实现一人长期就业、全家稳定脱贫的目标。

7月14日　上海市教育委员会与云南省教育厅签订《支持滇西集中连片特殊困难地区教育事业改革和发展合作协议》。2015—2017年，上海市教育系统将充分发挥资源优势，推进滇西基础教育、职业教育、高等教育等方面的改革和发展。

7月　上海交通大学设立"心基金""行基金""梦基金""恒基金"四个对口帮扶专项基金，分别支持医疗卫生、教育、管理和科技领域的帮扶项目。

8月3日至5日　教育部部长袁贵仁赴黔西南就教育扶贫进行专题调研，签署《教育部贵州省人民政府深化贵州教育综合改革战略合作协议》。

8月11日　国务院印发《关于加快发展民族教育的决定》，要求充分发挥对口支援作用，健全教育对口支援机制，重点加大对受援地区双语教育、职业教育和学前教育的支援力度。

8月24日至25日　中央第六次西藏工作座谈会在京召开，中共中央总书记、国家主席习近平发表重要讲话，强调西藏和四省藏区已经进入全面建成小康社会决定性阶段，要把社会主义核心价值观教育融入各级各类学校课程，推广国家通用语言文字，努力培养爱党爱国的社会主义事业建设者和接班人；要大力培育中华民族共同体意识，广泛开展民族团结进步宣传教育和创建活动；要坚持不懈开展马克思主义祖国观、民族观、宗教观、文化观等宣传教育活动，凝聚中国特色社会主义思想共识。国务院总理李克强指出，未来五年多，西藏要同全国一道实现全面小康，任务繁重艰巨，要加快补上教育这个"短板"。

8月31日 东北大学在云南省昌宁县职业技术学校设立"东北大学网络教育昌宁学习中心"，面向昌宁全县机关、企事业单位干部职工和乡村基层一线从业人员开展非全日制教育，成为学校在当地的教育辐射源。

8月 复旦大学与云南省永平县人民政府签署新农村发展战略合作框架协议，在决策咨询研究、科技成果转化、教育医疗合作、智力资源开发等领域开展合作，探索高校服务新农村建设的新模式和新机制，全方位推动永平县新农村建设和发展。

9月8日 国务院总理李克强会见全国教书育人楷模及优秀乡村教师代表并做重要讲话，强调强国必先重教，重教必须尊师，希望广大教师坚守教书育人的神圣职责，播撒创新的火种，促进社会公平。

9月9日 中共中央总书记、国家主席习近平给"国培计划（2014）"北京师范大学贵州研修班参训教师回信，指出扶贫必扶智，让贫困地区的孩子们接受良好教育，是扶贫开发的重要任务，也是阻断贫困代际传递的重要途径，党和国家已经采取了一系列措施，让贫困地区每一个孩子都能接受良好教育，实现德智体美全面发展，成为社会有用之才。习近平勉励广大教师努力做教育改革的奋进者、教育扶贫的先行者、学生成长的引导者，为贫困地区教育事业发展、为祖国下一代健康成长继续做出自己的贡献。

10月9日 武汉理工大学召开扶贫与对口支援工作会，成立学校扶贫与对口支援工作领导小组，安排部署学校驻村工作队帮扶、对口支援三峡移民等扶贫与对口支援工作。

10月17日 全国教育扶贫全覆盖行动启动仪式暨河北省山区教育扶贫工程现场会举行，教育部副部长鲁昕发表讲话，强调各级教育部门要把教育扶贫全覆盖行动作为下一阶段的工作重点，聚焦最薄弱领域和最贫困群体，定向施策，精准发力，加快贫困地区教育事业发展。

10月21日 国务院副总理刘延东出席第四届反贫困与儿童发展国际研讨会开

幕式，强调儿童是人类的未来，重视儿童发展，是促进社会公平发展的重要基础，是消除贫困代际传递、培育未来人力资本的治本之策。

11月25日　国务院印发《关于进一步完善城乡义务教育经费保障机制的通知》，决定从2016年起建立城乡统一的义务教育经费保障机制，最终实现"两免一补"城乡统一，教育经费"钱随人走"。

11月27日至28日　中央扶贫开发工作会议在京召开，中共中央总书记、国家主席习近平发表重要讲话，强调脱贫攻坚战冲锋号已经吹响，要坚决打赢脱贫攻坚战，确保到2020年所有贫困地区和贫困人口一道迈入全面小康社会；要坚持精准扶贫、精准脱贫，重在提高脱贫攻坚成效；要发展教育脱贫一批，治贫先治愚，扶贫先扶智，国家教育经费要继续向贫困地区倾斜、向基础教育倾斜、向职业教育倾斜，帮助贫困地区改善办学条件，对农村贫困家庭特别是留守儿童给予特殊关爱。

11月29日　《中共中央国务院关于打赢脱贫攻坚战的决定》印发，要求着力加强教育脱贫。要加快实施教育扶贫工程，让贫困家庭子女都能接受公平有质量的教育，阻断贫困代际传递。国家教育经费向贫困地区、基础教育倾斜。健全学前教育资助制度，帮助农村贫困家庭幼儿接受学前教育。稳步推进贫困地区农村义务教育阶段学生营养改善计划。加大对乡村教师队伍建设的支持力度，特岗计划、国培计划向贫困地区基层倾斜，为贫困地区乡村学校定向培养留得下、稳得住的一专多能教师，制定符合基层实际的教师招聘引进办法，建立省级统筹乡村教师补充机制，推动城乡教师合理流动和对口支援。全面落实连片特困地区乡村教师生活补助政策，建立乡村教师荣誉制度。合理布局贫困地区农村中小学校，改善基本办学条件，加快标准化建设，加强寄宿制学校建设，提高义务教育巩固率。普及高中阶段教育，率先从建档立卡的家庭经济困难学生实施普通高中免除学杂费、中等职业教育免除学杂费，让未升入普通高中的初中毕业生都能接受中等职业教育。加强有专业特色并适应市场需求的中等职业学校建设，提高中等职业教育国家助学金资助标准。努力办好贫困地区特殊教育和远程教育。建立保障农村和贫困地区学生上重点高校的长效机制，加大对贫困家庭大学生的救助力度。对贫困家庭离校未就业的高校毕业生提供就业支持。实施教育扶贫结对帮扶行动计划。重点支持革命老区、民族地区、边疆地区、连片特困地区脱贫攻坚。改善边疆民族地区义务教育阶段基本办学条件，建立健全双语教学体系，加大教育对口支援力度，积极发展符合民族地区实际的职业教育，加强民族地区师资培训。

12月3日　教育部党组部署落实"发展教育脱贫一批"任务，强调要深刻认识做好教育扶贫、脱贫工作的重大意义，坚决完成"发展教育脱贫一批"任务。要对贫困地区教育发展滞后的根源进行精准定位、精准施策，将教育经费重点向贫困地区、基础教育、职业教育倾斜，深化职业教育培训，探索建立贫困地区学前教育公共服务体系，对农村贫困地区留守儿童给予特殊关爱，加强贫困地区教师队伍建设，进一步改善贫困地区基本办学条件，加大重点高校面向贫困地区定向招生专项计划实施力度，为贫困地区培养更多人才。

12月4日　教育部印发《关于进一步加强教育对口支援新疆工作的指导意见》，要求以增强"五个认同"思想基础、推进双语教育、普及高中阶段教育、调整教育结构、加强教师队伍建设为主要任务，把"五个认同"教育贯穿于学生成长全过程，深入推进交往交流交融，全面提高双语教育质量，加快农村寄宿制学校建设，全面普及高中阶段教育，调整职业教育专业结构，建立援疆省市高校团队对口支援机制，解决好教师队伍结构性缺口，推进教育信息化建设，加快南疆教育发展，加强就业创业教育与指导，促进兵地教育融合发展。

12月7日　国务院教育督导委员会办公室印发《全面改善贫困地区义务教育薄弱学校基本办学条件工作专项督导办法》，明确了督导的主要内容，并明确了地方自评、实地督导、发布报告、整改落实等专项督导程序，以及责任督学日常监督，中央通过项目实施监测系统动态监督，引入第三方评估，中央、省、市、县四级教育督导部门层层督导、重点抽查、双随机抽查等督导方式。

12月11日　华中农业大学在中央单位定点扶贫工作会议上做典型发言。华中农业大学建立"校地联动推进、校企合作协同、项目落地引领、首席专家负责"的扶贫工作组织机制，努力促进学校科教优势与建始县自然资源优势深度融合，实施产业精准扶贫，全方位协同推进扶贫工作落到实处，扶贫成效显著。

12月16日　中国人民大学与云南省人民政府签署战略合作协议，推动云南省教育、人才、科技创新能力全面提升和滇西扶贫计划深入实施。

12月21日　教育部会同有关部门印发《关于推进西藏教育服务经济社会发展和长治久安的意见》《关于推进四川云南甘肃青海省藏区教育服务经济社会发展和长治久安的意见》，对今后一个时期西藏和四省藏区教育发展的总体要求、主要任务和保障措施提出明确意见。

12月23日　中共中央办公厅、国务院办公厅印发《关于加大脱贫攻坚力度支持革命老区开发建设的指导意见》，要求尽快补齐老区教育短板，增加公共教育资源配置，消除大班额现象，优化农村中小学校设点布局，改善基本办学条件，强化师资力量配备，确保适龄儿童和少年都能接受良好的义务教育；支持贫困老区加快普及高中阶段教育，办好一批中等、高等职业学校，逐步推进中等职业教育免除学杂费，推动职业学校与企业共建实验实训平台，培养更多适应老区发展需要的技术技能人才；继续实施农村贫困地区定向招生专项计划，畅通贫困老区学生就读重点高校渠道。

12 月　教育部等多部门联合印发《"组团式"教育人才援藏工作实施方案》，正式启动"组团式"教育人才援藏工作。

2016 年

1 月 26 日　2016 年滇西脱贫攻坚部际联系会在云南省大理州召开。教育部副部长朱之文强调，要切实把滇西片区脱贫攻坚工作统一到党中央、国务院的决策部署上来，因地制宜采取切实可行的脱贫措施，提高脱贫攻坚的精准度，加快形成全社会参与的大扶贫格局，激发贫困地区贫困人口的内生动力。外交部、科技部等 28 个部际联系会成员单位代表，国家发展改革委、国务院扶贫办有关负责同志参加了会议。

2 月 26 日　云南省印发《加强教育精准扶贫行动计划》《加强教育精准扶贫行动计划任务分解方案》，确保全面落实教育精准扶贫的各项部署和要求。

3 月 23 日　教育部办公厅印发《贯彻实施〈中共中央国务院关于打赢脱贫攻坚战的决定〉重要政策措施部内分工方案》。

3 月 25 日　教育部印发《关于做好 2016 年重点高校招收农村和贫困地区学生工作的通知》，要求认真落实专项计划招生任务，扩大实施国家专项计划，继续实施地方专项计划，继续实施高校专项计划；严格实施区域范围，严格考生资格审核；进一步加强考生帮扶和服务，优化选拔办法，为考生顺利参加考核提供便利。

3 月　教育部选派第四批 56 名援滇干部赴滇西挂职锻炼。

4 月 16 日　教育部在河北省威县召开高校专项计划政策咨询会。这是教育部第一次在贫困县召开专项计划政策咨询会。复旦大学、上海交通大学、浙江大学、南开大学、中国人民大学等 46 所全国知名高校招生人员齐聚威县，与学生和家长进行面对面零距离交流。

4月16日　中央美术学院与云南省大理州签订战略合作框架协议，进一步落实学校滇西扶贫工作，推动县校合作向州校合作转化。

4月20日　中共中央组织部、人力资源社会保障部等九部门联合发布《关于实施第三轮高校毕业生"三支一扶"计划的通知》，强调要完善选拔招募机制；加强人员培养和使用，实施能力提升专项培训计划；进一步健全服务保障机制；切实做好日常管理和服务工作；畅通服务期满就业创业渠道。

4月23日　南京大学与云南省签署战略合作协议，以优势互补、互惠互利、共同发展为原则，在科研成果转化、就业创业、学科建设、文化传承、社会服务等领域开展更有针对性的合作，推动云南省经济社会发展实现新跨越。

4月25日　浙江大学与云南省人民政府签署战略合作协议，力争将科技成果推介到云南，转化在云南。

5月11日　国务院办公厅印发《关于加快中西部教育发展的指导意见》，部署加快中西部教育发展的重点任务，要求实现县域内义务教育均衡发展，大力发展职业教育，加快普及高中阶段教育，提升中西部高等教育发展水平，积极发展农村学前教育，推动民族教育加快发展，保障残疾人受教育权利。

6月24日　教育部第四批滇西挂职干部座谈会在云南省大理州召开。

6月26日　中国扶贫开发协会高校教育扶贫委员会成立暨第一届理事会全体会议在对外经济贸易大学举行。来自全国各地的106个高校（团体）作为首批理事单位，共同建立了中国扶贫开发协会领导下的第一个高校教育扶贫社团组织。会上发布《高校参与脱贫攻坚行动计划（2016—2018）》《高校参与脱贫攻坚倡议书》。

7月6日　中国矿业大学与新疆工程学院签署发展合作协议。两校按照大格局、大视野的框架，开展多领域的深入合作，共同为国家战略发展贡献力量。

7月11日　国务院发布《关于统筹推进县域内城乡义务教育一体化改革发展的若干意见》，要求同步建设城镇学校，努力办好乡村教育，科学推进学校标准化建设，实施消除大班额计划，统筹城乡师资配置，改革乡村教师待遇保障机制，改革教育治理体系，改革控辍保学机制，改革随迁子女就学机制，加强留守儿童关爱保护。

7月26日　人力资源社会保障部、国务院扶贫办发布《关于开展技能脱贫千校行动的通知》，明确了提高思想认识、明确目标任务、开展技工教育、开展职业培训、明确支持政策、完善对接机制、明确工作要求、落实工作责任、加大宣传力度等九个方面的事项。

8月22日　联合国开发计划署在北京发布《2016中国人类发展报告》。报告认为，中国政府近年来通过将顶层设计与地方试点相结合，积极探索创新型的解决方案，在扶贫、教育、健康、社会治理等领域产生了许多重要的改革创新，取得了良好的效果。

8月23日　教育部、国家语委发布《国家语言文字事业"十三五"发展规划》，提出要与国家扶贫攻坚等工程相衔接，在农村和民族地区开展国家通用语言文字普及攻坚。

8月29日　教育部办公厅、国家发展改革委办公厅、财政部办公厅印发《关于进一步扩大学生营养改善计划地方试点范围实现国家扶贫开发重点县全覆盖的意见》，要求扩大试点范围，2017年实现营养改善计划国家扶贫开发重点县全覆盖；做好统筹规划，摸清底数，制定方案；抓好关键环节，改善供餐条件，严格食品安全管理；积极稳妥实施。

8月30日　财政部、教育部印发《关于免除普通高中建档立卡家庭经济困难学生学杂费的意见》，要求按照"中央政策引导、地方统筹实施"的原则，从2016年秋季学期起，免除公办普通高中建档立卡等家庭经济困难学生学杂费。

10月18日　教育部办公厅等四部门下发《关于印发〈普通高中建档立卡家庭经济困难学生免除学杂费政策对象的认定及学杂费减免工作暂行办法〉的通知》，要求做好政策对象的认定、审核及免除学杂费工作。

10月　教育部、国务院扶贫办联合印发《职业教育东西协作行动计划（2016—2020年）》，强调以职业教育和培训为重点，以就业脱贫为导向，瞄准建档立卡贫困人口精准发力，启动实施三大行动。一是实施东西职业院校协作全覆盖行动，实现东部地区职教集团、高职院校、中职学校对西部地区的结对帮扶全覆盖。二是实施东西协作中职招生兜底行动，东部地区兜底式招收西部地区建档立卡贫困家庭子女接受优质中职教育，毕业后根据学生意愿优先推荐在东部地区就业，实现就业脱贫。三是支持职业院校全面参与东西劳务协作，帮助每个有劳动能力且有参加职业培训意愿的建档立卡贫困人口都能接受适应就业创业需求的公益性职业培训。

10月　教育部公布首届直属高校精准扶贫精准脱贫十大典型项目集中推选活动

结果。湖南大学、华中科技大学、中国药科大学、清华大学、上海交通大学、华中农业大学、北京大学、北京交通大学、复旦大学、浙江大学的扶贫项目入选。

11月23日　国务院印发《"十三五"脱贫攻坚规划》，要求教育扶贫要以提高贫困人口基本文化素质和贫困家庭劳动力技能为抓手，瞄准教育最薄弱领域，阻断贫困代际传递。该文件还提出以下目标：到2020年，贫困地区基础教育能力明显增强，职业教育体系更加完善，高等教育服务能力明显提升，教育总体质量显著提高，基本公共教育服务水平接近全国平均水平。

12月16日　教育部、国家发展改革委、民政部、财政部、人力资源社会保障部、国务院扶贫办六部门联合印发《教育脱贫攻坚"十三五"规划》。这是国家首个教育脱贫攻坚的五年规划，提出一个目标、两个重点、五大教育群体、五项重点任务，力争实现贫困地区人人有学上、个个有技能、家家有希望、县县有帮扶。

12月29日　教育部印发《关于加强"十三五"期间教育对口支援西藏和四省藏区工作的意见》，要求实施好"组团式"教育人才援藏工作；帮助提高教师和管理人员素质；加强学校之间的结对帮扶；帮助提高双语教育质量；帮助提高教育信息化水平；加大人才培养力度；帮助推进中等职业教育发展；继续做好高校对口支援工作；加强教育部直属单位对口援藏工作。

12月29日　教育部办公厅印发《教育部十个司局定点联系滇西十个州市教育工作方案》，提出由部内与教育扶贫工作关系密切的10个业务司局定点联系滇西10州市，结合滇西等地教育扶贫工作，建立对口定点服务机制，重点做好调查研究、开展宣传教育、加强工作指导、督促工作落实、发挥青年作用等工作。

12月　中共中央办公厅、国务院办公厅印发《关于进一步加强东中西部扶贫协作工作的指导意见》，要求帮扶双方选派优秀干部挂职，广泛开展人才交流，促进观念互通、思路互动、技术互学、作风互鉴，通过双向挂职、两地培训、委托培养和组团式支教、支医、支农等方式，加大东部地区对西部地区教育、卫生、科技、文化、社会工作等领域的人才支持，把东部地区的先进理念、人才、技术、信息、经验等要素传播到西部地区。

12月　中国农业大学在云南省镇康县设立首个科技小院。张福锁院士凭借科技小院精准扶贫模式，荣获2018年"全国脱贫攻坚奖创新奖"。科技小院精准扶贫模式已被列入科技部等七部门于2020年7月联合发布的《关于加强农业科技社会化服务体系建设的若干意见》，并在全国多个贫困地区推广。

2017 年

1月20日　教育部办公厅印发《贯彻落实〈教育脱贫攻坚"十三五"规划〉重点工作任务分工方案》，要求各有关司局切实把思想和行动统一到党中央决策部署上来，在各自职能范围内统筹谋划、分工协作、加紧推进，坚决完成中央赋予的"发展教育脱贫一批"重大任务，打赢教育脱贫攻坚战。

1月25日　教育部办公厅印发《关于坚持正确导向促进高校高层次人才合理有序流动的通知》，明确提出"长江学者奖励计划"继续加大对引进海外高层次人才和西部、东北地区高校高层次人才发展的倾斜力度。不鼓励东部高校从中西部、东北地区引进人才。

2月24日　教育部办公厅发布《关于2016年连片特困地区乡村教师生活补助实施情况的通报》，强调存在政策覆盖面有待进一步扩大、补助标准有待进一步完善、管理工作有待进一步加强等主要问题。要进一步加强重点督查，尽快实现全覆盖；加大资金投入，逐步提高补助标准；健全管理机制，确保资金使用安全；加强审核把关，确保数据准确有效；加强政策宣传，营造尊师重教氛围。

3月12日　第十二届全国人民代表大会第五次会议举行记者会，教育部部长陈宝生应邀就"教育改革发展"主题答记者问。陈宝生指出教育部围绕打赢脱贫攻坚战做了几件事。一是制定一个规划。由教育部牵头，国务院六个部门联合颁布了《教育脱贫攻坚"十三五"规划》。二是着力实施"两个转变"。一个转变是从单纯扶贫转向综合扶智，另一个转变是由大水漫灌改为精准滴灌。三是重点解决三个问题：辍学、失学问题，"读书无用论"问题，贫困农民和普通农民在教育上差距拉大的趋势的问题。

3月14日　教育部、国家语委发布《关于印发〈国家通用语言文字普及攻坚工程实施方案〉的通知》，要求结合国家精准扶贫、精准脱贫基本方略，结合新型城镇化和社会主义新农村建设，以农村地区和民族地区为重点，以劳动力人口为主要对象，大力提高普通话的普及率，为打赢全面小康攻坚战奠定良好基础。该通知还提出大力提升教师国家通用语言文字应用能力，全面提升基层干部职工普通话能力，增强青壮年农民、牧民普通话应用能力等重点举措，确保到2020年，在全国范围内基本普及国家通用语言文字，全国普通话普及率平均达到80%以上。

3月28日 滇西脱贫攻坚部际联系会暨直属高校、直属单位扶贫工作推进会在云南省昆明市召开，教育部部长陈宝生出席会议并讲话。会议强调，要深入学习习近平总书记扶贫开发重要战略思想，统筹推进滇西扶贫、定点扶贫工作，总结交流工作经验，协调解决困难问题，在脱贫攻坚中发挥优势，坚决打赢脱贫攻坚战。

4月5日 教育部印发《关于做好2017年重点高校招收农村和贫困地区学生工作的通知》，强调要明确报考条件、严格资格审核、完善招生办法、提升服务水平、强化监督处罚。

4月10日 教育部印发《关于对口支援兰州城市学院等高校工作的通知》，要求由华东师范大学对口支援兰州城市学院、由中国政法大学对口支援甘肃政法学院、由中南大学对口支援江西理工大学；增列兰州大学对口支援青海师范大学，厦门大学对口支援青海民族大学；由中国人民大学、北京理工大学组成团队，加强对口支援延安大学工作。

4月19日 教育部印发《关于〈县域义务教育优质均衡发展督导评估办法〉的通知》，指出建立县域义务教育优质均衡发展督导评估制度，开展义务教育优质均衡发展县（市、区）督导评估认定工作，巩固义务教育基本均衡发展成果，引导各地将义务教育均衡发展向着更高水平推进，全面提高义务教育质量。

4月 中国地质大学（武汉）帮助滇西应用技术大学珠宝学院获得正式办学资格。9月，滇西应用技术大学珠宝学院开始面向云南省招生。

5月2日 教育部办公厅、财政部办公厅印发《关于进一步做好农村义务教育学生营养改善计划有关管理工作的通知》，强调切实落实地方主体责任、切实加强食品安全管理、切实加强资金使用管理、切实做好实名制信息管理。

5月15日 东南大学与云南省楚雄州人民政府签署精准扶贫合作协议，双方将加强合作，加快落实楚雄州"科教兴州""人才强州"战略，推进楚雄州社会经济发展，实现精准扶贫、精准脱贫。

5月22日 教育部办公厅、国务院扶贫办综合司印发《贯彻落实〈职业教育东西协作行动计划（2016—2020年）〉实施方案》，要求全面落实东西职业院校协作全覆盖行动、东西协作中职招生兜底行动、职业院校全面参与东西劳务协作各项工作任务。

5月 滇西应用技术大学正式建立，该校是全国首批建设的应用技术大学，是教育部滇西六大精准帮扶项目之一，将立足滇西，服务云南，辐射带动周边，培养经济社会发展所需要的应用型、技术技能型人才。

5月　教育部选派第五批62名援滇干部赴滇西挂职锻炼。

6月15日　教育部在新疆维吾尔自治区乌鲁木齐市召开援疆干部人才座谈会，教育部部长陈宝生出席会议并讲话，要求援疆干部人才继续强化"四个意识"，维护民族团结，促进新疆教育改革，努力推进新疆稳定发展。

6月23日　中共中央总书记、国家主席习近平主持召开深度贫困地区脱贫攻坚座谈会，强调党中央对2020年脱贫攻坚的目标已有明确规定，即到2020年，稳定实现农村贫困人口不愁吃、不愁穿，义务教育、基本医疗和住房安全有保障；实现贫困地区农民人均可支配收入增长幅度高于全国平均水平，基本公共服务主要领域指标接近全国平均水平；确保我国现行标准下农村贫困人口实现脱贫，贫困县全部摘帽，解决区域性整体贫困。

6月29日　教育部、财政部印发《关于进一步加强全面改善贫困地区义务教育薄弱学校基本办学条件中期有关工作的通知》，要求进一步完善工程规划，进一步加快实施进度，进一步强化资金落实，进一步加强质量管理，进一步加大公开力度，进一步加强督导检查。

7月13日至16日　国务院扶贫开发领导小组第十四巡查组对江西省脱贫攻坚问题整改和任务落实情况开展巡查，组长孙尧强调，教育是最大的民生，是脱贫攻坚战的重头戏，需要各级政府高度重视，发挥教育扶贫的作用，加快推动脱贫攻坚工作。

7月25日　中共教育部党组印发《关于加快直属高校高层次人才发展的指导意见》，提出坚持正确导向，鼓励高层次人才向中西部和东北地区高校流动。

7月28日　国务院办公厅印发《关于进一步加强控辍保学提高义务教育巩固水平的通知》，强调要坚持依法控辍，建立健全控辍保学工作机制；提高质量控辍，避免因学习困难或厌学而辍学；落实扶贫控辍，避免因贫失学辍学；强化保障控辍，避免因上学远上学难而辍学；加强组织领导，狠抓工作落实。

8月6日　大连理工大学与云南省保山市签署协议共建滇西产业发展研究院。滇西产业发展研究院是教育部对口帮扶云南以来，教育部直属高校在云南省建立的第二个校地共建研究院。

8月15日　中共中央总书记、国家主席习近平给第三届中国"互联网+"大学生创新创业大赛"青年红色筑梦之旅"的大学生回信，勉励他们扎根中国大地了解国情民情，用青春书写无愧于时代、无愧于历史的华彩篇章。

9月7日　教育部办公厅印发《职业教育东西协作行动计划滇西实施方案（2017—2020年）》，强调实施东部四省（市）滇西招生兜底行动计划，实施职业教育基础能力提升计划，新增劳动力东部就业计划，推进滇西职业教育国际交流，加快构建滇西职业教育体系。

9月12日至13日　第二届教育部直属高校精准扶贫精准脱贫十大典型项目集中推选活动在湖南省长沙市举行。本次活动共有42所高校申报了47个典型项目，经44所参会高校投票推选出湖南大学等十所高校的十大典型项目。

9月26日　辽宁省教育厅、辽宁省发展和改革委员会、辽宁省民政厅、辽宁省财政厅、辽宁省人力资源和社会保障厅、辽宁省扶贫办印发《辽宁省教育脱贫攻坚规划（2017—2020年）》，明确到2020年，实现建档立卡等贫困人口教育基本公共服务全覆盖，贫困地区教育总体发展水平显著提升。

9月　教育部印发《建立建档立卡贫困教育人口信息比对工作协调机制的实施方案》，要求与国务院扶贫办建立信息比对工作机制，每年春季、秋季学期开展建档立卡贫困教育人口信息比对工作，全面掌握建档立卡贫困学生基本情况和就学需求，分析困难和问题，精准施策，促进建档立卡贫困人口教育基本公共服务全覆盖，保障各教育阶段全程全部资助。

10月9日　教育部承办的2017减贫与发展高层论坛教育扶贫论坛召开。教育部副部长孙尧在论坛上指出：职教扶贫要落精准、强基础、抓协作、重就业，实现"职教一人、就业一个、脱贫一家"的目标；要打好职教扶贫精准战，完善建档立卡贫困教育人口信息比对工作协调机制；面向建档立卡的贫困学生，分类实施有针对性的职业教育和职业培训政策。

10月18日至21日　教育部副部长孙尧赴河北省威县和青龙县开展调研，强调要运用好现代信息技术，探索改进现行教育教学模式，推动优质教育资源共享，全面提升教学质量，破解优秀教师短缺的难题；教育部有关司局要精准对接两县的需求，特别是协调好有关高校对口支援两县产业和教育发展；京津冀教育行政部门要加强合作、协同帮扶两县，特别是充分发挥职业教育和继续教育在脱贫攻坚中的作用。

11月11日　中央美术学院成立驻云南大理剑川传统工艺工作站，以木雕、石雕、土陶、白族布扎为主，同时带动濒临消失的纸扎、民间玩具、笼屉、羊毛毡毯制作等工艺，形成以强带弱、联动提升的发展模式，积极探索"非遗+扶贫"的新模式新路子。

11月15日　天津大学与甘肃省宕昌县人民政府签订《关于定点扶贫帮扶资金使用计划的协议》，《共建高端教育培训基地协议》《共建青年教师实践基地协议》，确定将学校结余党费60万元用于支持宕昌县贫困村发展集体经济，并设立了30万元的教育培训帮扶资金。

11月22日　国务院扶贫开发领导小组印发《关于广泛引导和动员社会组织参与脱贫攻坚的通知》，强调鼓励社会组织特别是基金会参与《教育脱贫攻坚"十三五"规划》《职业教育东西协作行动计划（2016—2020年）》等政策的落实工作，参与实施教育扶贫结对帮扶、扶贫助学助困项目；鼓励社会组织通过增强贫困地区教育培训机构能力和师资水平，开展科学普及，提升贫困地区教育水平，帮助扶贫对象学习掌握职业技能、致富技术，提供职业指导，增强就业能力；鼓励社会组织有序组织大学生、退休教师、社会人士到贫困地区开展扶贫支教；鼓励非营利性民办学校加大对贫困学生资助力度。

11月22日至23日　中央纪委国家监委驻教育部纪检监察组组长吴道槐赴定点扶贫县河北省威县开展调研工作，听取威县脱贫攻坚总体工作、扶贫领域监督执纪问责、教育扶贫等方面的情况汇报，要求充分认识教育在解决贫困问题方面的重要作用，要把扶贫与扶智相结合，下大力气加快发展各级各类教育。

11月　中共中央办公厅、国务院办公厅印发《关于支持深度贫困地区脱贫攻坚的实施意见》，指出西藏、四省藏区、南疆四地州和四川凉山州、云南怒江州、甘肃临夏州（以下简称"三区三州"），以及贫困发生率超过18%的贫困县和贫困发生率超过20%的贫困村，自然条件差、经济基础弱、贫困程度深，是脱贫攻坚中的硬骨头，补齐这些短板是脱贫攻坚决战决胜的关键之策。中央和国家机关有关部门要落实行业主管责任，对"三区三州"和其他深度贫困地区、深度贫困问题，予以统筹支持解决。要加强教育扶贫、就业扶贫、基础设施建设、土地政策支持和兜底保障工作，打出政策组合拳。

12月12日　国务院教育督导委员会办公室发布《加快中西部教育发展工作督导评估监测办法》，要求建立督导评估监测机制，坚持"横向联动、纵向推动、动态调控、督促指导"的原则，在2017—2020年期间以年度为周期，每年形成督导评估监测报告，确保2020年加快中西部地区教育发展总体目标如期实现。

12月15日 教育部、国家发展改革委、财政部、人力资源社会保障部联合印发《援藏援疆万名教师支教计划实施方案》，要求建立西藏、新疆（含兵团，下同）与内地学校共享优质教育资源的常态化机制，缓解西藏、新疆受援地优秀教师不足的矛盾，辐射带动西藏、新疆受援学校教育教学水平，切实加强西藏、新疆教师队伍建设，提升西藏、新疆教育自给能力，全面提高西藏、新疆基础教育质量，为西藏、新疆经济发展、社会稳定和长治久安，培养爱党爱国的社会主义事业合格建设者和可靠接班人。

12月21日 农业部、教育部印发《关于深入推进高等院校和农业科研单位开展农业技术推广服务的意见》，强调要大力培养农业农村人才、加强农业技术集成和成果转化、加强农业科技试验示范基地建设、强化农业技术推广服务职责、完善评价考核机制、创新服务方式。

2018 年

1月15日 教育部、国务院扶贫办联合印发《深度贫困地区教育脱贫攻坚实施方案（2018—2020年）》，要求精准建立"三区三州"教育扶贫台账，稳步提升"三区三州"教育基本公共服务水平，面向"三区三州"实施推普脱贫攻坚行动，多渠道加大"三区三州"教育扶贫投入。该文件确立了以下工作目标：到2020年，"三区三州"等深度贫困地区教育总体发展水平显著提升，实现建档立卡贫困人口教育基本公共服务全覆盖；保障各教育阶段建档立卡学生从入学到毕业的全程全部资助，保障贫困家庭孩子都可以上学，不让一个学生因家庭经济困难而失学；更多建档立卡贫困学生接受更好更高层次教育，都有机会通过职业教育、高等教育或职业培训实现家庭脱贫，教育服务区域经济社会发展和脱贫攻坚的能力显著增强。

1月15日 教育部、国务院扶贫办、国家语委联合印发《推普脱贫攻坚行动计划（2018—2020年）》，强调扶贫先扶智，扶智先通语，到2020年，贫困家庭新增劳动力人口应全部具有国家通用语言文字沟通交流和应用能力，现有贫困地区青壮年劳动力具备基本的普通话交流能力，当地普通话普及率明显提升，初步具备普通话交流的语言环境，为提升"造血"能力打好语言基础。

1月26日 教育部印发《教育系统扶贫领域作风问题专项治理实施方案》，要求坚持精准扶贫精准脱贫基本方略，强化目标导向，强化责任担当，强化问题意识，全面清除教育系统扶贫领域作风问题形成根源，较真碰硬压缩作风问题滋生空间，严惩严治形成对作风问题的强大震慑，标本兼治构建扶贫领域作风建设长效机制，推动教育系统扶贫领域作风明显改善，确保如期完成教育脱贫各项任务。

1月31日　教育部办公厅印发《关于〈深度贫困地区教育脱贫攻坚实施方案（2018—2020年）〉重点任务分工方案的通知》，要求各司局和直属单位在各自职能范围内统筹谋划、分工协作、加快推进，要以更加集中的支持、更加有效的举措、更加有力的工作，用三年时间集中攻坚，确保深度贫困地区如期完成"发展教育脱贫一批"任务。

2月26日　教育部印发《关于做好2018年重点高校招收农村和贫困地区学生工作的通知》，就严格报考条件、严格资格审核、严格招生管理、加大宣传服务、加大违规查处等方面做出部署。

3月1日　教育部部长陈宝生在《人民日报》发表署名文章《进一步加强学生资助工作》，强调要把学生资助工做摆在更加重要的位置，全面推进学生资助精准化，切实发挥学生资助育人功效，努力提升学生资助科学化水平。

3月5日　国务院总理李克强在第十三届全国人民代表大会第一次会议上做政府工作报告，指出我国改善农村义务教育薄弱学校办学条件，提高乡村教师待遇，营养改善计划惠及3600多万农村学生；重点高校专项招收农村和贫困地区学生人数由1万人增加到10万人；加大对各类学校家庭困难学生资助力度，4.3亿人次受益。

3月　云南省政府印发《云南省深度贫困地区教育脱贫攻坚实施方案（2018—2020年）》，编制完成"三区三州"教育脱贫攻坚项目建设规划，从学校建设、教师置换培训、学校对口帮扶等方面强力推进深度贫困地区教育脱贫攻坚。

4月2日　中共中央总书记、国家主席习近平在中央财经委员会第一次会议上发表讲话，会议强调打好精准脱贫攻坚战，要咬定总攻目标，严格坚持现行扶贫标准，不能擅自拔高标准，也不能降低标准。教育扶贫要突出提升义务教育质量。

4月3日　中央纪委驻教育部纪检组印发《关于开展教育扶贫领域腐败和作风问题专项治理工作的实施方案》，提出全面履行监督执纪问责职责，按照"问题导向、精准监督、抓常抓长、标本兼治"的工作原则，围绕教育脱贫攻坚目标任务，对照教育部制定的具体扶贫措施，紧盯教育部机关相关司局、直属单位、直属高校在扶贫工作中出现的腐败和作风问题，持续深入开展治理整顿，坚持无禁区、全覆盖、零容忍，坚持重遏制、强高压、长震慑，既正风肃纪又反腐惩恶，既雷厉风行又久久为功，为打赢教育脱贫攻坚战提供坚强的纪律保障。

4月8日至10日　国务院副总理孙春兰在山西调研，强调扎实推进健康扶贫和教育扶贫工程，聚焦深度贫困地区和特殊贫困群体，采取精准有效帮扶措施，切实保障贫困人口基本医疗和受教育水平，为打好打赢脱贫攻坚战、决胜全面建成小康社会做出应有贡献。教育扶贫肩负着阻断贫困代际传递的重要使命，要完善义务教育控辍保学机制，加强乡村小规模学校和寄宿制学校建设，大力发展普惠性学前教育，努力让孩子们接受公平有质量的教育。要强化地区间协作和对口帮扶，支持贫困地区、革命老区加快发展职业教育，紧贴当地产业发展和社会需求，多种形式开展技术技能培训，拓宽贫困人口就业渠道，增强自我发展能力。

4月13日　教育部印发《教育信息化2.0行动计划》，提出实施"网络扶智工程攻坚行动"，大力支持以"三区三州"为重点的深度贫困地区教育信息化发展，促进教育公平和均衡发展，有效提升教育质量，推进网络条件下的精准扶智，服务国家脱贫攻坚战略部署。

4月25日　国务院办公厅印发《关于全面加强乡村小规模学校和乡镇寄宿制学校建设的指导意见》，强调办好乡村小规模学校和乡镇寄宿制学校是实施科教兴国战略、加快教育现代化的重要任务，是实施乡村振兴战略、推进城乡基本公共服务均等化的基本要求，是打赢教育脱贫攻坚战、全面建成小康社会的有力举措。该文件从统筹布局规划、改善办学条件、强化师资建设、强化经费保障、提高办学水平、加强组织领导等方面做了部署与安排。

5月27日　教育部部长陈宝生赴湖北省恩施州建始县红岩寺镇猕猴桃示范基地调研定点扶贫工作。陈宝生充分肯定了华中农业大学"围绕一个特色产业，组建一个教授团队，设立一个攻关项目，支持一个龙头企业，带动一批专业合作社，助推一方百姓脱贫致富"的定点扶贫工作思路和成效，勉励学校继续加大帮扶力度，发展特色农业，助力建始县打赢脱贫攻坚战。

5月27日　凉山州"学前学会普通话"行动启动仪式在四川省凉山州昭觉县举行，国务院扶贫办主任刘永富、教育部副部长孙尧出席仪式并讲话。凉山州开展"学前学会普通话"行动试点，是国家聚焦深度贫困地区、帮助凉山州阻断贫困代际传递的一项重要措施，是细化凉山州"两不愁三保障"目标任务的体现。

5月31日　教育部部长陈宝生出席滇西脱贫攻坚部际联系会和教育部直属系统

扶贫暨援派工作推进会并讲话，强调要按照党中央要求，抓好滇西脱贫攻坚。一是参与滇西帮扶，要牢记这是习近平总书记的殷切嘱托。二是参与滇西帮扶，要牢记这是滇西人民的翘首期待。三是参与滇西帮扶，要牢记这是各单位肩负的神圣使命。四是参与滇西帮扶，要牢记这是我们必须迈过的重大关口。

6月6日　教育部副部长孙尧在内蒙古自治区科左后旗巡查自治区落实国家扶贫考核反馈问题整改情况，要求民族学校抓好教育教学改革，引导学生在传承发扬蒙古族优秀传统文化的同时，注重加强爱国主义教育，培养学生爱国爱家的情怀，加大普通话普及教育力度，提升民族学生融入社会的能力，为学生创造更广阔的发展空间。

6月15日　《中共中央国务院关于打赢脱贫攻坚战三年行动的指导意见》印发，要求集中力量支持深度贫困地区脱贫攻坚、强化到村到户到人精准帮扶举措，着力实施教育脱贫攻坚行动；以保障义务教育为核心，全面落实教育扶贫政策，进一步降低贫困地区特别是深度贫困地区、民族地区义务教育辍学率，稳步提升贫困地区义务教育质量；确保贫困家庭适龄学生不因贫失学辍学；全面推进贫困地区义务教育薄弱学校改造工作，重点加强乡镇寄宿制学校和农村小规模学校建设，确保所有义务教育学校达到基本办学条件；实施好农村义务教育学生营养改善计划；加强学校网络教学环境建设，共享优质教育资源；改善贫困地区乡村教师待遇，落实教师生活补助政策，均衡配置城乡教师资源；加大贫困地区教师特岗计划实施力度；学生资助政策实现应助尽助；加大贫困地区推广普及国家通用语言文字工作力度；开展民族地区学前儿童学习普通话行动。

6月22日　东北大学与云南省人民政府签署战略合作协议，东北大学与云南大学、昆明钢铁控股有限公司、中国铜业有限公司、云南冶金集团股份有限公司、云南省贵金属新材料控股集团有限公司、玉溪市高新区管委会等签署协议，推动校校、校企、校地合作上一个台阶。

6月28日　教育部统编三科教材西部巡讲活动在四川省凉山州正式启动。三科教材编写人员深入"三区三州"地区，宣讲统编三科教材，听取意见建议，帮助深度贫困地区教师深入理解新教材、用好新教材。

6月　语文出版社出版《普通话1000句》。该书是专门面向普通话初学者编写的入门级学习用书，旨在推广普及国家通用语言文字，为贫困家庭提升"造血"能力打好语言基础。

6月　南开大学在中央直属单位 2017 年定点扶贫工作考核中获评第一档："好"。这是国务院扶贫办组织的首次定点扶贫工作考核。

7月4日　教育部、财政部印发《银龄讲学计划实施方案》，面向社会公开招募一批优秀退休校长、教研员、特级教师、高级教师等到农村义务教育学校讲学，进一步加强农村教师队伍建设，充分利用退休教师优势资源，调动优秀退休教师继续投身教育的积极性，提高农村教育质量。

7月4日至6日　教育部选派第六批 62 名援滇干部赴滇西挂职锻炼。由教育部、中共云南省委组织部、云南省扶贫办、云南省教育厅主办的教育部第六批赴滇西挂职干部人才岗前培训暨第五批总结培训班在昆明举办。

7月9日　教育部办公厅印发《贯彻落实〈中共中央国务院关于实施乡村振兴战略的意见〉有关政策措施部内分工方案》，要求深刻认识实施乡村振兴战略的重要性和紧迫性，精心组织实施，统筹谋划，分工协作，加快推进。

7月19日　北京邮电大学成立"中国网络扶贫理论与政策研究中心"，该中心致力于总结网络扶贫的经验做法，形成一批有见地、有影响力、可推广的标志性成果，服务国家发展的战略需求。

7月19日　中国矿业大学（北京）与广西壮族自治区人民政府共同签订合作框架协议，合作加强矿业资源绿色开采、矿山地质环境治理、绿色修复等，加大碳酸钙领域科研创新平台建设，为广西碳酸钙"千亿元产业建设"提供智力支持。

7月22日　教育部教育援青工作会议召开。青海省六州人民政府与东部六省份教育行政部门现场签署对口支援工作协议，汇聚对口支援青海的合力。

7月25日　教育部办公厅印发《关于切实做好 2018 年秋季学期普通高等学校家庭经济困难新生入学相关工作的通知》，强调要确保资助政策人人知晓、确保"绿色通道"便捷温馨、确保助学贷款"应贷尽贷"、确保入学后资助精准有力、确保预警提示及时到位。

7月　教育部开展首届省属高校精准扶贫精准脱贫典型项目推选活动，经 32 个省级教育行政部门和承担定点扶贫任务的 44 所教育部直属高校投票推选，共推选出 17 个省份及新疆生产建设兵团的 20 所高校典型项目。

7月　电子科技大学与贵州省岑巩县签订进一步深化定点帮扶工作合作协议书，全面推进深度贫困村扶贫、教育系统党建、同心专家智囊团等定点扶贫工作。

8月17日　国务院办公厅印发《关于进一步调整优化结构提高教育经费使用

效益的意见》，要求财政教育经费要着力向深度贫困地区和建档立卡等家庭经济困难学生倾斜，聚焦"三区三州"等深度贫困地区，以义务教育为重点，实施教育脱贫攻坚行动。

9月19日　第三届教育部直属高校精准扶贫精准脱贫十大典型项目推选活动举行。由44所直属高校代表从43所高校申报的45个项目中，投票推选出华南理工大学等10所高校的十大典型项目。

9月20日　国务院副总理孙春兰参加宁夏回族自治区成立60周年庆祝活动，要求有关部门加大脱贫攻坚力度，扎实推进教育扶贫、健康扶贫工作，确保与全国同步建成全面小康社会。

9月21日　教育部党组印发《"长江学者奖励计划"管理办法》，明确提出加大向西部和东北地区倾斜力度，讲座教授项目面向中西部和东北地区高校实施，中西部、东北地区高校推荐的特聘教授人选的年龄放宽2岁。

9月21日　中国发展研究基金会发起的"一村一园计划"获世界教育创新项目奖，成为该奖项设立以来首个获奖的中国项目。

9月26日至27日　中央纪委国家监委驻教育部纪检监察组组长吴道槐赴定点扶贫县河北省青龙县检查工作，对2015年以来教育部直接投入青龙县的扶贫资金使用情况开展专项监督检查。职业教育与成人教育司、财务司等司局参与检查。

9月28日至29日　清华大学举行对口帮扶云南省南涧县五周年系列活动。其间举行了清华大学对口帮扶南涧五周年座谈会、清华大学对口帮扶南涧五周年图片展、南涧农特产品展销、国家级非物质文化遗产"南涧跳菜"进清华暨清华大学对口帮扶南涧五周年文艺晚会、南涧县赴学校相关帮扶单位交流等活动，回顾和总结了过去五年清华对口帮扶南涧工作的经验，展望和谋划未来清华携手南涧更美好的蓝图。

10月8日　东南大学印发《定点扶贫云南省楚雄州南华县三年工作方案（2018—2020）》，将定点扶贫工作统筹纳入学校"双一流"建设工作中，全力支持到2018年底南华县脱贫摘帽，到2020年同全国一道进入全面小康社会，为实施乡村振兴战略做好准备，为全面打赢脱贫攻坚战做出更大贡献。

10月16日　中共教育部党组、中央纪委国家监委驻教育部纪检监察组印发《关于两起挪用教育专项资金民生资金发放福利津补贴问题典型案例的通报》，深刻分析案件发生原因，深入开展警示教育，要求高校党委落实主体责任，高校纪委履行监督责任，高校干部职工汲取深刻教训，抓早抓小、防微杜渐，深入治理教育扶贫领域腐败和作风问题，严肃查处贪污挪用、截留私分、虚报冒领、雁过拔毛、优亲厚友、挥霍浪费等行为。

10月17日　教育部承办的2018教育扶贫论坛在京举行。论坛以"深化扶贫改革打好教育精准脱贫攻坚战"为主题，交流研讨教育脱贫攻坚的工作成效、成功经验和典型模式。

10月17日　厦门大学推出"西望·廿年"教育扶贫工作成果展，展出学校从1998年至2018年薪火相传的教育扶贫工作历程，全方位反映学校坚持优良传统，在新时代与祖国同频共振，勇担使命，为全面建成小康社会做出的积极贡献。

10月19日　中央第五巡视组对教育部党组开展脱贫攻坚专项巡视工作动员会召开，教育部部长陈宝生主持会议并讲话，强调要高标准严要求抓好整改落实，凡是中央巡视组提出的意见建议，都要建立清单逐项落实，做到件件有着落、事事有回音；凡是移交的问题线索，都要认真核查、严肃处理；要以更高的政治站位构建教育脱贫攻坚长效机制，推动教育脱贫攻坚向纵深发展。

10月30日　教育部等六部门联合印发《关于做好家庭经济困难学生认定工作的指导意见》，对认定对象、基本原则、组织机构及职责、认定依据、工作程序等进行规范，实现全学段家庭经济困难学生认定工作的"全覆盖"。

11月1日　财政部、教育部联合印发《关于进一步加强财政投入管理深入推进"三区三州"教育脱贫攻坚的指导意见》，要求到2020年，巩固教育脱贫成果，"三区三州"教育总体发展水平稳步提升，实现建档立卡等贫困人口教育基本公共服务全覆盖，以守住底线"有学上"、提高能力"强质量"、精准助学"促公平"、强化技能"有出路"为主要目标。

11月　教育部召开2018年直属高校定点扶贫工作推进会，会议强调要准确把握直属高校定点扶贫的形势任务，要针对重视程度不够高、干部选派不够有力、帮扶力度不够大特别是定点扶贫责任书落实力度不够等问题，进一步加强和改进直属高校定点扶贫工作，科学确定定点扶贫工作重点，积极探索多元高效工作路径，完善工作考核激励机制。

12月11日　中国海洋大学与山东省莒南县人民政府签署协议，进一步推动学校科技成果在当地转移转化，加快莒南重点产业领域高新技术研发和产业化步伐，以此带动当地脱贫攻坚和经济社会高质量快速发展。

12月17日 教育部办公厅、工业和信息化部办公厅印发《关于开展学校联网攻坚行动的通知》，启动学校联网攻坚行动，加快推进学校宽带接入和提速降费，要求到2020年年底前，全国学校网络接入和带宽条件全面改善，中小学（含教学点）宽带接入率达到98%以上、出口带宽达到100Mbps以上，并探索采用卫星通信等多种技术手段实现学校互联网全覆盖，真正实现"宽带网络校校通"。

12月18日 中共教育部党组印发《关于进一步激励教育部直属系统广大干部新时代新担当新作为的实施意见》，强调要有计划地选派干部到基层一线、困难艰苦地区、脱贫攻坚主战场、驻外工作岗位等进行锻炼，对在艰苦边远地区和脱贫攻坚第一线的援派挂职干部人才在政策、待遇等方面给予倾斜。

12月18日 教育部党组印发《新时代直属高等学校优秀年轻干部发现培养选拔工作实施办法》，强调注意发现有援派、地方挂职、扶贫工作经历且表现出色的优秀年轻干部人才，为打赢脱贫攻坚战提供有力干部保障。

12月27日 教育部部长陈宝生主持召开2018年教育部定点扶贫工作推进会，强调要深刻认识脱贫攻坚对全面建成小康社会和实现"两个一百年"目标顺利衔接的突出意义，切实增强做好定点扶贫工作的责任感、紧迫感和使命感。一是种好政治"责任田"，二是种好改革"试验田"，三是种好党性修养"标杆田"，四是种好干部锻炼成长"丰产田"，五是种好为民服务"良心田"。

12月27日 新疆维吾尔自治区出台《南疆四地州深度贫困地区教育脱贫攻坚三年实施方案》，以22个深度贫困县（市）为重点，以补齐教育短板为突破口，以解决瓶颈制约为方向，推动教育资金、项目、举措进一步向22个深度贫困县（市）倾斜，坚决打好深度贫困地区教育脱贫攻坚战，全面实现义务教育有保障目标。

12月27日至28日 全国扶贫开发工作会议召开，国务院扶贫开发领导小组组长胡春华出席会议并讲话，强调要重点解决好实现"两不愁三保障"面临的突出问题，加大"三区三州"等深度贫困地区和特殊贫困群体脱贫攻坚力度，强化易地扶贫搬迁后续措施；要做好脱贫攻坚与乡村振兴战略衔接，把防止返贫摆到更加重要位置，健全稳定脱贫长效机制，增强贫困地区、贫困群众内生动力和自我发展能力；要深入推进东西部扶贫协作和定点扶贫，广泛动员社会力量参与脱贫攻坚，凝聚起强大攻坚合力。

12月28日 教育部举行教育脱贫攻坚工作进展新闻发布会，教育部发展规划司司长刘昌亚出席并介绍教育脱贫攻坚工作进展。一是建立健全教育扶贫制度体系。二是深入实施教育扶贫重大工程项目。三是着力推动精准到人的学生资助体系。四是推动落实教育扶贫倾斜政策。五是积极探索定点扶贫路径。六是认真履行定点联系滇西边境片区牵头职责。

12月29日　教育部印发《高等学校乡村振兴科技创新行动计划（2018—2022年）》，提出科学研究支撑行动、技术创新攻关行动、能力建设提升行动、人才培养提质行动、成果推广转化行动、脱贫攻坚助力行动、国际合作提升行动等七项重点任务，以使高校成为乡村振兴战略科技创新和成果供给的重要力量、高层次人才培养集聚的高地、体制机制改革的试验田、政策咨询研究的高端智库。

12月　中南大学印发《对口支援与定点扶贫工作管理办法》《助力江华瑶族自治县打赢脱贫攻坚战三年行动实施方案（2018—2020年）》，深度推进湖南省江华县精准脱贫工作。

2019 年

1月8日　华东师范大学与贵州省人民政府、遵义市人民政府、贵州大学签署合作协议，这是四方认真贯彻落实党中央关于打赢脱贫攻坚战的决策部署，加强东西部扶贫协作工作的重要举措。

1月13日至14日　全国政协主席汪洋在甘肃省临夏州调研脱贫攻坚工作，强调要聚焦现行标准，认真查找和优先解决在落实"两不愁三保障"中存在的问题，防止随意扩大脱贫攻坚范围、拔高扶贫标准，影响脱贫质量。

1月29日　中央第五巡视组向教育部党组反馈脱贫攻坚专项巡视情况，教育部部长陈宝生主持反馈会议并讲话，指出教育部党组对中央巡视组的反馈意见诚恳接受、照单全收、坚决整改，对照巡视反馈意见深刻剖析、认真研究，逐条抓整改，全员抓整改，限时抓整改，合力抓整改，形成整改常态化长效机制，坚决打赢教育脱贫攻坚战。

2月24日　教育部副部长孙尧一行赴河北省威县开展扶贫慰问调研活动，了解教育部扶贫帮扶进展、教育扶贫政策落实、中国教育发展基金会援建项目的建设情况。

2月27日　教育部办公厅印发《关于打赢脱贫攻坚战进一步做好农村义务教育有关工作的通知》，要求认真做好义务教育控辍保学工作、抓紧推进两类学校建设备各项工作、做好阶段性总结和部署推进工作。

2月27日 教育部办公厅印发《2019年教育信息化和网络安全工作要点》，要求开展网络条件下的精准扶智，制定出台加强"三个课堂"应用的指导意见，大力推广"优质学校带薄弱学校、优秀教师带普通教师"模式，帮助缺乏师资的边远贫困地区学校利用信息化手段提高教学质量，面向"三区三州"农村中小学提供国家规定课程资源服务，供"三区三州"农村中小学自主选用。

2月 中共中央办公厅、国务院办公厅印发《加快推进教育现代化实施方案（2018—2022年）》，提出推进教育现代化的十项重点任务，其中之一是实施中西部教育振兴发展计划，强调要坚决打赢教育脱贫攻坚战，以保障义务教育为核心，全面落实教育扶贫政策，稳步提升贫困地区教育基本公共服务水平，推进"三区三州"等深度贫困地区教育脱贫攻坚，补齐中西部教育发展短板，提升中西部高等教育发展水平，实施乡村振兴战略教育行动。

3月1日 教育部部长陈宝生在《人民日报》发表署名文章《学生资助要在脱贫攻坚中发挥更大作用》，强调教育系统要把学生资助工作摆在更加突出的位置抓紧抓好，充分发挥学生资助在脱贫攻坚中的重要作用，坚决打赢脱贫攻坚战。

3月5日 国务院总理李克强在第十三届全国人民代表大会第二次会议上做政府工作报告，强调开展贫困地区控辍保学专项行动、明显降低辍学率，继续增加重点高校专项招收农村和贫困地区学生人数，用好教育这个阻断贫困代际传递的治本之策。

3月8日 欧美同学会（中国留学人员联谊会）发布《欧美同学会（中国留学人员联谊会）关于助力脱贫攻坚的实施意见》，提出聚焦"三省区四县"的"三镇一乡"——甘肃省渭源县北寨镇、甘肃省文县范坝镇、宁夏回族自治区西吉县硝河乡、贵州省黔西南州望谟县打易镇，通过产业扶贫帮助帮扶地区农村群众稳定脱贫增收，通过健康医疗扶贫帮助帮扶地区贫困群众提高健康水平，通过教育扶贫帮助帮扶地区贫困学生更好接受教育，通过就业扶贫帮助帮扶地区贫困青年顺利就业创业，力争助力帮扶地区提前实现脱贫，并进行乡村振兴的积极探索。

3月20日 全国改善贫困地区义务教育薄弱学校基本办学条件领导小组办公室印发《关于做好全面改善贫困地区义务教育薄弱学校基本办学条件项目收尾工作的通知》，就以下几个方面进行了工作部署：突出工作重点，确保达到底线要求；加快工程进度，确保完成规划任务；全国组织回头看，确保整改落实到位；加强工程管理，确保不出安全问题；严格竣工验收，确保建设质量达标。

3月20日至22日 国务院副总理孙春兰在四川省凉山州调研，强调要扎实做好控辍保学工作，加强重点群体监测，因地、因家、因人施策，健全资助体系，建立帮扶制度，务必把贫困地区的辍学率降下来；加快教育基础设施建设，2019年年底全面完成"改薄"计划，建好乡镇寄宿制学校和乡村小规模学校，稳步推进"一村一幼"建设，提升办学能力；加强国家通用语言文字教育，扩大"学前学会普通话"行动覆盖面，抓好课堂教育教学，确保国家通用语言文字作为各学段教育教学的基本用语用字；落实义务教育教师工资待遇，创新绩效考核和编制管理，通过特岗计划、公费师范生培养、银龄讲学计划等，帮助贫困地区填补教师缺口；抓住国家发展职业教育的契机，加强东西协作、结对帮扶，提高职业教育质量，让更多孩子拥有一技之长，阻断贫困代际传递。

3月26日 教育部办公厅印发《关于做好2019年重点高校招收农村和贫困地区学生工作的通知》，要求严格确定报考条件、加强资格联合审核、规范招生录取管理、优化考生宣传服务、加大违规查处力度。

3月27日 教育部副部长翁铁慧率队赴河北省威县开展定点扶贫调研慰问，要求充分发挥行业脱贫统筹作用，建立完整的学生资助政策体系，实施薄弱学校改造工程、面向贫困地区增加高校招生指标等措施；要建立健全防贫、防返贫长效机制，把产业精准扶贫作为贫困农户稳定脱贫的关键和根本措施；要统筹抓好安全饮水、义务教育、基本医疗、住房安全等重点工作，务实扎实真实地推进各项任务落地见效，坚决如期打赢脱贫攻坚战。

3月 教育部与"三区三州"所在6省区及扶贫任务较重的7省区分别签署《打赢教育脱贫攻坚战合作备忘录》，建立10个司局与13个省份教育行政机构工作机制，聚焦重点难点，明确共同攻坚目标、部省重点任务等，协力打好教育脱贫攻坚战。

4月1日 财政部、教育部、人力资源社会保障部、退役军人部、中央军委国防动员部印发《〈学生资助资金管理办法〉的通知》，要求规范和加强学生资助资金管理，提高资金使用效益，确保资助工作顺利开展。

4月1日 教育部办公厅印发《〈禁止妨碍义务教育实施的若干规定〉的通知》，强调各地教育部门要提高政治站位，增强法治意识，进一步加强适龄儿童、少年接受义务教育工作，于2019年上半年尽快部署开展一次全面排查，对机构或个人违法违规导致适龄儿童、少年未接受义务教育的行为，坚决予以纠正，依法依规严厉查处问责，切实保障适龄儿童、少年接受义务教育。

4月1日至2日　教育部副部长田学军在云南省沧源佤族自治县调研推普脱贫攻坚工作。田学军强调要充分认识学前教育的重要性，促进学前教育健康持续发展；勉励教师以身立教、为人师表，为教育事业发展贡献力量；要加强民族文化教育，努力打造特色，更好地服务于教育事业；要不断总结经验和做法，办人民满意的教育；要加大推普脱贫攻坚工作力度，加强直过民族语言文字培训示范村创建、普通话培训和手机推普 APP 使用；要加强非物质文化遗产传承保护，促进经济社会、文化旅游全面协调发展。

4月3日　2019 年全国语言文字工作会议暨推普脱贫攻坚中期推进会召开，教育部副部长田学军出席会议并讲话，要求 2019 年语言文字战线要以习近平新时代中国特色社会主义思想为指导，加强党对语言文字事业发展的全面领导，全面落实《国家语言文字事业"十三五"发展规划》，立足大语言文字工作格局，聚焦推普脱贫攻坚，坚决落实中央专项巡视整改任务，继续书写"奋进之笔"，推动语言文字事业全面发展。

4月3日　教育部、国务院扶贫办、国家语委、中国移动通信集团有限公司、科大讯飞股份有限公司签署《"推普脱贫攻坚"战略合作框架》，共同开展"推普脱贫攻坚"战略合作，实施普通话学习"语言扶贫" APP 项目。

4月12日　教育部与陕西省人民政府签署《打赢教育脱贫攻坚战合作备忘录》，明确部省目标任务和工作责任，确保 2020 年前如期精准实现教育脱贫攻坚目标。

4月16日　中共中央总书记、国家主席习近平在重庆主持召开解决"两不愁三保障"突出问题座谈会并发表重要讲话，指出在义务教育保障方面，全国有 60 多万名义务教育阶段孩子辍学，乡镇寄宿制学校建设薄弱，一部分留守儿童上学困难，实现义务教育有保障主要是让贫困家庭义务教育阶段的孩子不失学辍学。

4月16日至19日　中央纪委国家监委驻教育部纪检监察组组长吴道槐赴四川省凉山州布拖县调研，深入考察中小学校，走访建档立卡贫困家庭，查看核对有关台账和奖助资金发放登记表等资料，全面了解农村贫困人口义务教育有保障要求落实情况。教育部发展规划司、财务司等司局参加调研。

4月17日　教育部印发《关于做好新时期直属高校定点扶贫工作的意见》，要求各直属高校进一步深入学习贯彻习近平总书记关于扶贫工作的重要论述，把定点扶贫工作作为服务国家、服务社会、服务人民的重要阵地，作为贴近基层、了解民情的重要渠道，作为扎根中国大地办大学的重要途径。

4月17日　教育部党组印发《关于贯彻落实〈2018—2022年全国干部教育培训规划〉的实施意见》，明确提出各级教育部门要在培训项目、调训名额等方面加大对革命老区、民族地区、边疆地区、贫困地区教育系统干部培训支持力度，推动优质培训资源向贫困地区延伸倾斜。

4月21日　2019年教育部赴滇西挂职干部座谈会在云南省临沧市召开，教育部部长陈宝生出席会议并讲话。会议强调脱贫攻坚战进入决胜关键阶段，广大滇西挂职干部要牢记使命责任、扎实干事创业、锻炼自身成长，着力解决"两不愁三保障"突出问题，为如期全面打赢滇西脱贫攻坚战、如期全面建成小康社会做出新的更大贡献。

4月22日　2019年滇西脱贫攻坚部际联系会暨教育部直属系统扶贫工作推进会议在云南省临沧市召开。会议统筹推进滇西扶贫、定点扶贫、干部援派工作，总结交流工作经验，协调解决困难问题，安排部署此后一个时期的工作。

4月29日至30日　教育部副部长翁铁慧赴河北省青龙县开展教育扶贫专题调研，深入实地了解农村和贫困地区三个定向招生专项计划招生录取、教育扶贫工作实施、京津冀职业和成人教育对口帮扶实施、农村基层党建和偏远校点建设、易地搬迁扶贫和板栗特色产业扶贫等情况，并走访慰问贫困户。

4月30日　教育部办公厅、财政部办公厅、国务院扶贫办综合司印发《关于进一步加大深度贫困地区支持力度切实做好义务教育有保障工作的通知》，要求瞄准突出问题和重点任务精准发力、强化资金支持和监督、强化责任狠抓落实等。

4月　教育部与新疆维吾尔自治区人民政府签订《打赢教育脱贫攻坚战合作备忘录》，提出了两项工作重点。一是加大资金倾斜力度。教育部财务司会同财政部在下达2020年相关转移支付资金时，考虑"深度贫困县数""深度贫困村数""贫困发生率降幅""52个未摘帽贫困县"等因素，对新疆予以倾斜支持。二是加大项目支持力度。继续支持新疆实施学前教育特岗教师计划，重点为南疆四地州幼儿园配备教师，2020年继续招录5000人；2019年第二期培训工程结束后，延续新疆中小学少数民族教师培训工程，2020年继续给予2500万元补助，支持教师培训。

4月　教育部印发《教育部脱贫攻坚工作领导小组工作规则》《教育部脱贫攻

坚工作领导小组办公室工作制度》，进一步明确领导小组的工作任务、决策程序、会议制度、各成员单位职责以及领导小组办公室具体任务。

5月6日　教育部、国家发展改革委等六部门印发《高职扩招专项工作实施方案》，要求各地科学分配扩招计划，重点布局在优质高职院校、区域经济建设急需、社会民生领域紧缺和就业率高的专业，以及贫困地区特别是连片特困地区，引导各地加强区域协作，加大东部地区院校向中西部地区的招生计划投放力度。

5月15日　教育部副部长孙尧在《人民政协报》发表署名文章《教育脱贫攻坚进入决战决胜关键期》，强调教育脱贫攻坚已到了攻坚克难的关键时期，下一步将增强紧迫感，坚决贯彻落实中央决策部署，坚持精准方略，向深度贫困地区聚焦发力，狠抓工作落实，提高工作成效，加强作风建设，促进教育扶贫政策落实，确保2020年如期实现教育脱贫工作目标。

5月16日至18日　国际人工智能与教育大会在京举行，教育部副部长孙尧在会上指出，教育扶贫承载着阻断贫困代际传递的重大使命，中国教育部坚持精准扶贫精准脱贫的基本方略，深入推进扶智育人教育脱贫攻坚行动，着力构建较为完善的教育扶贫制度体系，着力实施补短兜底的教育扶贫工程项目，着力落实精准到人的学生资助体系，着力推动量身定制的教育扶贫倾斜政策，着力探索"高校品牌"的特色扶贫路径，全力打好教育脱贫攻坚战。

5月20日　教育部党组向社会公布脱贫攻坚专项巡视整改进展情况。内地民族班招生计划进一步向"三区三州"等深度贫困地区倾斜；继续实施边远贫困地区、边疆民族地区和革命老区人才支持计划教师专项计划；利用现代信息手段向贫困地区输送优质教育资源；新增20所直属高校参与定点扶贫工作；对扶贫援派挂职干部人才，在政策、待遇等方面给予倾斜。

5月20日　合肥工业大学技师学院灵璧分院正式挂牌成立，这是合肥工业大学针对灵璧县是人口大县等特点，深度契合当地职业技能教育需求、阻断贫困代际传递的重要举措。

5月24日至25日　教育部副部长翁铁慧赴云南省大理州调研教育脱贫攻坚工作，实地考察高原特色农业科技小院，对"种好一亩葡萄，脱贫一户农家""学校-基地-企业三位一体应用型人才培养模式"等给予高度评价，并就发挥专业学位研究生优势作用、培养高质量高层次人才助力脱贫攻坚等工作进行深入调研。

5月28日　教育部在青海省西宁市召开全国控辍保学暨农村学校建设工作现场

推进会。教育部部长陈宝生强调：一要带着使命做控辍，精准确定对象，精准开展工作；二要带着责任搞劝返，加大工作投入，确保应入尽入、应返尽返；三要带着真情抓管理，教学管理双发力，让学生留下来学得好；四要按照规律提质量，强化分类指导，提高育人质量，切实提高巩固率，确保 2020 年交出一份人民满意的"义务教育有保障"的合格答卷。

5 月 29 日　教育部副部长孙尧赴新疆维吾尔自治区温宿县调研指导援疆支教和教育扶贫工作，要求抓住国家重点支持"三区三州"发展的有利时机，依托"三区三州"教育扶贫项目，进一步加大控辍保学工作力度，全面提高义务教育巩固率，坚决阻断贫困代际传递，让教育扶贫成为脱贫攻坚工作的有力助推器，确保到 2020 年跟全国一道如期实现小康社会。

5 月 31 日　中国石油大学（华东）成立扶贫工作领导小组。由党委书记和校长任双组长、19 个职能部门主要负责人为成员的扶贫工作领导小组全面领导学校扶贫工作的开展。

6 月 10 日至 11 日　中央纪委国家监委驻教育部纪检监察组组长吴道槐赴云南省怒江州泸水市和保山市隆阳区调研，深入实地考察中小学校，走访建档立卡贫困家庭，查看核对有关台账和学校学生名册、成绩单等资料，深入调研建档立卡贫困人口接受义务教育情况，全面了解控辍保学、劝返复学、"全面改薄"、乡村教师队伍建设、营养改善计划、贫困学生资助等保障措施的落实情况。教育部发展规划司、财务司等司局参加调研。

6 月 11 日　教育部印发《关于发展规划司机构编制调整的通知》，采取部内调剂的方式增加 1 名编制；优化司内处室设置，增设"扶贫处"，相应增加处级领导职数。

6 月 23 日　国务院扶贫开发领导小组印发《关于解决"两不愁三保障"突出问题的指导意见》，要求把握保障标准，贫困人口义务教育有保障，主要是指除身体原因不具备学习条件外，贫困家庭义务教育阶段适龄儿童、少年不失学辍学，保障有学上、上得起学。

6 月 24 日至 26 日　教育部副部长郑富芝赴甘肃省东乡县调研教育脱贫攻坚工作，调研甘肃省教育脱贫、控辍保学、教育教学管理相关情况，召开教育扶贫座谈会，出席教育部统编三科教材西部巡讲活动。

6 月 25 日　中国人权研究会代表团在联合国人权理事会第 41 次会议期间举行

边会，介绍新中国成立 70 年来在教育扶贫上取得的主要成就和有益经验。

6 月 28 日　国务院扶贫开发领导小组组长胡春华在湖南调研脱贫攻坚工作，指出脱贫攻坚战进入攻城拔寨的关键阶段，要切实保持良好的精神状态，尽锐出战、顽强作战，毫不放松地抓好各项帮扶举措落实；要下大力气解决"两不愁三保障"面临的突出问题，完成好控辍保学、健康扶贫、危房改造和饮水安全工作，扎实推进易地扶贫搬迁后续帮扶。

6 月　教育部组织开展第二届省属高校精准扶贫精准脱贫典型项目推选活动。经 32 个省级教育行政部门和承担定点扶贫任务的 44 所教育部直属高校投票推选，共推选出 22 个省份及新疆生产建设兵团的 31 所高校的典型项目。

7 月 8 日　教育部、国家发展改革委、财政部联合印发《关于切实做好义务教育薄弱环节改善与能力提升工作的意见》，要求加大投入力度，消除城镇学校大班额，加强乡镇寄宿制学校和乡村小规模学校建设，推进农村学校教育信息化建设，实现农村义务教育学校网络教学环境全覆盖。

7 月 13 日　教育部副部长孙尧赴新疆调研教育脱贫攻坚工作，要求教育部本着实事求是的原则，拿出切实的办法帮助新疆解决教育发展中遇到的问题和困难，以推进新疆教育脱贫攻坚任务如期完成。

7 月 22 日　教育部副部长翁铁慧赴甘肃省临夏州永靖县调研教育脱贫攻坚工作。翁铁慧指出要不断优化学校布局，均衡配置教育资源，加快乡村学校教育专业化发展步伐；要深化教育体制机制改革，着力培育优秀教师队伍；要优先发展乡村学校教育事业，真正办好农民家门口的学校；要进一步扩大中等职业教育招生规模，促进贫困人口就业创收，早日脱贫致富。

7 月 24 日　教育部副部长田学军赴贵州省修文县调研教育脱贫攻坚工作，指出修文县在教育脱贫攻坚中开展了一系列创造性的工作，很有成效。

7 月　国务院扶贫开发领导小组组长胡春华高度评价厦门大学援建的康业扶贫产业园，深切嘱咐要深化马铃薯加工项目，积极推动马铃薯产业发展，带动更多老百姓增产增收，脱贫致富。

7 月　清华大学举办 2019 年南涧县骨干教师培训班，70 名南涧县中学骨干教师参加培训。自 2013 年开始，清华大学继续教育学院已在清华大学免费举办 7 期南涧县中小学骨干教师培训班，共培训教师 410 余人。

8 月 2 日　财政部、教育部印发《义务教育薄弱环节改善与能力提升补助资金管理办法》，对规范和加强义务教育薄弱环节改善与能力提升补助资金管理，提高资金使用效益提出明确要求。

8月13日　教育部办公厅、国家发展改革委办公厅、财政部办公厅联合印发《关于编制义务教育薄弱环节改善与能力提升工作项目规划（2019—2020年）的通知》，部署各地编制两年项目规划，要求四川等六省份将所属"三区三州"项目规划文本单列报三部委。

8月24日　《幼儿普通话365句》新书发布会在京举行。该书根据学龄前儿童语言发展状况、普通话学习环境和幼儿园教师需求编写，是专门帮助贫困地区，特别是"三区三州"幼儿学说普通话的入门图书。

8月　教育部、国务院扶贫办联合印发《关于解决建档立卡贫困家庭适龄子女义务教育有保障突出问题的工作方案》，要求继续实施义务教育控辍保学专项行动，进一步完善以学生为中心的精准化帮扶政策，加强学位保障，大力改善贫困地区义务教育基本办学条件，加强乡镇寄宿制学校和乡村小规模学校建设，推进教育信息化建设，提升基本办学能力。

8月　教育部、国务院扶贫办联合印发《关于进一步充实教育部直属高校定点扶贫工作力量的通知》，新增19所高校采取"1+1"模式，由1所已承担定点扶贫任务的直属高校与1所尚未承担扶贫任务的直属高校共同定点帮扶一个贫困县，并增加江南大学助力其他中央单位完成定点扶贫任务。至此，75所教育部直属高校已全部投入扶贫工作。

8月　云南省完成"全面改薄"五年规划目标任务。"全面改薄"项目开工面积1413.56万平方米，竣工面积1408.68万平方米，完成设施设备购置资金51.36亿元。义务教育学校办学条件"20条底线"全部达标。

9月10日　第四届教育部直属高校精准扶贫精准脱贫十大典型项目推选活动在江苏省南京市举办。70所直属高校的代表从58所直属高校申报的63个项目中，投票推选出中国药科大学等10所高校十大典型项目。

9月23日　教育部副部长田学军赴贵州省雷山县调研推广普通话助力脱贫攻坚工作，强调要紧紧围绕推广普及国家通用语言文字主线，紧密结合地方特色，既要发扬优势又要克服劣势，规范科学发展基层教育；要不断加强推广普通话工作宣传，高效推进地区旅游事业发展，促进经济增长，切实发挥语言基础性作用，争取脱贫攻坚和教育工作上新台阶。

9月24日　国务院印发《关于表彰全国民族团结进步模范集体和模范个人的决定》，授予教育部人事司干部教育与监督处"全国民族团结进步模范集体"称号。

9月25日　教育部印发《教育部公务员职级晋升实施办法》，明确援藏、援疆、援青期间达到晋升资格条件且援派挂职满1年的，可结合援派干部考察、考核和测评情况，直接确定为晋升职级初步人选。

9月　贵州省贵阳市白云区兴农中学获得"全国教育系统先进集体"称号。兴农中学以"不放弃任何一个孩子"的全纳性教育理念和优秀学生与中等生同步成人成才为培养目标的"中等生教育"理念，打破贫困地区为了改变教育落后状况用高薪到发达地区聘校长请名师的传统办法，完全依靠本土教师改变本地教育落后面貌，让原本落后的独山县高中教育跃居黔南州前列，使贫困地区的孩子在家门口就能享受优质教育，赢得了社会各界充分认可和尊重。校长蒲邦顺先后获得"全国优秀教育工作者""中国教育年度新闻人物"等荣誉称号。

10月14日　教育部主办的2019教育扶贫论坛在京举行。教育部副部长孙尧在论坛上强调，全面打赢脱贫攻坚战已进入决战决胜的关键时期，教育系统要把脱贫攻坚作为首要的政治任务和头等大事，进一步聚焦义务教育有保障核心任务，进一步提升贫困地区教育基本公共服务水平，进一步加大教育脱贫攻坚保障力度，进一步总结推广好经验好做法，进一步巩固提升教育脱贫攻坚成果。

10月15日至16日　中国语言扶贫与人类减贫事业论坛在京举行，论坛发布了《语言扶贫宣言》。该宣言指出，国家通用语言文字是打破地域区隔、传播信息和技术的工具，也是阻断贫困代际传递的重要基础。学习国家通用语言文字并提升学习者的能力水平是语言扶贫的基础路径和核心经验。

10月30日　中国政法大学扶贫工作领导小组成立，由学校负责领导担任组长、分管校领导担任常务副组长，统筹推进各项工作，定期召开定点扶贫专题工作会，研究解决扶贫工作中的问题，确保扶贫工作顺利进行。

11月7日　教育部部长陈宝生出席2019年教育部定点扶贫工作推进会并讲话，强调教育战线要不失时机地把定点扶贫工作重心转移到防贫防返贫上来，实现定点扶贫工作从短期向长效、从治标向治本、从摘帽向振兴的转变。

11月14日　教育部副部长孙尧赴河北省青龙县调研定点扶贫工作，实地调研农村学校"土操场"改造工程、营养改善计划实施、教育部直接投入资金使用、农产品种植销售和农校对接消费扶贫、职业教育服务产业发展和产学研基地建设、农村基层党建和文化建设等，并走访慰问贫困户。

11月15日　教育部、国家发展改革委、财政部、国家卫生健康委、市场监管总局印发《关于进一步加强农村义务教育学生营养改善计划有关管理工作的通知》，要求稳妥有序开展试点，大力推进食堂供餐，强化食品安全管理，严格资金使用管理，加强营养健康教育，做好营养健康监测。

11月29日　教育部印发《关于推荐直属高校援派挂职人选的通知》，建立直属高校领导人员援派挂职人选储备库。

11月　《利用农业技术优势推动产业扶贫——东北林业大学黑木耳产业扶贫项目的泰来县实践》被评为"全球减贫案例有奖征集活动"最佳减贫案例。该案例被南南合作减贫知识分享网站收录，并被成功复制推广至贵州省荔波县。

12月3日　教育部印发《关于加强和改进直属单位职称评审工作的通知》，明确直属单位职称评审政策要对援派挂职特别是奋战在扶贫第一线的专业技术人才给予倾斜，在脱贫攻坚战中取得的成绩应作为职称评审的重要业绩，形成的服务决策成果应作为职称评审的重要成果等。

12月11日　教育部办公厅印发《关于进一步规范义务教育阶段家庭经济困难学生生活补助工作的通知》，要求高度重视义务教育阶段家庭经济困难学生生活补助工作，确保家庭经济困难学生应助尽助，规范资金使用管理，建立监管长效机制。

12月19日　教育部副部长钟登华赴河北省威县开展定点扶贫工作调研，实地调研健康教育、体育、美育、智慧课堂、双师课堂实施情况，要求围绕产学研合作、教育信息化、体育和美育给予威县更多支持和帮扶，并走访慰问贫困户。

12月20日　教育部党组印发《教育部直属系统援派挂职干部人才生活保障暂行办法》，统筹直属系统脱贫攻坚干部人才职务调整、职级晋升、职称评定、表彰奖励、待遇保障等措施，激励脱贫攻坚干部担当作为。

12月23日至25日　国务院副总理孙春兰在云南调研，主持召开"三区三州"教育和健康扶贫工作座谈会，部署做好深度贫困地区收官阶段的教育和健康扶贫工作。她强调，要持续推进农村义务教育控辍保学专项行动，加强教育督导，层层压实责任；加强乡村小规模学校和乡镇寄宿制学校建设，全面落实进城务工人员随迁子女就学政策，扎实办好贫困地区职业教育，加大推广国家通用语言文字力度，全面落实义务教育教师工资待遇，通过特岗计划、公费师范生培养、银龄讲学计划等，填补贫困地区教师缺口。

12月　中央第五巡视组对教育部党组开展脱贫攻坚专项巡视"回头看"。教育部部长陈宝生主持进驻沟通会议并代表党组汇报专项巡视整改进展情况。他表示，教育部党组坚决拥护党中央关于开展脱贫攻坚专项巡视"回头看"的重大决定，坚持实事求是，对教育脱贫攻坚专项巡视整改落实情况做到全面"回头看"、分类"回头看"、对标"回头看"、重点"回头看"，要以巡视"回头看"为契机，全力以赴做好教育脱贫攻坚收官、巩固、衔接工作，确保到2020年如期全面完成教育脱贫攻坚任务。

年底　新疆和田地区全面完成2018—2020年"三区三州"教育脱贫攻坚中央专项资金项目，涉及50所义务教育学校的185个项目，共计6.6亿元。

年底　长安大学投入资金支持12项产业项目及5项民生工程项目。带动贫困户594户，增强贫困户内生动力和自我"造血"功能，助力民生工程基础设施建设，不断提升人民生活水平和幸福感。

2020 年

1月14日　教育部副部长、中国红十字会副会长钟登华赴河北省青龙县开展脱贫攻坚调研暨教育部"春节送温暖""红十博爱送万家"慰问活动，深入实地，详细了解青龙县脱贫攻坚工作、教育事业发展以及京津冀部分院校产学研合作情况，对青龙县部分困难教师、困难学生家庭及贫困户进行慰问并致以新春问候。

1月16日　教育部党组印发《关于加强新时代直属高等学校领导班子建设的若干意见》，明确提出把援派挂职、对口支援、脱贫攻坚等作为锻炼干部的重要途径，有组织地选派干部参加援藏援疆援青等任务，到西部地区、老工业基地、革命老区等挂职历练。

2月12日　教育部办公厅与工业和信息化部办公厅联合印发《关于中小学延期开学期间"停课不停学"有关工作安排的通知》。

2月17日　教育部开通国家中小学网络云平台。该平台教学资源涵盖小学一年级至普通高中三年级相关资源，可供各地选择使用，有效支持新冠肺炎疫情期间开展"停课不停学"工作。

2月17日　中国教育电视台《同上一堂课》正式开播，为全国1.8亿名中小学生，包括"三区三州"和中西部边远贫困地区、网络不发达地区以及52个未摘帽贫困县的学生和教师们提供电视远程教学和优质教育资源，服务"停课不停学不停教"。

2月19日　华中农业大学号召滞留家乡的师生校友就近支援当地春耕生产，学校万余名师生迅速响应，主动向村委会报到，走上田间地头、走进鱼塘大棚，躬身实践，学以致用，在农业生产一线把科技成果和专业实践结合起来，用不同方式助力打赢脱贫攻坚战。

2月28日　教育部以视频会议形式召开2020年滇西脱贫攻坚部际联系会暨教育部直属系统扶贫工作推进会。

3月3日　教育部印发《关于加强"三个课堂"应用的指导意见》，从总体要求、主要任务和保障措施等方面对加强"三个课堂"应用提出具体意见。

3月19日　2020年全国语言文字工作会议以视频会议形式召开，教育部副部长田学军出席会议并讲话，指出面对新形势、新任务，语言文字战线要加强战略思维和系统谋划，更高站位谋划语言文字事业发展，更大力度实施推普助力脱贫攻坚，把语言文字事业融入中华民族伟大复兴的战略全局和世界百年未有之大变局这"两个大局"来思考、来推动。

3月26日　教育部部长陈宝生主持召开未摘帽县教育脱贫攻坚调研指导工作视频会议。会议强调要在找准"战场"中发起总攻，牢牢把握52个未摘帽贫困县是主战场，"三区三州"是决战地，按照攻坚目标要精准、规律把握要精准、保障举措要精准要求，统筹考虑疫情形势，持续推进控辍保学专项行动，坚决实现义务教育有保障。教育部决定由7位部党组成员对52个未摘帽贫困县进行全覆盖式调研、督促和指导，视时开展实地调研指导，推动高质量完成教育脱贫攻坚任务。

4月2日　全国农村义务教育学生营养改善计划领导小组办公室印发《关于稳妥推进地方试点提高食堂供餐比例进一步做好农村义务教育学生营养改善计划管理工作的通知》，要求稳妥推进地方试点，提高食堂供餐比例，确保食品和资金安全，做好信息公开公示，加大督导检查力度。

4月2日　教育部语言文字应用管理司印发《关于对52个未摘帽贫困县开展教师国家通用语言文字能力提升在线示范培训的通知》，提出于2020年5月至8月针对52个未摘帽贫困县开展教师国家通用语言文字能力提升在线示范培训。

4月16日 教育部办公厅印发《关于做好民族地区、贫困地区教师国家通用语言文字应用能力培训工作的通知》，为民族地区、贫困地区国家通用语言文字推广普及提供政策支持，要求相关省份加大少数民族教师、农村教师国家通用语言文字应用能力培训力度。

4月21日 北京外国语大学审议通过《2020年滇西专项扶贫工作计划》，明确完善"党委常委会双周议、分管校领导每周抓、挂职干部两周报"的专项扶贫工作机制。学校在党委统筹、部门保障、校企配合、挂职干部承担的分级负责管理机制下，圆满完成"6个200"指标任务。

4月21日 湖北省召开全省统筹疫情防控和教育工作电视电话会议。副省长肖菊华强调：要在常态化疫情防控中抓好开学复课工作，确保师生安全、校园干净、教育系统稳定；要全力以赴打赢教育脱贫攻坚战，坚决落实"义务教育有保障"；要多措并举推进高校毕业生就业工作，齐抓共管维护学校安全，以教育高质量发展服务湖北经济社会发展。

4月29日 教育部办公厅发布《关于做好2020年中等职业学校招生工作的通知》，要求助力脱贫攻坚，扎实推进职业教育东西协作，实施好东西协作中等职业学校招生兜底行动；要加强对建档立卡户考生的甄别；要把"三区三州"等贫困地区尤其是52个未摘帽贫困县和1113个贫困村作为东西协作兜底招生的重点，确保建档立卡户适龄子女应招尽招；中等职业学校要优先做好建档立卡户学生资助工作，做到应助尽助；要继续做好新疆、西藏内职班招生工作。

4月 教育部制定出台《打赢教育脱贫攻坚收官战总攻方案》，确定以52个未摘帽贫困县为主战场，以"三区三州"为决战地，以控辍保学为主攻点，明确了11项总攻任务，全面发起教育脱贫攻坚"总攻"战。

4月 复旦大学在线上发起"百名驻村第一书记讲脱贫"活动，相继得到《人民日报》、《中国扶贫》、央视网、《中国教育报》等多个媒体平台的宣传报道，部分讲稿后来汇编成《驻村第一书记讲脱贫》并正式出版。

4月 语文出版社编辑制作《普通话百词百句》口袋书并向未摘帽贫困县赠送。该书以贴近生活、简单易学为原则，面向不通普通话的攻坚重点人群，帮助青壮年农牧民学会普通话、提高就业能力，助力完成脱贫攻坚目标任务。

5月6日至8日 教育部副部长钟登华赴甘肃省调研教育脱贫攻坚工作，要求继续聚焦"两不愁三保障"的目标，切实做好控辍保学工作，不断改善贫困地区乡村教师待遇；在贫困地区加快实施教育信息化 2.0 行动计划，推进优质教育资源共享；发挥教育战线特别是高校优势，将扶贫与扶智相结合，做好科技扶贫、产业扶贫与智力扶贫工作，推动已脱贫人口稳定脱贫、持续增收，实现脱贫攻坚和乡村振兴的有机衔接。

5月7日　全国农村义务教育学生营养改善计划领导小组办公室发布《关于开展纠正截留克扣农村义务教育学生营养膳食补助专项整治"回头看"的通知》。"回头看"包括三项内容：一看资金使用管理情况；二看专项整治总体效果；三看长效工作机制落实情况。

5月10日　兰州大学国家语言文字推广基地对口甘肃省通渭县教师语言文字能力提升在线培训活动正式开班，实施推普脱贫示范项目，培训通渭县 100 名中小学及幼儿园教师。

5月25日　教育部办公厅印发《关于做好 2020 年边远贫困地区、边疆民族地区和革命老区人才支持计划教师专项计划有关实施工作的通知》，对受援范围、选派数量、选派要求、选派形式、选派范围等进行了规定。

5月27日　教育部发展规划司发出《关于组建高校"扶贫联盟"的函》，首批组建高校"教育扶贫联盟"、高校"农林扶贫联盟"、高校"旅游扶贫联盟"、高校"健康扶贫联盟"、高校"消费扶贫联盟"、高校"城乡规划扶贫联盟"、高校"非遗（文创）扶贫联盟"、高校"资源环境扶贫联盟"，推进高校组团式开展扶贫工作。

5月28日　中央音乐学院新时代文明实践青海化隆中心成立。这是中宣部推进县域文化建设的重要举措，中央音乐学院作为试点承办单位，已形成教育服务中心和群众服务中心两个板块。文明实践工作辐射到 17 个乡镇、50 个村。

5月29日　教育部启动直属机关"消费助力脱贫攻坚行动"，教育部副部长孙尧动员部署，明确由教育部机关服务中心牵头，组织直属机关 26 个司局、34 个直属单位和驻部纪检监察组、审计署教育审计局开展消费助力脱贫攻坚行动。

5月29日　南京农业大学出台打赢定点扶贫收官战总攻方案，明确总攻目标，完善总攻机制，制定 11 项主要任务，建立 4 方面保障措施，集聚各方力量和各类资源要素，全面压实工作责任，尽锐出战，确保高质量完成"6 个 200"工作任务。

5月　北京师范大学设立"四有"好老师启航计划，旨在引导北京师范大学学子以"四有"好老师精神为引领，毕业后响应党和国家号召，扎根基层一线，到基础教育不均衡的地区、到脱贫攻坚的主战场、到祖国最需要的地方建功立业，让优秀的人去培养更优秀的人，谱写新时代的青春之歌。

6月9日　北京科技大学党委书记等赴甘肃省秦安县调研督导脱贫攻坚工作，与秦安县政府签订总额为210万元的消费扶贫采购合同；为北京科技大学引进的中国教育发展基金会帮扶项目及中国扶贫基金会"共享好未来"教育公益项目赠牌；对接中国国际图书贸易集团有限公司为秦安县捐赠价值20万元的图书；宣布启动中国残疾人福利基金会"集善工程-（奥智·悠济）助听行动"甘肃秦安项目，秦安县获赠价值936万元的助听设备。

6月11日　北京林业大学与内蒙古自治区兴安盟行署、科右前旗人民政府签署草原科学实验站共建协议，以生态扶贫助力打造祖国北疆亮丽风景线，筑牢祖国北疆生态安全屏障。

6月17日　教育部办公厅印发《关于进一步做好乡村教师生活补助政策实施工作的通知》，推动各地继续实施好乡村教师生活补助政策，保证集中连片特困地区全面落实乡村教师生活补助政策。

6月19日　教育部等十部门印发《关于进一步加强控辍保学工作健全义务教育有保障长效机制的若干意见》，要求确保除身体原因不具备学习条件外，贫困家庭义务教育阶段适龄儿童少年不失学辍学，确保2020年全国九年义务教育巩固率达到95%，形成义务教育有保障长效机制。

6月24日　教育部党组印发《关于加强新时代直属机关领导班子和干部队伍建设的若干意见》，明确提出把到脱贫攻坚一线挂职锻炼作为干部培养的重要途径，在领导班子配备、干部职务职级晋升时优先考虑有脱贫攻坚、援派挂职等工作经历的干部。

6月　教育部组织开展第三届省属高校精准扶贫精准脱贫典型项目推选活动。经32个省级教育行政部门和75所教育部直属高校投票推选，共推选出26个省份及新疆生产建设兵团的30所高校的典型项目。

7月1日　吉林大学召开庆祝中国共产党成立99周年暨抗击新冠肺炎疫情工作和扶贫工作专项表彰大会，要求继续打好脱贫攻坚的收官战，要提前、保质保量完成全年扶贫任务指标，要在激发扶贫地区内生动力和外在活力上下功夫，持续助力扶贫地区脱贫致富。25名党员同志、11个院级党组织、7个党支部受到表彰。

7月2日　教育部办公厅、人力资源社会保障部办公厅、国务院扶贫办综合司发布《关于做好 52 个未摘帽贫困县建档立卡贫困家庭高校毕业生就业精准帮扶工作的通知》，指出增加就业是贫困家庭最有效最直接的脱贫方式，千方百计促进 52 个未摘帽贫困县建档立卡贫困家庭 2020 届高校毕业生就业是重大政治任务。

7 月 15 日　人力资源社会保障部、教育部、国务院扶贫办印发《关于进一步加强贫困家庭高校毕业生就业帮扶工作的通知》，指出促进贫困家庭高校毕业生尽早就业是稳就业保民生的重要内容，需要明确目标任务，摸清就业需求，加强招聘服务，提升就业能力，突出重点帮扶，加强组织领导。

7 月 20 日　教育部高校"非遗（文创）扶贫联盟"举行成立大会，该联盟将围绕贫困地区文化资源传承与开发需求推动高校开展组团式帮扶，湖南大学等 7 所高校参与。

7 月 28 日　教育部办公厅印发《关于开展民族地区中小学教师国家通用语言文字教学能力提升在线示范培训的通知》，要求结合义务教育阶段统编三科教材推广使用，面向内蒙古、吉林、四川、西藏、甘肃、青海、宁夏、新疆 8 个省区的民族地区，实施中小学教师国家通用语言文字教学能力提升在线示范培训项目，计划培训 1560 人。

7 月　教育部选派第八批 73 名援滇干部赴滇西挂职锻炼。

7 月　北京师范大学 2020 年本科招生首设"志远计划"，面向尚未摘帽的 52 个国家级贫困县所在省份优秀高中毕业生，择优招收本科定向就业师范生，为国家级贫困县定向培养志存高远、乐教适教的基础教育高素质师资和未来教育家。

8 月 4 日　中央财经大学在甘肃省宕昌县成立"中央财经大学乡村振兴研究基地"，组建经济学、管理学、法学和心理学等跨学科研究团队，探索贫困治理和乡村振兴的"宕昌经验"，构建智力引进、调查研究、政策设计与试验、资源嫁接一体化的乡村振兴助力模式。

8 月 5 日　教育部副部长孙尧赴甘肃省通渭县调研指导教育脱贫攻坚工作，要求聚焦教育脱贫攻坚，用足用好教育部各司局和单位提供的"52 个未摘帽贫困县教育脱贫攻坚督促指导工具包"资源，接续推进脱贫攻坚与乡村振兴战略的衔接。

8 月 12 日　教育部副部长孙尧赴云南省镇雄县开展教育脱贫攻坚工作调研，要求全面贯彻落实党和国家民族教育政策，不断推动民族教育事业蓬勃发展，抓住国家东西部扶贫协作这一大好机遇，深化产教融合、校企合作，进一步提升人才培养水平和社会服务能力。

8月18日　华中师范大学与云南省大理州、大理大学共同签署《关于共建"大理乡愁研究院"备忘录》，力争建成新型智库和人才培养重要基地，形成一批具有原创性的文化研究成果，推动一批具有特色的小镇示范项目。

8月20日至21日　教育部副部长钟登华赴广西壮族自治区河池市调研教育脱贫工作，指出要使"发展教育脱贫一批"成效更加显著，教育阻断贫困代际传递的作用更加有效，教育扶贫长效机制更加完善；要聚焦问题补短板，加强教师队伍建设，进一步加快推进教育信息化建设，缩小城乡教育差异，共享优质教育资源。

8月21日至23日　教育部部长陈宝生深入四川省凉山州布拖县调研教育脱贫攻坚工作，召开教育脱贫攻坚座谈会，指导会商凉山教育脱贫攻坚工作，要求持续紧盯控辍保学工作，补齐农村义务教育短板，切实做好教育脱贫攻坚验收。

8月24日至28日　教育部副部长翁铁慧赴贵州省调研指导脱贫攻坚教育保障工作，要求抓紧补齐短板，牢牢守住控辍保学底线，坚持教育"扶志与扶智"相结合，产业结构与职业教育相结合，脱贫攻坚与乡村振兴战略相结合。

8月25日至27日　教育部副部长钟登华赴云南省澜沧县、会泽县开展教育脱贫攻坚调研督促工作，要求各级各部门继续坚持将扶贫与扶志、扶智相结合，全面落实教育惠民政策，坚决阻断贫困代际传递。

8月26日至27日　教育部副部长翁铁慧赴贵州省威宁自治县督战调研教育扶贫工作，要求聚焦实现义务教育有保障的硬指标，确保教育资助应助尽助和辍学学生动态清零；抓好强基计划学校与威宁学校结对帮扶工作；聚焦6万多人的搬迁强化帮扶；用好学信网和就业网，做好毕业生就业工作；着力培育壮大特色优势产业，把扶智与扶志结合起来；进一步围绕特色产业发展扩大中等职业教育招生规模，促进贫困人口稳定就业增收。

8月27日　教育部副部长翁铁慧赴贵州省晴隆县开展脱贫攻坚教育保障专项调研活动，要求聚焦控辍保学重点任务，持续开展控辍保学专项行动；多措并举加大对教师队伍建设的支持力度；因地制宜谋划好产业发展，大力发展职业教育。

8月28日至29日　中央第七次西藏工作座谈会在北京召开，中共中央总书记、国家主席习近平出席会议并发表重要讲话。习近平强调：要在巩固脱贫成果方面下更大功夫、想更多办法、给予更多后续帮扶支持，同乡村振兴有效衔接，尤其是同日常生活息息相关的交通设施、就医就学、养老社保等要全覆盖；要培育扶持吸纳就业的能力，提供更多就业机会，推动多渠道市场就业；要培养更多理工农医等紧缺人才，着眼经济社会发展和未来市场需求办好职业教育，科学设置学科，提高层次和水平，培养更多专业技能型实用人才。

8月31日　教育部办公厅印发《关于切实做好2020年秋季学期高校家庭经济困难学生资助工作的通知》，要求主动作为，做实做细各项资助工作；多措并举，提前掌握学生有关情况；强化组织，切实畅通"绿色通道"；因地制宜，全面落实各项资助政策。

9月3日　教育部副部长翁铁慧赴甘肃省宕昌县调研指导脱贫攻坚工作，指出要提升控辍保学成果，要抓好教育基础设施建设，要抓好乡村教师队伍建设，要进一步加强教育信息化建设，要做好毕业生就业工作，要探索脱贫长效机制。

9月4日　教育部发布《"国培计划"蓝皮书（2010—2019）》摘要，介绍"国培计划"实施十年来的发展成就。

9月7日至9日　中央纪委国家监委驻教育部纪检监察组组长吴道槐赴贵州省黔西南州望谟县调研，实地考察中小学，走访建档立卡贫困家庭，与纪委监委负责同志沟通教育扶贫领域腐败和作风问题专项治理工作。教育部发展规划司、基础教育司等司局参加调研。

9月8日至10日　教育部副部长钟登华赴贵州省赫章县、纳雍县、紫云县调研指导未摘帽贫困县教育脱贫攻坚督促工作，指出要推进教育扶贫长效机制更加完善；要确保义务教育控辍保学实现"动态清零"，"大班额"比例持续降低；要加强教师队伍建设，进一步扩大教师规模，优化教师队伍结构；要加快推进教育信息化建设，以教育信息化助推教育现代化；要推进脱贫攻坚与乡村振兴的有机衔接；要重视少数民族地区推普工作；要做好2020年秋季学期疫情防控工作；要形成教育脱贫攻坚的工作合力；要多措并举巩固教育脱贫成果。

9月8日　西北农林科技大学牵头成立高校"农林扶贫联盟"，旨在更好发挥高校农林学科优势，切实推进高校组团式扶贫，为脱贫攻坚和乡村振兴贡献更大力量。

9月9日至10日　第五届教育部直属高校精准扶贫精准脱贫十大典型项目集中推选会在陕西省杨凌市举办。75所直属高校代表从70所高校申报的70个项目中，投票推选出西北农林科技大学等12所高校的典型项目。

9月9日至9月11日　教育部副部长田学军赴广西壮族自治区隆林县调研教育脱贫攻坚工作，强调教育承载着国家和民族的希望，是阻断贫困代际传递的治本之策。隆林要全面做好教育脱贫攻坚工作，确保高质量如期完成各项目标任务。一要做好义务教育保障工作。二要做好发展教育脱贫一批工作。三要巩固教育脱贫成果。

9月10日　华东师范大学启动实施"教育筑梦"计划，聚焦扶贫与扶智，整合资源，帮助奋斗在基础教育一线，尤其是艰苦边远地区和中西部地区基础教育领域的校友实现70个教育梦想，以教育扶贫助力乡村振兴，践行大学使命，推进教育事业优质均衡发展。

9月11日至14日　教育部部长陈宝生赴云南省宁蒗彝族自治县、怒江傈僳族自治州兰坪白族普米族自治县调研指导教育脱贫攻坚工作，强调要深入理解领会"阻断贫困代际传递"才是党中央交给教育战线的根本任务，继续奋力写好这篇历史性文章。一要牢记"一个根本遵循"。习近平总书记关于扶贫工作、教育的重要论述是我们工作的根本遵循，要总结中国特色社会主义教育制度的巨大优势、各级党委政府的强大执行力、人民群众的主体作用以及社会各界支持教育脱贫攻坚创造的有效做法，这是我们今后阻断贫困代际传递的重要精神财富。二要写好"三篇文章"。要在脱贫攻坚和乡村振兴相衔接的历史逻辑中，寻找阻断贫困代际传递的实践逻辑和制度逻辑。要"厚基础"，在现在已经达到的水平上，继续夯实教育现代化、教育强国的发展基础；要"高质量"，建立教育高质量发展的教育体系，促进教育整体进入高质量发展阶段；要"一体化"，重视农村义务教育，实现城乡教育一体化发展。三要聚焦"四个重点"。要"优质均衡"，促进义务教育由基本均衡向优质均衡迈进；要"职教提质"，提高职业教育地位和质量，下功夫把职业教育这盘大棋下好；要"推普赋能"，充分发挥国家通用语言文字在提高人员基本素质、促进职业技能提升、增强就业能力等方面的重要作用；要"优化布局"，推动优质教育资源共享，为今后乡村振兴提供良好基础。

9月15日至19日　中央纪委国家监委驻教育部纪检监察组组长吴道槐赴甘肃省东乡县、岷县调研指导教育脱贫攻坚工作，指出各级党委、政府和帮扶单位要继续建立健全控辍保学责任机制，持之以恒巩固好义务教育成果；要在提升教育质量上下功夫，实现从"有学上"到"上好学"的转变；要在职业教育和职业培训上做文章，为县域经济发展提供技能型人才支撑；要进一步办好学前教育，持续推进推普脱贫工作；要为毕业生就业提供优质服务，实现毕业生又好、又快就业；要全面加强党对教育工作的领导，持续深入治理教育扶贫领域腐败和作风问题。

9月16日 教育部副部长翁铁慧赴广西壮族自治区河池市开展教育脱贫攻坚工作调研,指出做好教育扶贫工作要着力提升控辍保学成果,要聚焦控辍保学重点任务,坚决做到"存量不反弹,增量不发生",建立起巩固控辍成效长效机制。

9月17日至19日 教育部部长陈宝生调研西藏自治区教育工作,就控辍保学、国家通用语言文字教育教学、学校党建、"老西藏精神"教育、教育信息化建设、"组团式"援藏工作等情况进行调研,走进教室、宿舍、餐厅,与师生亲切交流,了解工作、学习和生活情况。

9月23日 教育部副部长郑富芝出席国务院新闻办新闻发布会,介绍决战决胜教育脱贫攻坚、实现义务教育有保障有关情况,指出我国义务教育有保障的目标基本实现,基本实现了应返尽返,基本实现了资助全覆盖,基本实现了办学条件的配备要求。

9月24日至25日 教育部副部长翁铁慧赴云南省屏边县开展教育脱贫攻坚工作调研,强调要坚决做好控辍保学工作;要抓实教育基础设施建设;要抓好新时代乡村教师队伍建设;要加强教育信息化工作;要全力做好建档立卡贫困家庭高校毕业生就业工作;要坚持扶贫与扶志扶智相结合。

9月25日至26日 第三次中央新疆工作座谈会在北京召开,中共中央总书记、国家主席习近平发表讲话,宣布"新疆贫困家庭义务教育阶段孩子因贫失学辍学实现动态清零"。

9月25日至26日 教育部部长陈宝生赴河北省威县调研定点扶贫工作,强调要把教育扶贫置身于中华民族伟大复兴战略全局和世界百年未有之大变局两个大局、"两个一百年"奋斗目标历史交汇、脱贫攻坚与乡村振兴两个阶段过渡、"十三五"和"十四五"两个五年规划衔接的历史阶段之中,做好前后相继,把握历史转折,充分发挥教育阻断贫困代际传递的重要作用。陈宝生还要求深入思考脱贫摘帽和决战决胜脱贫攻坚、全面建成小康社会后教育的使命担当,做好控辍保学、办学条件、城乡均衡、发展模式、资源配置、投入重点的"变"的文章。

9月27日 国务院扶贫办中国扶贫发展中心、全国扶贫宣传教育中心举办习近平扶贫论述重要成果征集交流研讨会暨习近平扶贫论述系列研究工作结项会,对中国教育科学研究院吴霓、王学男等获奖代表进行了表彰。

9月27日 四川大学牵头成立高校"健康扶贫联盟",联盟聚集全国15所高校,进一步发挥高校学科优势,推进组团式扶贫工作。

9月27至30日 中央纪委国家监委驻教育部纪检监察组组长吴道槐赴新疆维吾尔自治区伽师县、皮山县调研，强调要把推进教育脱贫攻坚与落实第三次中央新疆工作座谈会精神结合起来，进一步提升义务教育质量，着力培养一批好校长、好老师；大力发展职业教育和培训，不断提升服务当地经济社会发展能力；大力加强学前教育，突出抓好推广普通话工作；全面加强党对教育工作的领导，把全面从严治党贯穿教育脱贫攻坚全过程。

9月30日 中国地质大学（北京）牵头组建的高校"资源环境扶贫联盟"成立，联盟汇集10所高校28名专家，在国土空间规划、地质灾害防治、土地综合整治、生态环境修复、自然资源开发利用等领域实现组团式帮扶合力攻坚，打造高校扶贫的升级版和定制版，为生态扶贫和乡村振兴提供强有力的智力支持。

10月14日 教育部主办的2020教育扶贫论坛在京举行。论坛以"发展教育脱贫一批，阻断贫困代际传递"为主题，旨在交流研讨教育脱贫攻坚工作成效、成功经验、典型模式和理论创新等，进一步凝聚决战决胜脱贫攻坚的合力。

10月14日 教育部副部长孙尧赴河北省威县调研脱贫攻坚工作，深入考察教育部定点扶贫成果展、教育部直属机关党费专题培训班、威县放管服改革、智慧教育改革、双师课堂改革等工作，召开专题座谈会，部署定点帮扶工作。

10月15日 北京大学牵头组建高校"教育扶贫联盟"，联盟汇集全国53所高校，将进一步发挥成员学科优势，凝聚高校合力，打好教育扶贫"组合拳"。

10月17日 全国脱贫攻坚奖表彰大会暨先进事迹报告会在京举行。江西省宜春市奉新县澡下镇白洋教学点教师支月英获奖并做先进事迹报告。

10月17日 2020扶贫日语言扶贫成果发布会举行，会议发布《语言扶贫问题研究（第二辑）》、"全球中文学习平台国内版应用程序"等语言扶贫项目成果。

10月19日 中国人民大学中国扶贫研究院荣获全国脱贫攻坚奖组织创新奖，成为2020年教育部系统获得全国脱贫攻坚奖组织创新奖的唯一机构。

10月19日 东华大学创新扶贫模式，发起直播带货，组织"院长代言、教师带货、学生带热度"自媒体消费扶贫，在"e帮扶"上消费100余万元，人均消费500余元，位居平台前列。

10月19日 北京语言大学指导广西壮族自治区都安县中小学教师普通话及英语培训班以网络直播形式开课，以"通语·扶智·脱贫"为核心主题，以提升中小学教师普通话应用水平及英语教学能力为研修内容，为都安县实现高质量脱贫贡献力量。

10 月 20 日　同济大学牵头组建的高校"城乡规划扶贫联盟"成立，该联盟旨在精准对接贫困地区城乡规划需求，发挥高校学科优势和区域辐射带动作用，为全面建成小康社会贡献高校智慧和力量，首批成员有 11 所高校。

10 月 28 日　东北林业大学与黑龙江省泰来县委县政府签署校地共建合作协议，开启校地联合推进实施乡村振兴战略的全面合作新篇章。

10 月 28 日至 29 日　教育部副部长郑富芝赴广西壮族自治区百色市调研教育脱贫攻坚工作，强调实现脱贫摘帽目标后要重点做好两方面工作：要在巩固和提升义务教育成果上下功夫；要大胆改革试验，积极探索义务教育向学前教育和高中教育两头延伸，让更多孩子"能上学""上好学"。

11 月 10 日　河海大学牵头组建的"石泉县定点帮扶联盟"成立，旨在创新"政、产、学、研"联合扶贫工作机制，整合高校、政府和企业优势资源，对石泉县产业项目给予指导和帮助，为石泉县脱贫攻坚和乡村振兴提供专业咨询。

11 月 12 日　教育部在江西省南昌市召开全国学校联网攻坚行动工作推进会，要求全力以赴实现 2020 年年底前全国中小学（含教学点）互联网全覆盖。

11 月 21 日　华中科技大学与云南省临沧市临翔区委区政府签订深入实施乡村振兴战略合作框架协议，开启落实国家乡村振兴战略新合作。

11 月 23 日　中南财经政法大学协调校友企业与云南省盐津县签订战略合作协议，协议列明总投资达 10 亿元，提供稳定就业岗位 1000 个，年产值可达 11.73 亿元，可完成利税 4 亿元。

11 月 25 日　中央戏剧学院在贵州省长顺县设立教学实践基地和艺术培训中心，旨在立足学院专业优势，培养贫困地区文化艺术专业人才，发挥"种子"效应，推动当地文艺事业发展，丰富百姓精神文化生活。

11 月 27 日　华东师范大学、南京晓庄学院、长沙师范学院、云南师范大学与丽江师范高等专科学校签署组团式对口支援协议。4 所学校将充分发挥各自特色，以促进丽江师范高等专科学校内涵式发展为核心，以中青年干部队伍建设、教师队伍建设、学科专业建设、科学研究为重点，以人才培养培训为突破，全面提升丽江的中小学教师人才培养质量，促进丽江市、滇西北及云南省基础教育事业发展。

11 月　中国药科大学"助云扶坪"暑期社会实践团队被评为团中央 2020 年全国大中专学生志愿者暑期"三下乡"社会实践活动优秀团队。中国药科大学"助云扶坪"暑期社会实践团队以"凝聚青春力量，助力脱贫攻坚"为主题，开展"助云扶贫"英语夏令营活动。此次夏令营历时30天，线上集体授课和一对一专项辅导累计3000余小时，帮助来自国家级贫困县——陕西省镇坪县和省级重点帮扶县——江苏省灌云县的280名中学生补齐语法、阅读、写作、听力、口语等短板，全面提升中小学生英语水平和学习能力。

12月5日　"西部师范大学教师教育创新与发展联盟"成立，联盟汇聚了中西部地区的18所师范院校，旨在服务国家教师教育大局，支撑西部基础教育高质量发展，打造高素质专业化创新型教师队伍，助力脱贫攻坚和乡村振兴战略。

12月10日　教育部在京召开教育2020"收官"系列的第四场新闻发布会，宣布建档立卡贫困家庭辍学学生实现动态清零。截至2020年11月30日，全国义务教育阶段辍学学生由台账建立之初的约60万人降至831人，其中20多万名建档立卡贫困家庭辍学学生已经实现动态清零，为实现2020年九年义务教育巩固率达到95%的目标奠定了坚实的基础。

12月10日　中宣部授予云南省丽江市华坪女子高级中学党支部书记、校长张桂梅"时代楷模"称号。张桂梅坚守滇西深贫山区教育事业数十年，帮助1800余名贫困女孩圆梦大学，创造了大山里的"教育奇迹"。

12月13日　江苏好大学精准助学"起点行动"在云南省双柏县第一中学和江苏好大学联盟高校对接扶贫中学分会场线上线下同步举行。该行动将为贫困地区中学生提供学业支持、政策咨询、图书角建设等精准帮扶。

12月　中国教育科学研究院负责实施的"云南芒市教育综合改革（公益）实验区"项目入选"2020民生示范工程"。中国教育科学研究院总结探索形成了"科研引领、精准对接、点面结合、共同发展"的教育扶贫模式。

后 记

党的十八大以来，在以习近平同志为核心的党中央的坚强领导下，我国开展了人类历史上规模空前、力度非凡、惠及人口最多的脱贫攻坚战。经过八年持续奋斗，如期完成了新时代脱贫攻坚目标任务，近1亿贫困人口全部脱贫，为人类减贫事业做出了伟大贡献，提供了深刻启示。教育事业是脱贫攻坚的一个关键领域。按照2020年教育部第十八次部党组会和脱贫攻坚工作领导小组专题会议部署要求，在教育部发展规划司的直接指导下，中国教育科学研究院开展了"党的十八大以来教育脱贫攻坚总结"研究工作，本书就是对教育脱贫攻坚事业的一项总结研究成果。

中国教育科学研究院高度重视"党的十八大以来教育脱贫攻坚总结"这一艰巨又神圣的研究任务，成立了以院长崔保师为组长、副院长于发友为副组长的工作组，并以教育发展与改革研究所所长吴霓研究员为课题研究组总组长，在院合作发展处的大力配合下，抽调全院精干力量，组成专家团队，确立了"1+5+1+1"的研究计划，开展集中攻关。"1"指一个总报告《党的十八大以来教育脱贫攻坚总结总报告》；"5"指五个专题报告，分别是义务教育有保障、发展教育脱贫一批、定点联系滇西、直属高校定点扶贫、大扶贫工作的专题报告；"1"指一个教育脱贫攻坚大事记；"1"指一个教育脱贫攻坚图解。同时，中国教育科学研究院将此项工作作为年度重点任务，并通过中国教育科学研究院2020年度基本科研业务费专项资金重大项目"党的十八大以来我国教育脱贫攻坚总结研究"（项目批准号：GYA2020005）予以支持。

自2020年8月底研究工作启动以来，课题研究组以习近平总书记关于扶贫工作的重要论述为指导，对标对表党中央、国务院决策部署目标任务，坚持科学性、历史性与全面性相结合的原则，采取点面结合、定性与定量分析结合、概括与归纳提炼结合的方法，广泛开展了政策文献梳理、数据整理分析、专家咨询访谈、调查研究、会议研讨等工作。从确定研究方案和框架到形成研究报告初稿，共开展了 6 次专家现场研讨会，向院内外专家征求意见 5 次，向教育部相关司局征求意见 3 次，课题研究组对阶段成果和最终成果修订修改 10 余次。教育部脱贫攻坚工作领导小组及孙尧副部长多次听取研究成果汇报，并对研究工作进行了详细指导，教育部发展规划司晁桂明同志和扶贫处吴延磊同志多次到中国教育科学研究院，通过举行研究座谈会的形式给予指导，并协调组织提供有关研究数据和材料，有力推动了研究工作的开展和预定成效的最终取得。

课题研究使用的数据、政策文件和相关资料以 2012—2020 年的数据资料和文件为主，包括以下几类：第一，教育部、财政部、国家发展改革委、国家统计局以及各地公开发布的相关统计数据，主要包括《中国教育统计年鉴》《中国教育经费统计年鉴》《中国残疾人事业统计年鉴》《全国教育事业发展简明统计分析》《全国教育经费执行情况统计公告》《全国教育事业发展统计公报》等；第二，教育部各司局开展的重大教育扶贫工作所获取的数据、资料和撰写的工作总结等；第三，教育脱贫攻坚实施以来中央和各地发布的相关法律法规、政策文件、典型案例等；第四，教育部直属高校参与教育脱贫攻坚的实践经验与数据材料等。

本书各章作者均为中国教育科学研究院研究人员，具体分工如下：前言，崔保师；第一章，姜泽许、王学男、王帅、吴景松、陈飞；第二章，吴建涛、武向荣；第三章，聂伟、陈柳；第四章，陈飞；第五章，姜泽许；第六章，黄颖；附录一，吴霓、杨定玉；附录二，万作芳、王晓燕、李洋。崔保师、于发友、吴霓进行了全书统稿。

教育脱贫攻坚是一项宏伟的社会工程，党的十九届五中全会绘制了"十四五"和 2035 发展蓝图，在脱贫攻坚向乡村振兴发展的过程中，中国教育科学研究院将继续发挥研究特长和优势，为教育决策提供有质量的成果，助推乡村振兴的实现。

中国教育科学研究院"党的十八大以来我国教育脱贫攻坚总结研究"课题研究组
2021 年 3 月 22 日